卞尺丹几乙し丹卞と
Translated Language Learning

Anturiaethau Pinocchio

The Adventures of Pinocchio

Carlo Collodi

Cymraeg / English

Copyright © 2024 Tranzlaty
All rights reserved
Published by Tranzlaty
ISBN: 978-1-83566-707-1
Le Avventure di Pinocchio. Storia di un Burattino
Original text by Carlo Callodi
First published in Italianin 1883
Illustrated By Alice Carsey
www.tranzlaty.com

Y darn o bren sy'n chwerthin ac yn crio fel plentyn
The Piece of Wood that Laughed and Cried like a Child

Ganrifoedd yn ôl, roedd yn byw...
Centuries ago there lived...
"Brenin!" bydd fy narllenwyr bach yn dweud ar unwaith
"A king!" my little readers will say immediately
Na, blant, rydych chi'n camgymryd
No, children, you are mistaken
Un tro, roedd darn o bren
Once upon a time there was a piece of wood
roedd y pren yn siop hen saer coed
the wood was in the shop of an old carpenter
enwyd yr hen saer hwn yn feistr Antonio
this old carpenter was named Master Antonio
Ond roedd pawb yn ei alw'n Arglwydd. Ceiriosen
Everybody, however, called him Master. Cherry
galwasant ef yn arglwydd. Cherry oherwydd ei drwyn
they called him Master. Cherry on account of his nose
Roedd ei drwyn bob amser mor goch a caboledig fel ceirios aeddfed
his nose was always as red and polished as a ripe cherry
Meistr Cherry gosod llygaid ar y darn o bren
Master Cherry set eyes upon the piece of wood
disgleiriodd ei wyneb â llawenydd pan welodd y log
his face beamed with delight when he saw the log
Rhwbiodd ei ddwylo ynghyd â bodlonrwydd
he rubbed his hands together with satisfaction
a siaradodd y meistr caredig yn feddal ag ef ei hun
and the kind master softly spoke to himself
"Mae'r goeden hon wedi dod ataf ar yr amser iawn"
"This wood has come to me at the right moment"
"Dw i'n bwriadu gwneud bwrdd newydd"
"I have been planning to make a new table"
"Mae'n berffaith ar gyfer coes bwrdd bach"
"it is perfect for the leg of a little table"
Aeth allan ar unwaith i ddod o hyd i fwyell miniog

He immediately went out to find a sharp axe
Roedd yn mynd i dynnu rhisgl y pren yn gyntaf
he was going to remove the bark of the wood first
ac yna roedd yn mynd i dynnu unrhyw arwyneb garw
and then he was going to remove any rough surface
ac yr oedd ar fin taro'r pren gyda'i fwyell
and he was just about to strike the wood with his axe
ond ychydig cyn iddo daro'r pren clywodd rywbeth
but just before he struck the wood he heard something
"Peidiwch â fy nharo i mor galed!" gwaeddodd llais bach
"Do not strike me so hard!" a small voice implored
Trodd ei lygaid brawychus o gwmpas yr ystafell
He turned his terrified eyes all around the room
O ble'r oedd y llais bach wedi dod?
where could the little voice possibly have come from?
Edrychodd ym mhobman, ond ni welodd unrhyw un!
he looked everywhere, but he saw nobody!
Edrychodd o dan y fainc, ond doedd neb
He looked under the bench, but there was nobody
Edrychodd i mewn i gwpwrdd a oedd bob amser ar gau
he looked into a cupboard that was always shut
ond nid oedd neb y tu mewn i'r cwpwrdd chwaith
but there was nobody inside the cupboard either
Edrychodd i mewn i fasged lle roedd yn cadw llif
he looked into a basket where he kept sawdust
Nid oedd neb yn y fasged o flawd llif chwaith
there was nobody in the basket of sawdust either
O'r diwedd fe wnaeth hyd yn oed agor drws y siop
at last he even opened the door of the shop
ac efe a giliodd i fyny ac i lawr y stryd wag
and he glanced up and down the empty street
Ond doedd neb i'w weld ar y stryd chwaith
But there was no one to be seen in the street either
"Felly, pwy allai fod felly?" gofynnodd iddo'i hun
"Who, then, could it be?" he asked himself
O'r diwedd roedd yn chwerthin ac yn crafu ei wig
at last he laughed and scratched his wig

'Rwy'n gweld sut y mae'n bod,' meddai wrtho'i hun, yn ddifyr
"I see how it is," he said to himself, amused
"Mae'n amlwg mai'r llais bach oedd fy holl ddychymyg"
"evidently the little voice was all my imagination"
"Gadewch i ni ddechrau gweithio eto," meddai.
"Let us set to work again," he concluded
Cododd ei fwyell eto a mynd i weithio
he picked up his axe again and set to work
Fe darodd ergyd aruthrol i'r darn o bren
he struck a tremendous blow to the piece of wood
"O! o! Rwyt ti wedi fy mrifo i!' gwaeddodd y llais bach
"Oh! oh! you have hurt me!" cried the little voice
yr oedd yn union yr un llais ag yr oedd o'r blaen
it was exactly the same voice as it was before
Y tro hwn feistr. Roedd Cherry yn petrified
This time Master. Cherry was petrified
Syrthiodd ei lygaid allan o'i ben gyda dychryn
His eyes popped out of his head with fright
Arhosodd ei geg yn agored a'i dafod yn hongian allan
his mouth remained open and his tongue hung out
bu bron i'w dafod ddod i ddiwedd ei ên
his tongue almost came to the end of his chin
Ac roedd yn edrych yn union fel wyneb ar ffynnon
and he looked just like a face on a fountain
Meistroli. Bu'n rhaid i Cherry wella o'i ofn yn gyntaf
Master. Cherry first had to recover from his fright
dychwelodd y defnydd o'i araith ato
the use of his speech returned to him
a dechreuodd siarad mewn stŵr;
and he began to talk in a stutter;
"O ble'r uffern y daeth y llais bach hwnnw?"
"where on earth could that little voice have come from?"
"A yw'n bosibl bod y darn hwn o bren wedi dysgu crio?"
"could it be that this piece of wood has learned to cry?"
'Alla i ddim credu'r peth,' meddai wrtho'i hun
"I cannot believe it," he said to himself

"Nid yw'r darn hwn o bren yn ddim ond log am danwydd"
"This piece of wood is nothing but a log for fuel"
"Mae'n union fel yr holl logiau pren sydd gen i"
"it is just like all the logs of wood I have"
"Dim ond digon fyddai berwi sosban o ffa"
"it would only just suffice to boil a saucepan of beans"
A all unrhyw un gael ei guddio y tu mewn i'r darn hwn o bren?
"Can anyone be hidden inside this piece of wood?"
"Os oes unrhyw un y tu mewn, gymaint yn waeth iddo"
"If anyone is inside, so much the worse for him"
"Byddaf yn ei orffen ar unwaith," bygythiodd y pren
"I will finish him at once," he threatened the wood
Gafaelodd yn y darn tlawd o bren a'i guro
he seized the poor piece of wood and beat it
fe'i trawodd yn ddidrugaredd yn erbyn waliau'r ystafell
he mercilessly hit it against the walls of the room
Yna stopiodd i weld a allai glywed y llais bach
Then he stopped to see if he could hear the little voice
Roedd hi'n aros am ddau funud, dim byd. Pum munud, dim byd
He waited two minutes, nothing. Five minutes, nothing
Arhosodd am 10 munud arall, dim byd o hyd!
he waited another ten minutes, still nothing!
'Dwi'n gweld sut mae o,' meddai wrth ei hun
"I see how it is," he then said to himself
Gorfododd ei hun i chwerthin a gwthio ei wig i fyny
he forced himself to laugh and pushed up his wig
"Mae'n amlwg mai'r llais bach oedd fy nychymyg i gyd!"
"evidently the little voice was all my imagination!"
"Gadewch i ni fynd ati i weithio eto," meddai, yn nerfus
"Let us set to work again," he decided, nervously
Nesaf dechreuodd sgleinio'r darn o bren
next he started to polish the bit of wood
ond tra'n sgleinio clywodd yr un llais bach
but while polishing he heard the same little voice
Y tro hwn roedd y llais bach yn chwerthin yn afreolus

this time the little voice was laughing uncontrollably
"Stopiwch! Rydych chi'n fy nharo i gyd!" meddai
"Stop! you are tickling me all over!" it said
Meistr tlawd. Syrthiodd Cherry i lawr fel pe taro gan fellten
poor Master. Cherry fell down as if struck by lightning
Yn ddiweddarach agorodd ei lygaid eto
sometime later he opened his eyes again
Cafodd ei hun yn eistedd ar lawr ei weithdy
he found himself seated on the floor of his workshop
Roedd ei wyneb wedi newid yn fawr o'r blaen
His face was very changed from before
a hyd yn oed diwedd ei drwyn wedi newid
and even the end of his nose had changed
Nid ei drwyn oedd ei liw crimson llachar arferol
his nose was not its usual bright crimson colour
Roedd ei drwyn wedi mynd yn las rhewllyd o'r braw
his nose had become icy blue from the fright

Meistroli. Cherry yn Rhoi'r Coed i ffwrdd
Master. Cherry Gives the Wood Away

Ar y pryd roedd rhywun yn cnocio wrth y drws
At that moment someone knocked at the door
"Dewch i mewn," meddai'r saer coed wrth yr ymwelydd
"Come in," said the carpenter to the visitor
nid oedd ganddo'r nerth i godi i'w draed
he didn't have the strength to rise to his feet
Cerddodd hen ddyn bach bywiog i mewn i'r siop
A lively little old man walked into the shop
galwyd y dyn bach bywiog hwn yn Geppetto
this lively little man was called Geppetto
Er bod enw arall yr oedd yn cael ei adnabod gan
although there was another name he was known by
Roedd grŵp o fechgyn cymdogaeth drwg
there was a group of naughty neighbourhood boys
A phan ddymunasant ei ddigio ef, hwy a'i galwasant ef yn

bwdin
when they wished to anger him they called him pudding
mae pwdin melyn enwog wedi'i wneud o ŷd Indiaidd
there is a famous yellow pudding made from Indian corn
ac mae wig Geppetto yn edrych yn union fel y pwdin enwog hwn
and Geppetto's wig looks just like this famous pudding
Roedd Geppetto yn hen ddyn bach tanllyd iawn
Geppetto was a very fiery little old man
Gwae'r hwn a'i galwodd yn pwdin!
Woe to him who called him pudding!
pan yn ddig nid oedd dim yn ei ddal yn ôl
when furious there was no holding him back
Diwrnod da, Feistr. Antonio, "meddai Geppetto
"Good-day, Master. Antonio," said Geppetto
"Beth wyt ti'n ei wneud yno ar y llawr?"
"what are you doing there on the floor?"
"Rwy'n dysgu'r wyddor i'r morgrug"
"I am teaching the alphabet to the ants"
"Ni allaf ddychmygu pa mor dda y mae'n ei wneud i chi"
"I can't imagine what good it does to you"
"Beth sydd wedi dod â ti ata i, cymydog Geppetto?"
"What has brought you to me, neighbour Geppetto?"
"Mae fy nghoesau wedi dod â mi yma atoch chi"
"My legs have brought me here to you"
Ond gadewch i mi ddweud y gwir wrthych, O Arglwydd. Antonio"
"But let me tell you the truth, Master. Antonio"
"Y rheswm go iawn y des i yw gofyn ffafr gennyt ti"
"the real reason I came is to ask a favour of you"
"Dyma fi, yn barod i'ch gwasanaethu," atebodd y saer coed
"Here I am, ready to serve you," replied the carpenter
Ac efe a ddisgynnodd oddi ar y llawr ac ar ei liniau
and he got off the floor and onto his knees
"Bore 'ma daeth syniad i mewn i fy mhen"
"This morning an idea came into my head"
"Gadewch i ni glywed y syniad sydd gennych chi"

"Let us hear the idea that you had"
"Roeddwn i'n meddwl y byddwn i'n gwneud pyped pren hardd"
"I thought I would make a beautiful wooden puppet"
'Puppet a allai ddawnsio a ffens'
"a puppet that could dance and fence"
"Pyped sy'n gallu neidio fel acrobat"
"a puppet that can leap like an acrobat"
"Gyda'r pyped yma ro'n i'n gallu teithio o gwmpas y byd!"
"With this puppet I could travel about the world!"
"Byddai'r pyped yn gadael i mi ennill darn o fara"
"the puppet would let me earn a piece of bread"
"A byddai'r pyped yn gadael i mi ennill gwydraid o win"
"and the puppet would let me earn a glass of wine"
"Beth wyt ti'n feddwl o fy syniad i, Tomano?"
"What do you think of my idea, Antonio?"
"Bravo, pwdin!" meddai'r llais bach
"Bravo, pudding!" exclaimed the little voice
Roedd hi'n amhosib gwybod o ble'r oedd y llais wedi dod
it was impossible to know where the voice had came from
Nid oedd Geppetto yn hoffi clywed ei hun o'r enw pwdin
Geppetto didn't like hearing himself called pudding
Gallwch ddychmygu iddo fynd mor goch â thwrci
you can imagine he became as red as a turkey
"Pam wyt ti'n fy sarhau i?" gofynnodd i'w ffrind
"Why do you insult me?" he asked his friend
'Pwy sy'n eich sarhau chwi?' atebodd ei gyfaill.
"Who insults you?" his friend replied
"Fe wnaethoch chi fy ngalw i'n pwdin!" Geppetto yn ei gyhuddo
"You called me pudding!" Geppetto accused him
"Nid fi oedd o!" Antonio yn dweud yn onest
"It was not I!" Antonio honestly said
"Ydych chi'n meddwl fy mod i wedi galw fy hun yn pwdin?"
"Do you think I called myself pudding?"
"Roedd hi'n chi, dwi'n dweud!", "Na!", "Ie!", "Na!"
"It was you, I say!", "No!", "Yes!", "No!"

mynd yn fwy a mwy blin, daethant i chwythu
becoming more and more angry, they came to blows
maent yn hedfan ar ei gilydd ac ychydig ac ymladd a crafu
they flew at each other and bit and fought and scratched
cyn gynted ag y dechreuodd y frwydr drosodd eto
as quickly as it had started the fight was over again
Roedd gan Geppetto wig lwyd y saer rhwng ei ddannedd
Geppetto had the carpenter's grey wig between his teeth
a meistr. Roedd gan Antonio wig melyn Geppetto
and Master. Antonio had Geppetto's yellow wig
"Rhowch fy wig yn ôl i mi" gwaeddodd Meistr. Antonio
"Give me back my wig" screamed Master. Antonio
"A dych chi'n rhoi fy wig yn ôl i mi" gwaeddodd Meistr. Ceiriosen
"and you give me back my wig" screamed Master. Cherry
"Gadewch i ni fod yn ffrindiau eto" medden nhw.
"let us be friends again" they agreed
Rhoddodd y ddau hen ddyn eu wigiau yn ôl i'w gilydd
The two old men gave each other their wigs back
A'r hen ddynion a ysgydwasant ddwylo ei gilydd
and the old men shook each other's hands
Roedden nhw'n tyngu bod pawb wedi cael maddeuant
they swore that all had been forgiven
Byddant yn parhau i fod yn ffrindiau hyd ddiwedd eu hoes.
they would remain friends to the end of their lives
"Wel, yna, cymydog Geppetto" meddai'r saer coed
"Well, then, neighbour Geppetto" said the carpenter
Gofynnodd iddo, "Beth yw'r caredigrwydd yr ydych yn ei ddymuno gennyf i?"
he asked "what is the favour that you wish of me?"
Byddai hyn yn profi bod heddwch yn cael ei wneud
this would prove that peace was made
"Dw i eisiau pren bach i wneud fy mheded"
"I want a little wood to make my puppet"
"Wyt ti am roi pren i mi?"
"will you give me some wood?"
Meistroli. Roedd Antonio wrth ei fodd i gael gwared ar y

coed
Master. Antonio was delighted to get rid of the wood
Aeth i'w fainc waith ar unwaith
he immediately went to his work bench
a daeth â'r darn o bren yn ôl
and he brought back the piece of wood
y darn o bren a oedd wedi achosi cymaint o ofn iddo
the piece of wood that had caused him so much fear
Roedd yn dod â'r darn o bren at ei ffrind
he was bringing the piece of wood to his friend
Ond yna dechreuodd y darn o bren ysgwyd!
but then the piece of wood started to shake!
y darn o bren wedi ei wregysu yn dreisgar allan o'i ddwylo
the piece of wood wriggled violently out of his hands
Roedd y darn hwn o bren yn gwybod sut i wneud trafferthion!
this piece of wood knew how to make trouble!
gyda'i holl rym yn taro yn erbyn Geppetto druan
with all its might it struck against poor Geppetto
ac fe'i tarodd yn iawn ar ei shins sychedig tlawd
and it hit him right on his poor dried-up shins
gallwch ddychmygu'r gri a roddodd Geppetto
you can imagine the cry that Geppetto gave
"Ai dyna'r ffordd cwrtais rydych chi'n gwneud eich anrhegion?"
"is that the courteous way you make your presents?"
"Rydych chi bron wedi fy swyno, feistr. Antonio!
"You have almost lamed me, Master. Antonio!"
"Dw i'n addo nad fi oedd e!"
"I swear to you that it was not I!"
"Ydych chi'n meddwl fy mod i wedi gwneud hyn i mi fy hun?"
"Do you think I did this to myself?"
"Mae'r coed yn hollol ar fai!"
"The wood is entirely to blame!"
"Dw i'n gwybod mai pren oedd e"
"I know that it was the wood"

"Ond ti wnaeth daro fy nghoesau i gydag e!"
"but it was you that hit my legs with it!"
"Dydw i ddim wedi eich taro chi ag ef!"
"I did not hit you with it!"
"Liar!" hawliodd Geppetto
"Liar!" exclaimed Geppetto
"Arglwydd, peidiwch â'm sarhau neu byddaf yn eich galw yn Pwdin!"
"Geppetto, don't insult me or I will call you Pudding!"
"Knave!", "Pudding!", "Donkey!"
"Knave!", "Pudding!", "Donkey!"
"Pudding!", "Baboon!", "Pwd!"
"Pudding!", "Baboon!", "Pudding!"
Roedd Geppetto yn wallgof gyda chynddaredd i gyd eto
Geppetto was mad with rage all over again
Roedd wedi cael ei alw'n bwdin dair gwaith!
he had been called been called pudding three times!
Syrthiodd ar y saer coed ac ymladdasant yn daer
he fell upon the carpenter and they fought desperately
Parhaodd y frwydr hon cyhyd â'r tro cyntaf
this battle lasted just as long as the first
Meistroli. Roedd gan Antonio ddau grafu arall ar ei drwyn
Master. Antonio had two more scratches on his nose
Roedd ei wrthwynebwr wedi colli dau fotwm oddi ar ei waistcoat
his adversary had lost two buttons off his waistcoat
Mae eu cyfrifon yn cael eu sgwario felly, maent yn ysgwyd dwylo
Their accounts being thus squared, they shook hands
a thyngasant i aros yn ffrindiau da am weddill eu hoes.
and they swore to remain good friends for the rest of their lives
Cludodd Geppetto ei ddarn hardd o bren
Geppetto carried off his fine piece of wood
Diolchodd i Feistr. Antonio ac yn camu yn ôl i'w dŷ
he thanked Master. Antonio and limped back to his house

Geppetto yn enwi ei byped Pinocchio
Geppetto Names his Puppet Pinocchio

Roedd Geppetto yn byw mewn ystafell fach ar y llawr gwaelod
Geppetto lived in a small ground-floor room
dim ond o'r grisiau yr oedd ei ystafell yn cael ei goleuo
his room was only lighted from the staircase
Ni allai'r dodrefn wedi bod yn symlach
The furniture could not have been simpler
cadair rickey, gwely gwael, a bwrdd wedi torri
a rickety chair, a poor bed, and a broken table
Ar ddiwedd yr ystafell roedd lle tân
At the end of the room there was a fireplace
Ond yr oedd y tân wedi ei beintio, ac ni roddodd dân
but the fire was painted, and gave no fire
a thrwy'r tân paentiedig roedd sosban wedi'i baentio
and by the painted fire was a painted saucepan
ac roedd y sosban wedi'i baentio'n berwi'n llawen

and the painted saucepan was boiling cheerfully
Cododd cwmwl o fwg yn union fel mwg go iawn
a cloud of smoke rose exactly like real smoke
Cyrhaeddodd Geppetto gartref a chymryd ei offer allan
Geppetto reached home and took out his tools
Ac yn syth aeth i weithio ar y darn o bren
and he immediately set to work on the piece of wood
roedd yn mynd i dorri allan a modelu'i byped
he was going to cut out and model his puppet
Atebodd yntau, "Pa enw a roddaf iddo?"
"What name shall I give him?" he said to himself
"Rwy'n credu y byddaf yn ei alw'n Pinocchio"
"I think I will call him Pinocchio"
"Mae'n enw a fydd yn dod â lwc iddo"
"It is a name that will bring him luck"
"Roeddwn i'n adnabod teulu cyfan o'r enw Pinocchio"
"I once knew a whole family called Pinocchio"
"Roedd yna Pinocchio y tad a Pinocchio y fam"
"There was Pinocchio the father and Pinocchio the mother"
"ac roedd yna Pinocchio y plant"
"and there were Pinocchio the children"
"Roedd pawb yn gwneud yn dda mewn bywyd"
"and all of them did well in life"
"Roedd y cyfoethocaf ohonyn nhw'n beggar"
"The richest of them was a beggar"
Roedd wedi dod o hyd i enw da ar gyfer ei byped
he had found a good name for his puppet
Felly dechreuodd weithio o ddifrif
so he began to work in good earnest
Gwnaeth ei wallt yn gyntaf, ac yna ei dalcen
he first made his hair, and then his forehead
Yna gweithiodd yn ofalus ar ei lygaid
and then he worked carefully on his eyes
Roedd Geppetto yn meddwl ei fod yn sylwi ar y peth rhyfeddaf
Geppetto thought he noticed the strangest thing
Roedd yn sicr ei fod yn gweld y llygaid yn symud!

he was sure he saw the eyes move!
Roedd yn ymddangos bod y llygaid yn edrych yn sefydlog arno
the eyes seemed to look fixedly at him
Roedd Geppetto yn ddig o gael ei syllu ar
Geppetto got angry from being stared at
ni fyddai'r llygaid pren yn ei adael allan o'u golwg
the wooden eyes wouldn't let him out of their sight
'Llygaid pren drwg, pam yr wyt yn edrych arnaf?'
"Wicked wooden eyes, why do you look at me?"
ond ni wnaeth y darn o bren ateb
but the piece of wood made no answer
Yna aeth ymlaen i gerfio'r trwyn
He then proceeded to carve the nose
ond cyn gynted ag yr oedd wedi gwneud y trwyn dechreuodd dyfu
but as soon as he had made the nose it began to grow
A'r trwyn a gynyddodd, ac a gynyddodd, ac a gynyddodd
And the nose grew, and grew, and grew
Mewn ychydig funudau roedd wedi dod yn drwyn enfawr
in a few minutes it had become an immense nose
Roedd yn ymddangos fel pe na bai byth yn rhoi'r gorau i dyfu
it seemed as if it would never stop growing
Geppetto druan wedi blino ei hun allan gyda'i dorri i ffwrdd
Poor Geppetto tired himself out with cutting it off
Ond po fwyaf y torrodd, yr hiraf y tyfodd y trwyn!
but the more he cut, the longer the nose grew!
Nid yw'r geg wedi'i chwblhau hyd yn oed
The mouth was not even completed yet
ond roedd eisoes yn dechrau chwerthin a'i ddiystyru
but it already began to laugh and deride him
"Stopiwch chwerthin!" meddai Geppetto, ysgogodd
"Stop laughing!" said Geppetto, provoked
Ond efallai ei fod hefyd wedi siarad â'r wal
but he might as well have spoken to the wall
"Stopiwch chwerthin, dwi'n dweud!" rhuodd mewn tôn

bygythiol
"Stop laughing, I say!" he roared in a threatening tone
Yna peidiodd y geg chwerthin
The mouth then ceased laughing
ond yr wyneb a estynnodd ei dafod cyn belled ag y byddai'n mynd
but the face put out its tongue as far as it would go
Nid oedd Geppetto eisiau difetha ei waith llaw
Geppetto did not want to spoil his handiwork
Felly yr oedd yn esgus peidio â gweld, a pharhau â'i lafur
so he pretended not to see, and continued his labours
Ar ôl y geg ffurfiodd y ên
After the mouth he fashioned the chin

yna'r gwddf ac yna'r ysgwyddau
then the throat and then the shoulders
Yna cerfiodd y stumog a gwneud y breichiau yn nwylo
then he carved the stomach and made the arms hands
Nawr roedd Geppetto yn gweithio ar wneud dwylo i'w byped
now Geppetto worked on making hands for his puppet

ac mewn eiliad teimlai ei wig wedi ei gipio o'i ben
and in a moment he felt his wig snatched from his head
Trodd o gwmpas, a beth a welodd?
He turned round, and what did he see?
Gwelodd ei wig felen yn llaw'r pyped
He saw his yellow wig in the puppet's hand
Pinocchio! Rho fy ngwallt yn ôl yn syth!"
"Pinocchio! Give me back my wig instantly!"
Ond gwnaeth Pinocchio unrhyw beth ond dychwelyd ei wig iddo
But Pinocchio did anything but return him his wig
Pinocchio roddodd y wig ar ei ben ei hun yn lle!
Pinocchio put the wig on his own head instead!
Nid oedd Geppetto yn hoffi'r ymddygiad poenus a dirmygus hwn
Geppetto didn't like this insolent and derisive behaviour
Roedd yn teimlo'n dristach ac yn fwy melancoli nag yr oedd erioed wedi'i deimlo
he felt sadder and more melancholy than he had ever felt
troi at Pinocchio, dywedodd "You young rascal!"
turning to Pinocchio, he said "You young rascal!"
"Dydw i ddim wedi dy orffen di hyd yn oed"
"I have not even completed you yet"
"Ac rydych chi eisoes yn methu parchu eich tad!"
"and you are already failing to respect to your father!"
"Mae hynny'n ddrwg, fy mab, yn ddrwg iawn!"
"That is bad, my boy, very bad!"
Ac efe a sychodd deigryn o'i foch
And he dried a tear from his cheek
Mae'r coesau a'r traed yn dal i gael eu gwneud
The legs and the feet remained to be done
ond buan y byddai'n difaru rhoi traed Pinocchio
but he soon regretted giving Pinocchio feet
fel diolch cafodd gic ar bwynt ei drwyn
as thanks he received a kick on the point of his nose
"Rwy'n ei haeddu!" meddai wrtho'i hun
"I deserve it!" he said to himself

Dylwn i fod wedi meddwl amdano yn gynt!"
"I should have thought of it sooner!"
"Mae'n rhy hwyr i wneud rhywbeth am y peth!"
"Now it is too late to do anything about it!"
Yna cymerodd y pyped o dan y breichiau
He then took the puppet under the arms
Ac efe a'i gososdodd ef ar y llawr i'w ddysgu ef i rodio
and he placed him on the floor to teach him to walk
Roedd coesau Pinocchio yn stiff ac ni allai symud
Pinocchio's legs were stiff and he could not move
ond Geppetto a'i tywysodd ef â llaw
but Geppetto led him by the hand
Ac efe a ddangosodd iddo sut i roi un droed o flaen y llall
and he showed him how to put one foot before the other
yn y diwedd daeth coesau'r Pinocchio yn aelod
eventually Pinocchio's legs became limber
ac yn fuan dechreuodd gerdded ar ei ben ei hun
and soon he began to walk by himself
Dechreuodd redeg o gwmpas yr ystafell
and he began to run about the room
Yna aeth allan o ddrws y tŷ
then he got out of the house door
Ac efe a neidiodd i'r stryd, ac a ddihangodd
and he jumped into the street and escaped
Rhuthrodd Geppetto druan ar ei ôl
poor Geppetto rushed after him
wrth gwrs nid oedd yn gallu ei ddiystyru
of course he was not able to overtake him
oherwydd i Pinocchio neidio o'i flaen fel ysgyfarnog
because Pinocchio leaped in front of him like a hare
ac efe a gurodd ei draed pren yn erbyn y palmant
and he knocked his wooden feet against the pavement
roedd yn gwneud cymaint o gawl ag ugain pâr o glogau gwerinwyr
it made as much clatter as twenty pairs of peasants' clogs
Stopiwch ef! yn ei stopio!" gwaeddodd Geppetto
"Stop him! stop him!" shouted Geppetto

Ond safodd pobl y stryd yn llonydd mewn syndod
but the people in the street stood still in astonishment
doedden nhw erioed wedi gweld pyped pren yn rhedeg fel ceffyl
they had never seen a wooden puppet running like a horse
a chwerthin a chwerthin am anffawd Geppetto
and they laughed and laughed at Geppetto's misfortune
O'r diwedd, fel y byddai pob lwc yn ei gael, cyrhaeddodd milwr
At last, as good luck would have it, a soldier arrived
Roedd y milwr wedi clywed y cynnwrf
the soldier had heard the uproar
dychmygodd fod ebol wedi dianc oddi wrth ei feistr
he imagined that a colt had escaped from his master
Plannodd ei hun yng nghanol y ffordd
he planted himself in the middle of the road
Arhosodd gyda'r pwrpas penderfynol o'i atal
he waited with the determined purpose of stopping him
felly byddai'n atal y siawns o drychinebau gwaeth
thus he would prevent the chance of worse disasters
Gwelodd Pinocchio y milwr yn barricading y stryd gyfan
Pinocchio saw the soldier barricading the whole street
Felly ymdrechodd i'w gymryd â syndod
so he endeavoured to take him by surprise
Roedd yn bwriadu rhedeg rhwng ei goesau
he planned to run between his legs
ond roedd y milwr yn rhy glyfar i Pinocchio
but the soldier was too clever for Pinocchio
Daliodd y milwr ef yn glyfar gan y trwyn
The soldier caught him cleverly by the nose
a rhoddodd Pinocchio yn ôl i Geppetto
and he gave Pinocchio back to Geppetto
Gan ddymuno ei gosbi, roedd Geppetto yn bwriadu tynnu ei glustiau
Wishing to punish him, Geppetto intended to pull his ears
Ond doedd o ddim yn gallu dod o hyd i glustiau Pinocchio!
But he could not find Pinocchio's ears!

Ydych chi'n gwybod pam?
And do you know the reason why?
Roedd wedi anghofio gwneud unrhyw glustiau iddo
he had forgotten to make him any ears
felly cymerodd ef gan y goler
so then he took him by the collar
"Byddwn ni'n mynd adref ar unwaith," meddai,
"We will go home at once," he threatened him
"Cyn gynted ag y byddwn yn cyrraedd, byddwn yn setlo ein cyfrifon"
"as soon as we arrive we will settle our accounts"
Yn y wybodaeth hon, taflodd Pinocchio ei hun ar lawr gwlad
At this information Pinocchio threw himself on the ground
Gwrthododd gymryd cam arall
he refused to go another step
Dechreuodd torf o bobl chwilfrydig ymgynnull
a crowd of inquisitive people began to assemble
Roedden nhw'n gwneud cylch o'u cwmpas
they made a ring around them
Mae rhai yn dweud un peth, eraill
Some of them said one thing, some another
"Pyped gwael!" meddai sawl un o'r gwylwyr
"Poor puppet!" said several of the onlookers
Mae'n iawn i beidio â bod eisiau dychwelyd adref!"
"he is right not to wish to return home!"
"Pwy a ŵyr sut y bydd Geppetto yn ei guro!"
"Who knows how Geppetto will beat him!"
"Mae Geppetto yn ymddangos yn ddyn da!"
"Geppetto seems a good man!"
"Ond gyda bechgyn mae'n teyrn rheolaidd!"
"but with boys he is a regular tyrant!"
"Peidiwch â gadael y pyped tlawd hwnnw yn ei ddwylo"
"don't leave that poor puppet in his hands"
"Mae'n ddigon galluog i'w rwygo yn ddarnau!"
"he is quite capable of tearing him to pieces!"
O'r hyn a ddywedwyd bu'n rhaid i'r milwr gamu i mewn eto
from what was said the soldier had to step in again

rhoddodd y milwr ei ryddid i Pinocchio
the soldier gave Pinocchio his freedom
a'r milwr a ddug Geppetto i'r carchar
and the soldier led Geppetto to prison
Nid oedd y dyn tlawd yn barod i amddiffyn ei hun â geiriau
The poor man was not ready to defend himself with words
gwaeddodd fel llo "Bachgen trugarog!"
he cried like a calf "Wretched boy!"
"i feddwl sut wnes i lafurio i'w wneud e'n byped da!"
"to think how I laboured to make him a good puppet!"
"Ond mae popeth dw i wedi'i wneud yn fy ngwasanaethu i'n iawn!"
"But all I have done serves me right!"
Dylwn i fod wedi meddwl amdano yn gynt!"
"I should have thought of it sooner!"

Y Sgowtiaid Criced Bach Siarad Pinocchio
The Talking Little Cricket Scolds Pinocchio

Geppetto druan yn cael ei ddwyn i'r carchar
poor Geppetto was being taken to prison
Nid ei bai ef oedd y cyfan, wrth gwrs
all of this was not his fault, of course
Nid oedd wedi gwneud unrhyw beth o'i le o gwbl
he had not done anything wrong at all
a bod imp bach Pinocchio cael ei hun yn rhydd
and that little imp Pinocchio found himself free
Roedd wedi dianc o grafangau'r milwr
he had escaped from the clutches of the soldier
a rhedodd i ffwrdd mor gyflym ag y gallai ei goesau ei gario
and he ran off as fast as his legs could carry him
Roedd eisiau cyrraedd adref cyn gynted ag y bo modd
he wanted to reach home as quickly as possible
felly rhuthrodd ar draws y caeau
therefore he rushed across the fields
Yn ei frysio gwallgof neidiodd dros wrychoedd dyrys

in his mad hurry he jumped over thorny hedges
a neidiodd ar draws ffosydd yn llawn o ddŵr
and he jumped across ditches full of water
Wrth gyrraedd y tŷ, daeth o hyd i'r drws yn ajar
Arriving at the house, he found the door ajar
Fe'i gwthiodd yn agored, mynd i mewn, a chau'r clic
He pushed it open, went in, and fastened the latch
Efe a daflodd ei hun ar lawr ei dŷ
he threw himself on the floor of his house
a rhoddodd ochenaid mawr o foddhad
and he gave a great sigh of satisfaction
Ond yn fuan clywodd rywun yn yr ystafell
But soon he heard someone in the room
roedd rhywbeth yn gwneud swnio fel "Cri-cri-cri!"
something was making a sound like "Cri-cri-cri!"
"Pwy sy'n fy ngalw i?" meddai Pinocchio mewn braw
"Who calls me?" said Pinocchio in a fright
"Mae'n fi!" atebodd llais
"It is I!" answered a voice
Trodd Pinocchio rownd a gweld ychydig o griced
Pinocchio turned round and saw a little cricket
Roedd y criced yn cropian yn araf i fyny'r wal
the cricket was crawling slowly up the wall
"Dywedwch wrthyf, 'criced bach, pwy allwch chi fod?'
"Tell me, little cricket, who may you be?"
"Pwy ydw i yw'r criced siarad"
"who I am is the talking cricket"
"Yr wyf wedi byw yn yr ystafell hon gan mlynedd neu fwy"
"and I have lived in this room a hundred years or more"
"Yn awr, fodd bynnag, yr ystafell hon yw fy un i," meddai'r pyped
"Now, however, this room is mine," said the puppet
Pe byddech chi'n gwneud y pleser i mi, ewch i ffwrdd ar unwaith"
"if you would do me the pleasure, go away at once"
"Pan fyddwch chi wedi mynd, peidiwch byth â dod yn ôl"
"and when you're gone, please never come back"

"Ni fyddaf yn mynd nes fy mod wedi dweud wrthych wirionedd mawr"
"I will not go until I have told you a great truth"
"Dywedwch wrthyf, felly, a byddwch yn gyflym am y peth"
"Tell it me, then, and be quick about it"
"Gwae'r bechgyn sy'n gwrthryfela yn erbyn eu rhieni"
"Woe to those boys who rebel against their parents"
"Gwae fechgyn sy'n ffoi oddi cartref"
"and woe to boys who run away from home"
'Ni chânt fyth ddod i unrhyw beth da yn y byd'
"They will never come to any good in the world"
"Ac yn hwyr neu'n hwyrach fe fyddan nhw'n edifarhau'n chwerw."
"and sooner or later they will repent bitterly"
'Canwch y cyfan rydych chi ei eisiau criced bach'
"Sing all you want you little cricket"
"Mae croeso i chi ganu cyhyd ag y dymunwch"
"and feel free to sing as long as you please"
"I mi, yr wyf wedi gwneud fy meddwl i redeg i ffwrdd"
"For me, I have made up my mind to run away"
"Yfory yn ystod y dydd, bydda i'n rhedeg i ffwrdd am byth."
"tomorrow at daybreak I will run away for good"
"Os arhosaf, ni fyddaf yn dianc oddi wrth fy ffawd."
"if I remain I shall not escape my fate"
"Mae'r un ffawd â phob bachgen arall"
"it is the same fate as all other boys"
"Os byddaf yn aros, fe'm hanfonir i'r ysgol"
"if I stay I shall be sent to school"
"A byddaf yn cael fy ngwneud i astudio trwy gariad neu trwy rym"
"and I shall be made to study by love or by force"
"Rwy'n dweud wrthych yn hyderus, nid oes gennyf unrhyw awydd i ddysgu"
"I tell you in confidence, I have no wish to learn"
"Mae'n llawer mwy o hwyl i redeg ar ôl glöynnod byw"
"it is much more amusing to run after butterflies"
"Mae'n well gen i ddringo coed gyda'm hamser"

"I prefer climbing trees with my time"
"A dwi'n hoffi tynnu adar ifanc allan o'u nythod"
"and I like taking young birds out of their nests"
Roedd "gŵydd bach gwael" yn plethu'r criced siarad
"Poor little goose" interjected the talking cricket
"Ydych chi ddim yn gwybod y byddwch chi'n tyfu i fyny asyn perffaith?"
"don't you know you will grow up a perfect donkey?"
"A bydd pawb yn gwneud hwyl amdanoch chi"
"and every one will make fun of you"
Nid oedd Pinocchio yn falch o'r hyn a glywodd
Pinocchio was not pleased with what he heard
"Daliwch eich tafod, chi'n ddrygionus, chi'n sâl!"
"Hold your tongue, you wicked, ill-omened croaker!"
Ond roedd y criced bach yn amyneddgar ac athronyddol
But the little cricket was patient and philosophical
Nid oedd yn ddig am yr anfarwoldeb hwn
he didn't become angry at this impertinence
parhaodd yn yr un dôn ag yr oedd o'r blaen
he continued in the same tone as he had before
"Efallai nad ydych chi wir eisiau mynd i'r ysgol"
"perhaps you really do not wish to go to school"
"Felly pam ddim o leiaf ddysgu crefft?"
"so why not at least learn a trade?"
"Bydd swydd yn eich galluogi i ennill darn o fara!"
"a job will enable you to earn a piece of bread!"
Atebodd Pinocchio, "Beth ydych chi am i mi ei ddweud wrthych chi?"
"What do you want me to tell you?" replied Pinocchio
Roedd yn dechrau colli amynedd gyda'r criced bach
he was beginning to lose patience with the little cricket
"Mae llawer o fasnachu yn y byd y gallwn ei wneud"
"there are many trades in the world I could do"
"Ond dim ond un alwad sydd wir yn cymryd fy ffansi"
"but only one calling really takes my fancy"
"A beth yw galw sy'n cymryd eich ffansi?"
"And what calling is it that takes your fancy?"

"I fwyta, i yfed, ac i gysgu"
"to eat, and to drink, and to sleep"
"Rwy'n cael fy ngalw i ddifyrru fy hun trwy'r dydd"
"I am called to amuse myself all day"
'Byw bywyd gwag' o fore i nos"
"to lead a vagabond life from morning to night"
Roedd gan y criced bach siarad ateb ar gyfer hyn
the talking little cricket had a reply for this
"Mae'r rhan fwyaf sy'n dilyn y fasnach honno yn dod i ben yn yr ysbyty neu'r carchar"
"most who follow that trade end in hospital or prison"
"Cymerwch ofal, chi'n ddrygionus, yn sâl."
"Take care, you wicked, ill-omened croaker"
"Gwae chi os ydw i'n hedfan i mewn i angerdd!"
"Woe to you if I fly into a passion!"
"Pinocchio druan dw i'n wir trueni chi!"
"Poor Pinocchio I really pity you!"
"Pam wyt ti'n fy nhristáu?"
"Why do you pity me?"
"Rwy'n drueni i chi oherwydd eich bod yn byped"
"I pity you because you are a puppet"
"Rwy'n drueni i chi oherwydd bod gennych ben pren."
"and I pity you because you have a wooden head"
Ar y geiriau olaf hyn neidiodd Pinocchio i fyny mewn cynddaredd
At these last words Pinocchio jumped up in a rage
cipiodd forthwyl bren o'r fainc
he snatched a wooden hammer from the bench

ac fe daflodd y morthwyl at y criced siarad
and he threw the hammer at the talking cricket
Efallai nad oedd erioed wedi bwriadu ei daro
Perhaps he never meant to hit him
Ond yn anffodus fe darodd ef yn union ar ei ben
but unfortunately it struck him exactly on the head
prin oedd gan y criced druan anadl i grio "Cri-cri-cri!"
the poor Cricket had scarcely breath to cry "Cri-cri-cri!"
Roedd yn dal i sychu ac yn llyfnu yn erbyn y wal
he remained dried up and flattened against the wall

Yr Egg Flying
The Flying Egg

Roedd y noson yn prysur ddal i fyny gyda Pinocchio
The night was quickly catching up with Pinocchio
cofiai nad oedd wedi bwyta dim trwy'r dydd
he remembered that he had eaten nothing all day
Dechreuodd deimlo cnoi yn ei stumog
he began to feel a gnawing in his stomach
Mae'r cnawing yn debyg iawn i archwaeth

the gnawing very much resembled appetite
Ar ôl ychydig funudau roedd ei chwant bwyd wedi dod yn newyn
After a few minutes his appetite had become hunger
ac ymhen ychydig o amser daeth ei newyn yn ravenous
and in little time his hunger became ravenous
Pinocchio gwael yn rhedeg yn gyflym i'r lle tân
Poor Pinocchio ran quickly to the fireplace
y lle tân lle'r oedd sosban yn berwi
the fireplace where a saucepan was boiling
Roedd yn mynd i dynnu'r clawdd
he was going to take off the lid
Yna gallai weld beth oedd ynddo
then he could see what was in it
ond dim ond ar y wal y peintiwyd y sosban
but the saucepan was only painted on the wall
Gallwch ddychmygu ei deimladau pan ddarganfu hyn
You can imagine his feelings when he discovered this
Daeth ei drwyn, a oedd eisoes yn hir, hyd yn oed yn hirach
His nose, which was already long, became even longer
Rhaid iddo fod wedi tyfu o leiaf 3 modfedd
it must have grown by at least three inches
Yna dechreuodd redeg o gwmpas yr ystafell
He then began to run about the room
chwiliodd yn y droriau a phob lle dychmygol
he searched in the drawers and every imaginable place
Roedd yn gobeithio dod o hyd i ychydig o fara neu gramen
he hoped to find a bit of bread or crust
Efallai y gallai ddod o hyd i asgwrn a adawyd gan gi
perhaps he could find a bone left by a dog
ychydig o bwdin llwydni o ŷd Indiaidd
a little moldy pudding of Indian corn
rhywle y gallai rhywun fod wedi gadael asgwrn pysgod
somewhere someone might have left a fish bone
byddai hyd yn oed carreg ceirios yn ddigon
even a cherry stone would be enough
Pe bai dim ond rhywbeth y gallai ei wneud

if only there was something that he could gnaw
Ond ni allai ddod o hyd i unrhyw beth i gael ei ddannedd i mewn i
But he could find nothing to get his teeth into
Ac yn y cyfamser tyfodd ei newyn a thyfu
And in the meanwhile his hunger grew and grew
Nid oedd gan Pinocchio druan ryddhad arall na hwylio
Poor Pinocchio had no other relief than yawning
yr oedd ei gywydd mor fawr ei geg bron â chyrraedd ei glustiau
his yawns were so big his mouth almost reached his ears
ac yn teimlo fel pe bai'n mynd i lewygu
and felt as if he were going to faint
Yna dechreuodd wylo'n daer
Then he began to cry desperately
"Roedd y criced bach yn iawn"
"The talking little cricket was right"
"Dw i wedi gwneud yn anghywir i wrthryfela yn erbyn fy nhad."
"I did wrong to rebel against my papa"
"Ni ddylwn fod wedi ffoi oddi cartref"
"I should not have ran away from home"
"Pe bai fy nhad yma fyddwn i ddim yn marw o hwylio!"
"If my papa were here I wouldn't be dying of yawning!"
"O! beth yw newyn salwch ofnadwy!"
"Oh! what a dreadful illness hunger is!"
Dim ond wedyn roedd yn meddwl ei fod wedi gweld rhywbeth yn y tomen llwch
Just then he thought he saw something in the dust-heap
rhywbeth crwn a gwyn oedd yn edrych fel wy iâr
something round and white that looked like a hen's egg
Cododd ar ei draed a gafael yn yr wy
he sprung up to his feet and seized hold of the egg
Yn wir, roedd yn ŵy ien, fel y meddyliai
It was indeed a hen's egg, as he thought
Roedd llawenydd Pinocchio y tu hwnt i'r disgrifiad
Pinocchio's joy was beyond description

Roedd yn rhaid iddo wneud yn siŵr nad breuddwyd yn unig oedd
he had to make sure that he wasn't just dreaming
Felly roedd yn dal i droi'r wy drosodd yn ei ddwylo
so he kept turning the egg over in his hands
Roedd yn teimlo ac yn cusanu yr wy
he felt and kissed the egg
"Sut ydw i'n ei goginio nawr?"
"And now, how shall I cook it?"
"A fyddaf yn gwneud omelet?"
"Shall I make an omelet?"
"Byddai'n well coginio mewn sosban!"
"it would be better to cook it in a saucer!"
Neu oni fyddai'n fwy swil i'w ffrio?
"Or would it not be more savory to fry it?"
Neu a fyddaf yn berwi'r wyau'n unig?
"Or shall I simply boil the egg?"
"Na, y ffordd gyflymaf yw ei goginio mewn soser"
"No, the quickest way is to cook it in a saucer"
"Dw i ar frys i'w fwyta!"
"I am in such a hurry to eat it!"
Heb golli amser cafodd soser priddwedd
Without loss of time he got an earthenware saucer
Gosododd y soser ar brazier yn llawn o emberau coch-poeth
he placed the saucer on a brazier full of red-hot embers
Nid oedd ganddo unrhyw olew neu fenyn i'w ddefnyddio
he didn't have any oil or butter to use
felly fe dywalltodd ychydig o ddŵr i'r sawdl
so he poured a little water into the saucer
A phan ddechreuodd y dŵr ysmygu, craciwch!
and when the water began to smoke, crack!
Torrodd y gragen wyau dros y soser
he broke the egg-shell over the saucer
ac fe adawodd i gynnwys yr wy ollwng i'r soser
and he let the contents of the egg drop into the saucer
ond nid oedd yr wy yn llawn o wyn ac melynwy
but the egg was not full of white and yolk

Yn lle hynny, daeth cyw iâr bach allan o'r wy
instead, a little chicken popped out the egg

roedd yn iâr fach hoyw a chwrtais iawn
it was a very gay and polite little chicken
Mae'r cyw iâr bach wedi gwneud cwrteisi hardd
the little chicken made a beautiful courtesy
"Diolch yn fawr, Arglwydd. Pinocchio"
"A thousand thanks, Master. Pinocchio"
"Rydych chi wedi achub y drafferth o dorri'r gragen"
"you have saved me the trouble of breaking the shell"
"Adieu, nes ein bod ni'n cwrdd eto" meddai'r cyw iâr
"Adieu, until we meet again" the chicken said
"Cadwch yn dda a fy llongyfarchiadau gorau i bawb gartref!"
"Keep well, and my best compliments to all at home!"
lledodd y cyw iâr bach ei adenydd bach
the little chicken spread its little wings

a'r iâr fach yn meiddio drwy'r ffenestr agored
and the little chicken darted through the open window
ac yna'r iâr bach yn hedfan allan o'r golwg
and then the little chicken flew out of sight
Safodd y pyped tlawd fel pe bai wedi cael ei ddrysu
The poor puppet stood as if he had been bewitched
Roedd ei lygaid yn sefydlog, a'i geg yn agored
his eyes were fixed, and his mouth was open
ac roedd ganddo'r gragen wyau yn ei law o hyd
and he still had the egg-shell in his hand
Yn araf fe adferodd o'i stupefaction
slowly he Recovered from his stupefaction
ac yna dechreuodd grio a sgrechian
and then he began to cry and scream
Gosododd ei draed ar y llawr mewn anobaith
he stamped his feet on the floor in desperation
yng nghanol ei sobs efe a gasglodd ei feddyliau
amidst his sobs he gathered his thoughts
"Ah, yn wir, roedd y criced bach siarad yn iawn"
"Ah, indeed, the talking little cricket was right"
"Ni ddylwn fod wedi ffoi oddi cartref"
"I should not have run away from home"
"Yna fyddwn i ddim yn marw o newyn nawr!"
"then I would not now be dying of hunger!"
"Pe bai fy nhad yma, byddai'n bwydo fi"
"and if my papa were here he would feed me"
"O! beth yw newyn salwch ofnadwy!"
"Oh! what a dreadful illness hunger is!"
gwaeddodd ei stumog yn fwy nag erioed
his stomach cried out more than ever
ac ni wyddai sut i dawelu ei newyn
and he did not know how to quiet his hunger
Meddyliodd am adael y tŷ
he thought about leaving the house
Efallai y gallai wneud taith yn y gymdogaeth
perhaps he could make an excursion in the neighborhood
Roedd yn gobeithio dod o hyd i rywun elusennol

he hoped to find some charitable person
Efallai y byddan nhw'n rhoi darn o fara iddo
maybe they would give him a piece of bread

Traed Pinocchio yn llosgi i Sinderau
Pinocchio's Feet Burn to Cinders

Roedd hi'n noson arbennig o wyllt a stormus
It was an especially wild and stormy night
Roedd y taranau yn uchel iawn ac yn ofnus
The thunder was tremendously loud and fearful
Roedd y mellt mor fyw nes bod yr awyr yn ymddangos ar dân
the lightning was so vivid that the sky seemed on fire
Roedd gan Pinocchio ofn mawr o daranau
Pinocchio had a great fear of thunder
ond gall newyn fod yn gryfach nag ofn
but hunger can be stronger than fear
Felly caeodd ddrws y tŷ
so he closed the door of the house
ac fe wnaeth ruthro enbyd i'r pentref
and he made a desperate rush for the village
Cyrhaeddodd y pentref mewn can ffin
he reached the village in a hundred bounds
Roedd ei dafod yn hongian allan o'i geg
his tongue was hanging out of his mouth
ac yr oedd yn pantio am wynt fel ci
and he was panting for breath like a dog
Ond roedd yn dod o hyd i'r pentref yn dywyll ac yn anghyfannedd
But he found the village all dark and deserted
Caewyd y siopau a chaewyd y ffenestri
The shops were closed and the windows were shut
ac nid oedd cymaint â chi yn y stryd
and there was not so much as a dog in the street
Roedd yn ymddangos ei fod wedi cyrraedd gwlad y meirw

It seemed like he had arrived in the land of the dead
Cafodd Pinocchio ei annog gan anobaith a newyn
Pinocchio was urged on by desperation and hunger
gafaelodd mewn cloch tŷ
he took hold of the bell of a house
a dechreuodd ganu'r gloch â'i holl rym
and he began to ring the bell with all his might
'Bydd hyn yn dod â rhywun,' meddai wrtho'i hun
"That will bring somebody," he said to himself
Daeth â rhywun!
And it did bring somebody!
Ymddangosodd hen ddyn mewn ffenestr
A little old man appeared at a window
Roedd gan yr hen ddyn bach gap nos ar ei ben o hyd
the little old man still had a night-cap on his head
Galwodd ato yn drist
he called to him angrily
"Beth ydych chi ei eisiau ar yr awr hon?"
"What do you want at such an hour?"
"A fyddech chi'n ddigon caredig i roi ychydig o fara i mi?"
"Would you be kind enough to give me a little bread?"
Roedd yr hen ddyn bach yn orfoddog iawn
the little old man was very obliging
"Arhoswch yno, byddaf yn ôl yn uniongyrchol"
"Wait there, I will be back directly"
Roedd yn meddwl ei fod yn un o'r rascals lleol
he thought it was one of the local rascals
Maen nhw'n difyrru eu hunain trwy ganu clychau'r tŷ yn y nos
they amuse themselves by ringing the house-bells at night
Ar ôl hanner munud agorodd y ffenestr eto
After half a minute the window opened again
llais yr un hen ddyn bach yn gweiddi ar Pinocchio
the voice of the same little old man shouted to Pinocchio
"Dewch o dan a dal eich cap"
"Come underneath and hold out your cap"
Tynnodd Pinocchio ei gap i ffwrdd a'i ddal allan

Pinocchio pulled off his cap and held it out
ond ni lanwyd cap Pinocchio â bara na bwyd
but Pinocchio's cap was not filled with bread or food
Tywalltwyd basn enfawr o ddŵr arno
an enormous basin of water was poured down on him
Roedd y dŵr yn ei gymysgu o ben i droed
the water soaked him from head to foot
fel pe bai wedi bod yn pot o geraniums sychedig
as if he had been a pot of dried-up geraniums
Dychwelodd adref fel cyw iâr wlyb
He returned home like a wet chicken
Roedd wedi blino'n lân gyda blinder a newyn
he was quite exhausted with fatigue and hunger
nid oedd ganddo nerth mwyach i sefyll
he no longer had the strength to stand
Felly eisteddodd i lawr a gorffwys ei draed llaith a mwdlyd.
so he sat down and rested his damp and muddy feet
Rhoddodd ei draed ar brazier yn llawn o losgi embers
he put his feet on a brazier full of burning embers
ac yna efe a hunodd, wedi blino o'r dydd
and then he fell asleep, exhausted from the day
rydym i gyd yn gwybod bod gan Pinocchio draed pren
we all know that Pinocchio has wooden feet
ac rydym yn gwybod beth sy'n digwydd i bren ar losgi embers
and we know what happens to wood on burning embers
fesul tipyn, llosgodd ei draed i ffwrdd a daeth yn cinders
little by little his feet burnt away and became cinders
Parhaodd Pinocchio i gysgu a snore
Pinocchio continued to sleep and snore
Efallai bod ei draed hefyd wedi bod yn eiddo i rywun arall
his feet might as well have belonged to someone else
O'r diwedd fe ddeffrodd oherwydd bod rhywun yn curo wrth y drws
At last he awoke because someone was knocking at the door
"Pwy sydd yna?" gofynnodd, gan ysgwyd a rhwbio ei lygaid
"Who is there?" he asked, yawning and rubbing his eyes

"Mae'n fi!" atebodd llais
"It is I!" answered a voice
A Pinocchio yn cydnabod llais Geppetto
And Pinocchio recognized Geppetto's voice

Geppetto yn rhoi ei frecwast ei hun i Pinocchio
Geppetto Gives his own Breakfast to Pinocchio

Roedd llygaid Pinocchio druan yn dal i fod hanner cau o gwsg
Poor Pinocchio's eyes were still half shut from sleep
Nid oedd eto wedi darganfod beth oedd wedi digwydd
he had not yet discovered what had happened
Roedd ei draed wedi eu llosgi'n llwyr
his feet had were completely burnt off
Clywodd lais ei dad wrth y drws
he heard the voice of his father at the door
a neidiodd oddi ar y gadair yr oedd wedi cysgu arni
and he jumped off the chair he had slept on
Roedd eisiau rhedeg at y drws a'i agor
he wanted to run to the door and open it
ond fe gwympodd o gwmpas a syrthio ar y llawr
but he stumbled around and fell on the floor
Dychmygwch gael sach o ludw pren
imagine having a sack of wooden ladles
Dychmygwch taflu'r sach oddi ar y balconi
imagine throwing the sack off the balcony
dyna oedd sŵn Pinocchio yn disgyn i'r llawr
that is was the sound of Pinocchio falling to the floor
"Agor y drws!" gwaeddodd Geppetto o'r stryd
"Open the door!" shouted Geppetto from the street
"Dad annwyl, alla i ddim," atebodd y pyped
"Dear papa, I cannot," answered the puppet
Ac efe a waeddodd ac a dreiglodd o gwmpas ar y llawr
and he cried and rolled about on the ground
"Pam na allwch chi agor y drws?"
"Why can't you open the door?"
"Oherwydd bod fy nhraed wedi cael eu bwyta"
"Because my feet have been eaten"
Pwy sydd wedi bwyta dy draed di?"
"And who has eaten your feet?"
Edrychodd Pinocchio o gwmpas am rywbeth i'w feio

Pinocchio looked around for something to blame
Yn y diwedd, atebodd "Roedd y gath yn bwyta fy nhraed"
eventually he answered "the cat ate my feet"
"Agorwch y drws, rwy'n dweud wrthych!" ailadroddodd Geppetto
"Open the door, I tell you!" repeated Geppetto
"Os na fyddwch yn ei agor, bydd gennych y gath oddi wrthyf!"
"If you don't open it, you shall have the cat from me!"
"Ni allaf sefyll i fyny, credwch fi"
"I cannot stand up, believe me"
"O, truan fi!" gwaeddodd Pinocchio
"Oh, poor me!" lamented Pinocchio
"Bydd rhaid i mi gerdded ar fy ngliniau am weddill fy oes!"
"I shall have to walk on my knees for the rest of my life!"
Credai Geppetto fod hwn yn un arall o driciau'r pyped
Geppetto thought this was another one of the puppet's tricks
Meddyliodd am ffordd o roi diwedd ar ei driciau
he thought of a means of putting an end to his tricks
Dringodd i fyny'r wal a mynd i mewn trwy'r ffenestr
he climbed up the wall and got in through the window
Roedd yn ddig iawn pan welodd Pinocchio am y tro cyntaf
He was very angry when he first saw Pinocchio
ac ni wnaeth ddim ond scoldio'r pyped tlawd
and he did nothing but scold the poor puppet

ond yna gwelodd Pinocchio mewn gwirionedd heb draed
but then he saw Pinocchio really was without feet
ac fe'i gorchfygwyd yn llwyr gyda chydymdeimlad eto
and he was quite overcome with sympathy again
Cymerodd Geppetto ei byped yn ei freichiau
Geppetto took his puppet in his arms
a dechreuodd gusanu ac yn gofalu amdano
and he began to kiss and caress him
efe a ddywedodd fil o bethau annwyl iddo
he said a thousand endearing things to him
Roedd dagrau mawr yn rhedeg i lawr ei bochau rosy
big tears ran down his rosy cheeks
"Fy Pinocchio bach!" cysurodd ef
"My little Pinocchio!" he comforted him
"Sut wnaethoch chi lwyddo i losgi'ch traed?"
"how did you manage to burn your feet?"
"Dwi ddim yn gwybod sut wnes i, Dad"
"I don't know how I did it, papa"
"Ond mae hi wedi bod yn noson mor ofnadwy"
"but it has been such a dreadful night"
"Byddaf yn ei gofio cyhyd ag y byddaf yn byw"
"I shall remember it as long as I live"
"Roedd taranau a mellt drwy'r nos"
"there was thunder and lightning all night"
"Roeddwn i'n newynog drwy'r nos"
"and I was very hungry all night"
"Ac yna fe wnaeth y criced siarad fy nhreisio"
"and then the talking cricket scolded me"
"Dywedodd y criced siarad 'mae'n eich gwasanaethu'n iawn'"
"the talking cricket said 'it serves you right'"
Dywedodd: ' Rydych chi wedi bod yn ddrwg, ac rydych chi'n ei haeddu."
"he said; 'you have been wicked and deserve it'"
A dywedais wrtho, 'Cymerwch ofal, criced bach!'
"and I said to him: 'Take care, little Cricket!'"
Ac meddai, ' Rydych chi'n byped."

"and he said; 'You are a puppet'"
Ac meddai, ' Mae gennych chi ben pren."
"and he said; 'you have a wooden head'"
"Ac yr wyf yn taflu handlen o ergyd iddo"
"and I threw the handle of a hammer at him"
"Ac yna bu farw'r criced bach siaradus"
"and then the talking little cricket died"
"Ond roedd yn fai arno ei fod wedi marw"
"but it was his fault that he died"
"Am nad oeddwn am ei ladd"
"because I didn't wish to kill him"
"Mae gen i dystiolaeth nad oeddwn i'n ei olygu"
"and I have proof that I didn't mean to"
"Ro'n i wedi rhoi saucer earthenware ar losgi embers"
"I had put an earthenware saucer on burning embers"
"Ond fe hedfanodd iâr allan o'r wy"
"but a chicken flew out of the egg"
"Dywedodd y cyw iâr; ' Adieu, nes ein bod ni'n cwrdd eto.'"
"the chicken said; 'Adieu, until we meet again'"
'Anfonwch fy nghanmoliaeth i bawb adref'
'send my compliments to all at home'
"Ac yna yr wyf yn cael hyd yn oed yn fwy newynog"
"and then I got even more hungry"
"Yna roedd yr hen ddyn bach yna mewn cap nos"
"then there was that little old man in a night-cap"
"Agorodd y ffenestr uwch fy mhen i"
"he opened the window up above me"
"Ac fe ddywedodd wrthyf am ddal fy het"
"and he told me to hold out my hat"
"Ac efe a dywalltodd ddŵr arnaf fi"
"and he poured a basinful of water on me"
"Nid yw gofyn am ychydig o fara yn warth, ynte?"
"asking for a little bread isn't a disgrace, is it?"
"Es i adref ar unwaith"
"and then I returned home at once"
"Roeddwn i'n llwglyd ac yn oer ac yn flinedig"
"I was hungry and cold and tired"

"A rhoddais fy nhraed ar y brazier i'w sychu"
"and I put my feet on the brazier to dry them"
"Ac yna fe wnaethoch chi ddod yn ôl yn y bore"
"and then you returned in the morning"
"A gwelais fod fy nhraed wedi eu llosgi"
"and I found my feet were burnt off"
"A dw i'n dal yn llwglyd"
"and I am still hungry"
"Ond does gen i ddim traed bellach!"
"but I no longer have any feet!"
A dechreuodd Pinocchio druan wylo a rhuo
And poor Pinocchio began to cry and roar
Gwaeddodd mor uchel nes iddo gael ei glywed bum milltir i ffwrdd
he cried so loudly that he was heard five miles off
Geppetto, dim ond un peth a ddeellir o hyn i gyd
Geppetto, only understood one thing from all this
deallodd fod y pyped yn marw o newyn
he understood that the puppet was dying of hunger
felly tynnodd o'i boced dri gellyg
so he drew from his pocket three pears
a rhoddodd y gellyg i Pinocchio
and he gave the pears to Pinocchio
"Roedd y tri brawd hyn wedi'u bwriadu ar gyfer fy brecwast"
"These three pears were intended for my breakfast"
"Ond byddaf yn rhoi fy mreichiau i chi yn barod"
"but I will give you my pears willingly"
"Bwyta nhw, a gobeithio y byddan nhw'n gwneud yn dda i chi."
"Eat them, and I hope they will do you good"
Edrychodd Pinocchio ar y gellyg yn annibynadwy
Pinocchio looked at the pears distrustfully
"Allwch chi ddim disgwyl i mi eu bwyta nhw fel'na."
"but you can't expect me to eat them like that"
"Byddwch yn ddigon caredig i mi eu cosbi"
"be kind enough to peel them for me"

"Peel nhw?" meddai Geppetto, syfrdanwyd.
"Peel them?" said Geppetto, astonished
"Doeddwn i ddim yn gwybod eich bod chi mor garedig a chwaethus"
"I didn't know you were so dainty and fastidious"
"Mae'r rhain yn arferion drwg i'w cael, fy mab!"
"These are bad habits to have, my boy!"
"Mae'n rhaid i ni fwynhau a bwyta popeth"
"we must accustom ourselves to like and to eat everything"
"Does dim gwybodaeth am yr hyn y gallem fod yn ei gynnig"
"there is no knowing to what we may be brought"
"Mae cymaint o gyfleoedd!"
"There are so many chances!"
"Rydych chi'n siŵr eich bod chi'n iawn," torri ar draws Pinocchio
"You are no doubt right," interrupted Pinocchio
"Ond fydda i byth yn bwyta ffrwyth sydd heb ei plicio."
"but I will never eat fruit that has not been peeled"
"Alla i ddim cael blas y croen"
"I cannot bear the taste of rind"
Mor dda Geppetto peeled y tri gellyg
So good Geppetto peeled the three pears
ac fe roddodd rindiau'r gellyg ar gornel y bwrdd
and he put the pear's rinds on a corner of the table
Roedd Pinocchio wedi bwyta'r gellyg cyntaf
Pinocchio had eaten the first pear
roedd ar fin taflu craidd y gellyg
he was about to throw away the pear's core
ond daliodd Geppetto afael yn ei fraich
but Geppetto caught hold of his arm
"Peidiwch â thaflu craidd y gellyg"
"Do not throw the core of the pear away"
"Yn y byd hwn, gall popeth fod o ddefnydd"
"in this world everything may be of use"
Ond gwrthododd Pinocchio weld yr ymdeimlad ynddo
But Pinocchio refused to see the sense in it

"Rwy'n benderfynol na fyddaf yn bwyta craidd y gellyg"
"I am determined I will not eat the core of the pear"
a Pinocchio a drodd arno fel gwiberod.
and Pinocchio turned upon him like a viper
"Pwy a ŵyr!" ailadroddodd Geppetto
"Who knows!" repeated Geppetto
"Mae cymaint o gyfleoedd," meddai
"there are so many chances," he said
a Geppetto byth yn colli ei dymer hyd yn oed unwaith
and Geppetto never lost his temper even once
Ac felly ni fwriwyd y tri chwalfa gellyg allan
And so the three pear cores were not thrown out
Fe'u gosodwyd ar gornel y bwrdd gyda'r rholiau
they were placed on the corner of the table with the rinds
ar ôl ei wledd fechan Pinocchio iasai'n aruthrol
after his small feast Pinocchio yawned tremendously
a bu'n siarad eto mewn tôn fretful
and he spoke again in a fretful tone
"Rydw i mor newynog ag erioed!"
"I am as hungry as ever!"
"Ond, machgen i, does gen i ddim byd mwy i'w roi i ti!"
"But, my boy, I have nothing more to give you!"
"Does gennych chi ddim byd? O ddifrif? Dim byd?"
"You have nothing? Really? Nothing?"
"Dim ond y croen a'r creiddiau sydd gen i"
"I have only the rind and the cores of the pears"
"Rhaid bod yn amyneddgar!" meddai Pinocchio
"One must have patience!" said Pinocchio
"Os nad oes dim byd arall mi fydda i'n bwyta riniog y gellyg"
"if there is nothing else I will eat the pear's rind"
A dechreuodd gnoi cil y gellyg
And he began to chew the rind of the pear
Ar y dechrau gwnaeth wyneb diflas
At first he made a wry face
Ond yna, un ar ôl y llall, bwytaodd nhw'n gyflym
but then, one after the other, he quickly ate them

ac ar ôl rindiau'r gellyg roedd hyd yn oed yn bwyta'r creiddiau
and after the pear's rinds he even ate the cores
Pan oedd wedi bwyta popeth roedd yn rhwbio ei fol
when he had eaten everything he rubbed his belly
"O! Rwy'n teimlo'n gyfforddus unwaith eto."
"Ah! now I feel comfortable again"
"Nawr rydych chi'n gweld fy mod i'n iawn," gwenodd Gepetto
"Now you see I was right," smiled Gepetto
"Dyw hi ddim yn dda i gael ein hunain yn gyfarwydd â'n chwaeth"
"it's not good to accustom ourselves to our tastes"
"Allwn ni byth wybod, fy mab annwyl, beth all ddigwydd i ni"
"We can never know, my dear boy, what may happen to us"
"Mae cymaint o gyfleoedd!"
"There are so many chances!"

Geppetto yn Gwneud Pinocchio Traed Newydd
Geppetto Makes Pinocchio New Feet

Roedd y pyped wedi bodloni ei newyn
the puppet had satisfied his hunger
ond dechreuodd grio a grwgnach eto
but he began to cry and grumble again
cofiodd ei fod eisiau pâr o draed newydd
he remembered he wanted a pair of new feet
Ond cosbodd Geppetto ef am ei ddrwgdeimlad
But Geppetto punished him for his naughtiness
caniataodd iddo wylo ac anobeithio ychydig.
he allowed him to cry and to despair a little
Bu'n rhaid i Pinocchio dderbyn ei dynged am hanner y diwrnod
Pinocchio had to accept his fate for half the day
Yn y diwedd, dywedodd wrtho:

at the end of the day he said to him:
Pam ddylwn i wneud i chi draed newydd?
"Why should I make you new feet?"
"A fydd yn eich galluogi i ddianc o'ch cartref eto?"
"To enable you to escape again from home?"
Pinocchio yn sobbed yn ei sefyllfa
Pinocchio sobbed at his situation
"Rwy'n addo y byddaf yn dda ar gyfer y dyfodol"
"I promise you that for the future I will be good"
ond gwyddai Geppetto driciau Pinocchio erbyn hyn
but Geppetto knew Pinocchio's tricks by now
"Mae pob bachgen sydd eisiau rhywbeth yn dweud yr un peth"
"All boys who want something say the same thing"
"Dw i'n addo y bydda i'n mynd i'r ysgol"
"I promise you that I will go to school"
"Byddaf yn astudio ac yn dod ag adroddiad da adref"
"and I will study and bring home a good report"
"Mae pob bachgen sydd eisiau rhywbeth yn ailadrodd yr un stori"
"All boys who want something repeat the same story"
"Dydw i ddim fel bechgyn eraill!" Pinocchio yn gwrthwynebu
"But I am not like other boys!" Pinocchio objected
"Dw i'n well na nhw i gyd," ychwanegodd.
"I am better than all of them," he added
"A dw i wastad yn dweud y gwir," meddai celwydd
"and I always speak the truth," he lied
"Rwy'n addo i chi, Dad, y byddaf yn dysgu crefft"
"I promise you, papa, that I will learn a trade"
"Rwy'n addo y byddaf yn gysur i'ch henaint"
"I promise that I will be the consolation of your old age"
llygaid Geppetto yn llawn dagrau wrth glywed hyn
Geppetto's eyes filled with tears on hearing this
Roedd ei galon yn drist wrth weld ei fab fel hyn
his heart was sad at seeing his son like this
Roedd Pinocchio mewn cyflwr mor druenus

Pinocchio was in such a pitiable state
Ni ddywedodd air arall wrth Pinocchio
He did not say another word to Pinocchio
Cafodd ei offer a dau ddarn bach o bren profiadol
he got his tools and two small pieces of seasoned wood
Aeth ati i weithio gyda diwydrwydd mawr
he set to work with great diligence
O fewn llai nag awr, roedd y traed wedi gorffen
In less than an hour the feet were finished
Efallai eu bod wedi cael eu modelu gan artist athrylith
They might have been modelled by an artist of genius
Yna, siaradodd Geppetto â'r pyped
Geppetto then spoke to the puppet
Caewch eich llygaid a mynd i gysgu!
"Shut your eyes and go to sleep!"
A Pinocchio cau ei lygaid ac esgus cysgu
And Pinocchio shut his eyes and pretended to sleep
Cafodd Geppetto gragen wyau a toddi rhywfaint o glud ynddo
Geppetto got an egg-shell and melted some glue in it
ac efe a glymodd draed Pinocchio yn eu lle
and he fastened Pinocchio's feet in their place
Fe'i gwnaed yn feistrolgar gan Geppetto
it was masterfully done by Geppetto
ni ellid gweld olion o ble roedd y traed yn cael eu huno
not a trace could be seen of where the feet were joined
Sylweddolodd Pinocchio yn fuan fod ganddo draed eto
Pinocchio soon realized that he had feet again
Yna neidiodd i lawr o'r bwrdd
and then he jumped down from the table
Neidiodd o gwmpas yr ystafell gydag egni a llawenydd
he jumped around the room with energy and joy
dawnsiodd fel pe bai wedi mynd yn wallgof gyda'i hyfrydwch
he danced as if he had gone mad with his delight
"Diolch am bopeth rydych chi wedi'i wneud i mi"
"thank you for all you have done for me"

"Byddaf yn mynd i'r ysgol ar unwaith," meddai Pinocchio.
"I will go to school at once," Pinocchio promised
"Ond er mwyn mynd i'r ysgol bydd angen dillad arnaf"
"but to go to school I shall need some clothes"
erbyn hyn fe wyddoch fod Geppetto yn ddyn tlawd
by now you know that Geppetto was a poor man
nid oedd ganddo gymaint â cheiniog yn ei boced
he had not so much as a penny in his pocket
felly gwnaeth wisg fach o bapur blodau iddo
so he made him a little dress of flowered paper
pâr o esgidiau o risgl coeden
a pair of shoes from the bark of a tree
Ac efe a wnaeth het allan o'r bara
and he made a hat out of the bread

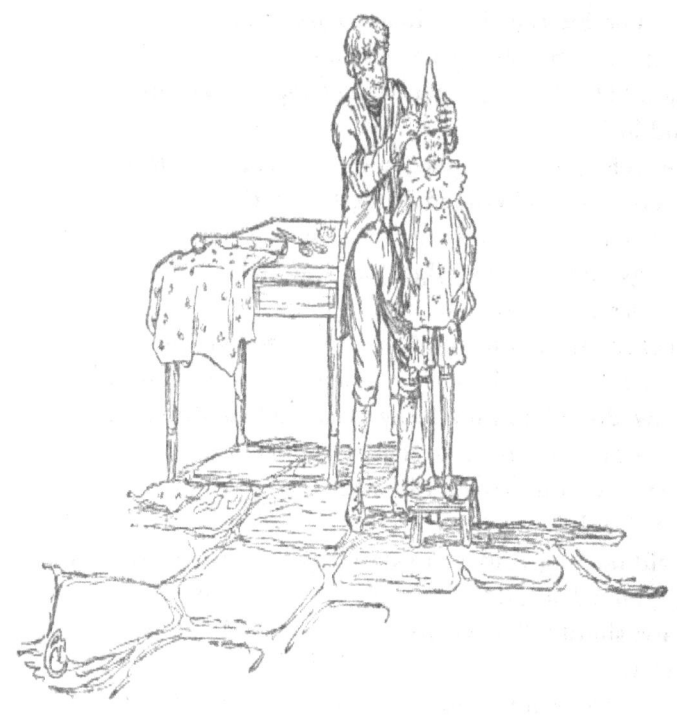

Rhedodd Pinocchio i edrych arno'i hun mewn croc o ddŵr
Pinocchio ran to look at himself in a crock of water
Roedd yn hapus iawn gyda'i ymddangosiad
he was ever so pleased with his appearance
ac efe a sathrodd o amgylch yr ystafell fel peacock
and he strutted about the room like a peacock
"Rwy'n edrych fel dyn bonheddig!"
"I look quite like a gentleman!"
'Ydw, yn wir,' atebodd Geppetto
"Yes, indeed," answered Geppetto
"Nid dillad da sy'n gwneud y gŵr bonheddig"
"it is not fine clothes that make the gentleman"
"Yn hytrach, dillad glân sy'n gwneud bonheddwr"
"rather, it is clean clothes that make a gentleman"
"Gyda llaw," ychwanegodd y pyped
"By the way," added the puppet
"I fynd i'r ysgol, mae rhywbeth sydd ei angen arnaf"
"to go to school there's still something I need"
"Rwy'n dal heb y peth gorau"
"I am still without the best thing"
"Dyma'r peth pwysicaf i fachgen ysgol"
"it is the most important thing for a school boy"
"A beth sy'n bod?" gofynnodd Geppetto
"And what is it?" asked Geppetto
"Does gen i ddim llyfr"
"I have no spelling-book"
"Rydych chi'n iawn" sylweddolodd Geppetto
"You are right" realized Geppetto
"Ond beth wnawn ni i gael un?"
"but what shall we do to get one?"
Cysurodd Pinocchio Geppetto, "Mae'n eithaf hawdd"
Pinocchio comforted Geppetto, "It is quite easy"
"Y cyfan sy'n rhaid i ni ei wneud yw mynd i'r llyfrwerthwyr"
"all we have to do is go to the bookseller's"
"Y cyfan sy'n rhaid i mi ei wneud yw prynu oddi wrthyn nhw"
"all I have to do is buy from them"

"Ond sut ydym ni'n ei brynu heb arian?"
"but how do we buy it without money?"
"Does gen i ddim arian," meddai Pinocchio
"I have got no money," said Pinocchio
"Does gen i ddim," ychwanegodd yr hen ddyn da, yn drist iawn.
"Neither have I," added the good old man, very sadly
er ei fod yn fachgen llawen iawn, daeth Pinocchio yn drist
although he was a very merry boy, Pinocchio became sad
tlodi, pan mae'n real, yn cael ei ddeall gan bawb
poverty, when it is real, is understood by everybody
"Wel, amynedd!" ebychodd Geppetto, gan godi i'w draed
"Well, patience!" exclaimed Geppetto, rising to his feet
a gwisgodd ei hen siaced corduroy
and he put on his old corduroy jacket
a rhedodd allan o'r tŷ i'r eira
and he ran out of the house into the snow
Dychwelodd i'r tŷ yn fuan wedi hynny
He returned back to the house soon after
yn ei law roedd ganddo lyfr sillafu ar gyfer Pinocchio
in his hand he held a spelling-book for Pinocchio
Ond roedd yr hen siaced yr oedd wedi gadael gyda hi wedi mynd
but the old jacket he had left with was gone
Roedd y dyn tlawd yn ei grys
The poor man was in his shirt-sleeves
a'r tu allan roedd hi'n oer ac yn bwrw eira
and outdoors it was cold and snowing
"A dy siaced di, Pa?" gofynnodd Pinocchio
"And your jacket, papa?" asked Pinocchio
"Rwyf wedi ei werthu," cadarnhawyd hen Geppetto
"I have sold it," confirmed old Geppetto
"Pam wnaethoch chi ei werthu?" gofynnodd Pinocchio
"Why did you sell it?" asked Pinocchio
"Oherwydd fy mod wedi dod o hyd i fy siaced yn rhy boeth"
"Because I found my jacket was too hot"
Deallodd Pinocchio yr ateb hwn mewn chwinciad

Pinocchio understood this answer in an instant
Nid oedd Pinocchio yn gallu ffrwyno ysgogiad ei galon
Pinocchio was unable to restrain the impulse of his heart
Oherwydd bod gan Pinocchio galon dda wedi'r cyfan
Because Pinocchio did have a good heart after all
efe a gyfododd, ac a daflodd ei freichiau o amgylch gwddf Geppetto.
he sprang up and threw his arms around Geppetto's neck
Ac efe a'i cusanodd drachefn ac a ddychwelodd fil o weithiau
and he kissed him again and again a thousand times

Pinocchio yn mynd i weld sioe bypedau
Pinocchio Goes to See a Puppet Show

Yn y pen draw, stopiodd eira y tu allan
eventually it stopped snowing outside
a Pinocchio yn mynd i'r ysgol
and Pinocchio set out to go to school
a chafodd ei lyfr sillafu cain o dan ei fraich
and he had his fine spelling-book under his arm
Cerddodd ynghyd â mil o syniadau yn ei ben
he walked along with a thousand ideas in his head
Roedd ei ymennydd bach yn meddwl am yr holl bosibiliadau
his little brain thought of all the possibilities
ac adeiladodd fil o gestyll yn yr awyr
and he built a thousand castles in the air
Roedd pob castell yn harddach na'r llall
each castle was more beautiful than the other
Ac wrth siarad â'i hun, dywedodd;
And, talking to himself, he said;
"Heddiw yn yr ysgol, byddaf yn dysgu darllen ar unwaith"
"Today at school I will learn to read at once"
"Mi fydda i'n dechrau ysgrifennu yfory"
"then tomorrow I will begin to write"

"A'r diwrnod ar ôl yfory byddaf yn dysgu'r rhifau"
"and the day after tomorrow I will learn the numbers"
"Bydd yr holl bethau hyn yn ddefnyddiol iawn"
"all of these things will prove very useful"
"Ac yna byddaf yn ennill llawer iawn o arian"
"and then I will earn a great deal of money"
"Rwy'n gwybod beth fyddaf yn ei wneud gyda'r arian cyntaf"
"I already know what I will do with the first money"
"Byddaf yn prynu côt frethyn newydd hardd ar unwaith"
"I will immediately buy a beautiful new cloth coat"
"Ni fydd yn rhaid i'm plentyn fod yn oer mwyach"
"my papa will not have to be cold anymore"
"Ond beth dw i'n ei ddweud?" meddai,
"But what am I saying?" he realized
"Bydd popeth wedi'i wneud o aur ac arian"
"It shall be all made of gold and silver"
"A bydd ganddo fotymau diemwnt"
"and it shall have diamond buttons"
"Mae'r dyn tlawd yna wir yn haeddu hynny"
"That poor man really deserves it"
"Fe brynodd lyfrau i mi ac mae'n fy nysgu i."
"he bought me books and is having me taught"
"Ac i wneud hynny mae wedi aros mewn crys"
"and to do so he has remained in a shirt"
"Mae e wedi gwneud hyn i gyd i mi mewn tywydd mor oer."
"he has done all this for me in such cold weather"
"Dim ond papas sy'n gallu aberthau o'r fath!"
"only papas are capable of such sacrifices!"
Dywedodd hyn i gyd wrtho'i hun gydag emosiwn mawr
he said all this to himself with great emotion
Ond yn y pellter roedd yn meddwl ei fod yn clywed cerddoriaeth
but in the distance he thought he heard music
roedd yn swnio fel pibellau a churo drwm mawr
it sounded like pipes and the beating of a big drum
Stopiodd a gwrando i glywed beth allai fod

He stopped and listened to hear what it could be
Daeth y synau o ben stryd
The sounds came from the end of a street
ac arweiniodd y stryd at bentref bach ar lan y môr
and the street led to a little village on the seashore
"Beth all y gerddoriaeth fod?" gofynnodd,
"What can that music be?" he wondered
'Pa mor drueni y mae'n rhaid i mi fynd i'r ysgol'
"What a pity that I have to go to school"
"Pe bawn i ddim ond yn gorfod mynd i'r ysgol..."
"if only I didn't have to go to school..."
Ac roedd yn parhau i fod yn ddiymadferth
And he remained irresolute
Fodd bynnag, roedd angen gwneud penderfyniad
It was, however, necessary to come to a decision
"A ddylwn i fynd i'r ysgol?" gofynnodd iddo'i hun
"Should I go to school?" he asked himself
"Neu ddylwn i fynd ar ôl y gerddoriaeth?"
"or should I go after the music?"
**"Heddiw dw i'n mynd i glywed y gerddoriaeth"
penderfynodd**
"Today I will go and hear the music" he decided
"Byddaf yn mynd i'r ysgol yfory"
"and tomorrow I will go to school"
Roedd dihangfa ifanc bachgen wedi penderfynu
the young scapegrace of a boy had decided
ac efe a ddrylliodd ei ysgwyddau wrth ei ddewis
and he shrugged his shoulders at his choice
Po fwyaf y rhedodd yn agosach daeth seiniau'r gerddoriaeth
The more he ran the nearer came the sounds of the music
a daeth curiad y drwm mawr yn uwch ac yn uwch
and the beating of the big drum became louder and louder
O'r diwedd cafodd ei hun yng nghanol sgwâr tref
At last he found himself in the middle of a town square
Roedd y sgwâr yn llawn o bobl
the square was quite full of people
Roedd pawb yn orlawn o amgylch adeilad

all the people were all crowded round a building
ac mae'r adeilad wedi'i wneud o bren a chynfas
and the building was made of wood and canvas
a phaentiwyd yr adeilad fil o liwiau
and the building was painted a thousand colours
"Beth yw'r adeilad?" gofynnodd Pinocchio
"What is that building?" asked Pinocchio
a throdd at fachgen bach
and he turned to a little boy
"Darllenwch y placard," meddai'r bachgen wrtho
"Read the placard," the boy told him
"Mae'r cyfan wedi'i ysgrifennu yno," ychwanegodd
"it is all written there," he added
"Daliwch ati i ddarllen ac yna byddwch yn gwybod"
"read it and and then you will know"
"Byddwn yn ei ddarllen yn barod," meddai Pinocchio
"I would read it willingly," said Pinocchio
"Ond mae'n digwydd nad ydw i'n gwybod sut i ddarllen heddiw"
"but it so happens that today I don't know how to read"
Bravo, blockhead! Byddaf yn ei ddarllen i chi. "
"Bravo, blockhead! Then I will read it to you"
Ydych chi'n gweld y geiriau hyn mor goch â thân?
"you see those words as red as fire?"
"Y Theatr Puppet Fawr," darllenodd iddo
"The Great Puppet Theatre," he read to him
"Ydy'r gêm wedi dechrau'n barod?"
"Has the play already begun?"
"Mae'n dechrau nawr," meddai'r bachgen
"It is beginning now," confirmed the boy
"Faint mae'n costio i fynd i mewn?"
"How much does it cost to go in?"
'Dime yw'r hyn y mae'n ei gostio i chi'
"A dime is what it costs you"
Roedd Pinocchio mewn twymyn o chwilfrydedd
Pinocchio was in a fever of curiosity
yn llawn cyffro collodd bob rheolaeth ohono'i hun

full of excitement he lost all control of himself
a Pinocchio yn colli pob synnwyr o gywilydd
and Pinocchio lost all sense of shame
"A fyddech chi'n rhoi dime i mi tan yfory?"
"Would you lend me a dime until tomorrow?"
"Byddwn yn ei roi i chi yn barod," meddai'r bachgen
"I would lend it to you willingly," said the boy
"Yn anffodus, heddiw ni allaf ei roi i chi"
"but unfortunately today I cannot give it to you"
Roedd gan Pinocchio syniad arall i gael yr arian
Pinocchio had another idea to get the money
"Byddaf yn gwerthu fy siaced i chi am dime"
"I will sell you my jacket for a dime"
"Ond mae dy siaced wedi ei gwneud o bapur blodau"
"but your jacket is made of flowered paper"
"Pa ddefnydd y gallwn ei gael ar gyfer y fath siaced?"
"what use could I have for such a jacket?"
"Dychmygwch ei bod hi'n bwrw glaw a'r siaced yn gwlychu"
"imagine it rained and the jacket got wet"
"Byddai'n amhosib ei gael o'm cefn"
"it would be impossible to get it off my back"
"Ydych chi'n prynu fy esgidiau?" rhowch gynnig ar Pinocchio
"Will you buy my shoes?" tried Pinocchio
"Byddent ond o ddefnydd i gynnau'r tân"
"They would only be of use to light the fire"
"Faint fyddwch chi'n ei roi i mi am fy mlog?"
"How much will you give me for my cap?"
"Byddai hynny'n gaffaeliad gwych mewn gwirionedd!"
"That would be a wonderful acquisition indeed!"
"Cap wedi'i wneud o friwsion bara!" cellwair y bachgen
"A cap made of bread crumb!" joked the boy
"Byddai perygl i'r llygod ddod i'w fwyta"
"There would be a risk of the mice coming to eat it"
"Fe allen nhw ei fwyta tra roedd e ar fy mhen i!"
"they might eat it whilst it was still on my head!"
Roedd Pinocchio ar ddrain am ei ragdybiaeth

Pinocchio was on thorns about his predicament
Roedd ar y pwynt o wneud cynnig arall
He was on the point of making another offer
Ond nid oedd ganddo ddigon dewr i ofyn iddo
but he had not the courage to ask him
Roedd yn betrusgar, yn teimlo'n ddiymadferth ac yn edifarhau
He hesitated, felt irresolute and remorseful
O'r diwedd fe gododd y dewrder i ofyn
At last he raised the courage to ask
"A wnewch chi roi dime i mi ar gyfer y llyfr sillafu newydd hwn?"
"Will you give me a dime for this new spelling-book?"
Ond gwrthododd y bachgen y cynnig hwn hefyd
but the boy declined this offer too
"Rwy'n fachgen ac nid wyf yn prynu gan fechgyn"
"I am a boy and I don't buy from boys"
Roedd hebog o hen ddillad wedi eu gor-glywed
a hawker of old clothes had overheard them
"Byddaf yn prynu'r llyfr sillafu ar gyfer dime"
"I will buy the spelling-book for a dime"
Gwerthwyd y llyfr yno ac yna
And the book was sold there and then
Roedd Geppetto druan wedi aros gartref yn crynu gydag oerfel
poor Geppetto had remained at home trembling with cold
er mwyn i'w fab gael llyfr sillafu
in order that his son could have a spelling-book

Mae'r pypedau yn adnabod eu brawd Pinocchio
The Puppets Recognize their Brother Pinocchio

Roedd Pinocchio yn y theatr bypedau bach
Pinocchio was in the little puppet theatre
digwyddodd digwyddiad a fu bron â chynhyrchu chwyldro
an incident occurred that almost produced a revolution

Roedd y llen wedi mynd i fyny a'r chwarae eisoes wedi dechrau
The curtain had gone up and the play had already begun
Roedd Harlequin a Punch yn ffraeo gyda'i gilydd
Harlequin and Punch were quarrelling with each other
bob eiliad roedden nhw'n bygwth dod i ergydion
every moment they were threatening to come to blows
Oll ar unwaith stopiodd Harlequin a throi at y cyhoedd
All at once Harlequin stopped and turned to the public
Tynnodd bwyntio gyda'i law at rywun pell i lawr yn y pwll
he pointed with his hand to someone far down in the pit
ac efe a glodfodd mewn tôn ddramatig
and he exclaimed in a dramatic tone
"Duw'r ffurfafen!"
"Gods of the firmament!"
"Ydw i'n breuddwydio, neu ydw i'n deffro?"
"Do I dream or am I awake?"
"Ond yn sicr mae hynny'n Pinocchio!"
"But, surely that is Pinocchio!"
"Mae'n wir yn Pinocchio!" gwaeddodd Punch
"It is indeed Pinocchio!" cried Punch
A Rose peeped allan o'r tu ôl i'r llenni
And Rose peeped out from behind the scenes
"Mae'n wir ei hun!" gwaeddodd Rose
"It is indeed himself!" screamed Rose
a gwaeddodd yr holl bypedau mewn corws
and all the puppets shouted in chorus
Pinocchio yw hi! Mae'n Pinocchio!"
"It is Pinocchio! it is Pinocchio!"
a neidiasant o bob ochr i'r llwyfan
and they leapt from all sides onto the stage
"Mae hi'n Pinocchio!" meddai'r holl bypedau
"It is Pinocchio!" all the puppets exclaimed
"Mae hi'n frawd i ni, Pinocchio!"
"It is our brother Pinocchio!"
"Hir byw Pinocchio!" maent yn siriol gyda'i gilydd
"Long live Pinocchio!" they cheered together

"Pinocchio, dewch i fyny yma i mi," gwaeddodd Harlequin
"Pinocchio, come up here to me," cried Harlequin
"Taflwch eich hun i freichiau eich brodyr pren."
"throw yourself into the arms of your wooden brothers!"
Ni allai Pinocchio wrthod y gwahoddiad annwyl hwn
Pinocchio couldn't decline this affectionate invitation
Neidiodd o ddiwedd y pwll i'r seddi a gadwyd yn ôl
he leaped from the end of the pit into the reserved seats
Glaniodd naid arall ef ar ben y drymiwr
another leap landed him on the head of the drummer
ac yna fe ruthrodd ar y llwyfan
and he then sprang upon the stage
Mae'r cofleidio a'r pinches cyfeillgar
The embraces and the friendly pinches
a'r gwrthdystiadau o anwyldeb brawdol cynnes
and the demonstrations of warm brotherly affection
Roedd derbyniad Pinocchio o'r pypedau y tu hwnt i'r disgrifiad
Pinocchio reception from the puppets was beyond description
Mae'n siŵr bod yr olwg yn un symudol
The sight was doubtless a moving one
Ond roedd y cyhoedd yn y pwll wedi mynd yn ddiamynedd
but the public in the pit had become impatient
Dechreuon nhw weiddi, "Daethom i wylio drama"
they began to shout, "we came to watch a play"
"Ewch ymlaen gyda'r gêm!" gofynasant
"go on with the play!" they demanded
ond ni pharhaodd y pypedau y datganiad
but the puppets didn't continue the recital
Mae'r pypedau wedi dyblu eu sŵn a'u outcries
the puppets doubled their noise and outcries
maent yn rhoi Pinocchio ar eu hysgwyddau
they put Pinocchio on their shoulders
A hwy a'i dygasant ef mewn buddugoliaeth o flaen y goleuadau
and they carried him in triumph before the footlights
Ar y pryd daeth y ringmaster allan

At that moment the ringmaster came out
Yr oedd yn ddyn mawr a chwyrn
He was a big and ugly man
Roedd ei olwg yn ddigon i ddychryn unrhyw un
the sight of him was enough to frighten anyone
Roedd ei farf mor ddu ag inc a hir
His beard was as black as ink and long
a'i farf yn cyrraedd o'i ên i'r llawr
and his beard reached from his chin to the ground
ac efe a sathrodd ar ei farf wrth gerdded
and he trod upon his beard when he walked
Roedd ei geg mor fawr â ffwrn
His mouth was as big as an oven
Ac roedd ei lygaid fel dau lusern o wydr coch yn llosgi.
and his eyes were like two lanterns of burning red glass
Cariodd chwip fawr o nadroedd troellog a chynffonnau llwynogod
He carried a large whip of twisted snakes and foxes' tails
ac efe a craciodd ei chwip yn gyson
and he cracked his whip constantly
Ar ei ymddangosiad annisgwyl cafwyd tawelwch dwys
At his unexpected appearance there was a profound silence
Doedd neb yn meiddio anadlu hyd yn oed
no one dared to even breathe
Gellid bod wedi clywed pryf yn y llonyddwch
A fly could have been heard in the stillness
Roedd pypedau tlawd y ddau ryw yn crynu fel dail
The poor puppets of both sexes trembled like leaves
"Wyt ti wedi dod i godi helynt yn fy theatr i?"
"have you come to raise a disturbance in my theatre?"
roedd ganddo lais gruff goblin
he had the gruff voice of a goblin
goblin sy'n dioddef o oerfel difrifol
a goblin suffering from a severe cold
"Credwch fi, annwyl syr, nid fy mai i ydyw!"
"Believe me, honoured sir, it it not my fault!"
"Mae hynny'n ddigon oddi wrthoch chi!" meddai.

"That is enough from you!" he blared
"Heno, byddwn yn setlo ein cyfrifon"
"Tonight we will settle our accounts"
cyn bo hir roedd y chwarae drosodd a'r gwesteion yn gadael
soon the play was over and the guests left
Aeth y ringmaster i mewn i'r gegin
the ringmaster went into the kitchen
Roedd dafad braf yn cael ei baratoi ar gyfer ei swper
a fine sheep was being prepared for his supper
Trodd yn araf ar y tân
it was turning slowly on the fire
Nid oedd digon o bren i orffen rhostio'r cig oen
there was not enough wood to finish roasting the lamb
felly galwodd am Harlequin a Pwnsh
so he called for Harlequin and Punch
"Dewch â'r pyped yma," meddai wrthyn nhw
"Bring that puppet here," he ordered them
"Fe welwch chi ef yn hongian ar hoelen"
"you will find him hanging on a nail"
"Mae'n ymddangos i mi ei fod wedi'i wneud o bren sych iawn"
"It seems to me that he is made of very dry wood"
'Rwy'n siŵr y bydd yn gwneud tân hardd'
"I am sure he would make a beautiful blaze"
Ar y dechrau Harlequin a Punch betruso
At first Harlequin and Punch hesitated
ond cawsant eu dychryn gan gip difrifol gan eu meistr
but they were appalled by a severe glance from their master
ac nid oedd ganddynt ddewis ond ufuddhau i'w ddymuniadau
and they had no choice but to obey his wishes
Ymhen ychydig dychwelon nhw i'r gegin
In a short time they returned to the kitchen
y tro hwn roedden nhw'n cario Pinocchio druan
this time they were carrying poor Pinocchio
roedd yn gwingo fel llysg allan o ddŵr
he was wriggling like an eel out of water

Ac yr oedd yn gweiddi yn daer
and he was screaming desperately
"Dad! Papa! Achuba fi! Dw i ddim yn mynd i farw!"
"Papa! papa! save me! I will not die!"

Y tisian Bwytawr Tân a Pinocchio Pardonau
The Fire-Eater Sneezes and Pardons Pinocchio

Roedd y ringmaster yn edrych fel dyn drwg
The ringmaster looked like a wicked man
ac yr oedd yn cael ei adnabod gan bawb fel tân bwytawr
and he was known by all as Fire-eater
gorchuddiodd ei farf ddu ei frest a'i goesau
his black beard covered his chest and legs
Roedd fel ei fod yn gwisgo ffedog
it was like he was wearing an apron
a gwnaeth hyn iddo edrych yn arbennig o ddrwg
and this made him look especially wicked
Ar y cyfan, fodd bynnag, nid oedd ganddo galon ddrwg
On the whole, however, he did not have a bad heart
gwelodd Pinocchio druan yn dod o'i flaen
he saw poor Pinocchio brought before him
gwelodd y pyped yn brwydro ac yn sgrechian
he saw the puppet struggling and screaming
"Ni fyddaf farw, ni fyddaf farw."
"I will not die, I will not die!"
ac fe'i syfrdanwyd gan yr hyn a welodd
and he was quite moved by what he saw
Roedd yn teimlo'n flin iawn am y pyped diymadferth
he felt very sorry for the helpless puppet
Ceisiodd ddal ei gydymdeimlad o fewn ei hun
he tried to hold his sympathies within himself
Ond ymhen ychydig, daeth pawb allan
but after a little they all came out
Ni allai gynnwys ei gydymdeimlad mwyach
he could contain his sympathy no longer

ac efe a ollyngodd ddisian treisgar enfawr allan
and he let out an enormous violent sneeze
hyd at y foment honno roedd Harlequin wedi bod yn poeni
up until that moment Harlequin had been worried
Roedd wedi bod yn plygu i lawr fel helygen wylo
he had been bowing down like a weeping willow
Ond pan glywodd y tisian, daeth yn siriol
but when he heard the sneeze he became cheerful
pwysodd tuag at Pinocchio a sibrwd;
he leaned towards Pinocchio and whispered;
"Newyddion da, brawd, mae'r ringmaster wedi tisian"
"Good news, brother, the ringmaster has sneezed"
"Mae hyn yn arwydd ei fod yn eich cosbi"
"that is a sign that he pities you"
"Ac os yw'n eich tosturio, yna rydych chi'n cael eich achub."
"and if he pities you, then you are saved"
Mae'r rhan fwyaf o ddynion yn wylo pan fyddant yn teimlo'n dosturiol
most men weep when they feel compassion
neu o leiaf maen nhw'n esgus sychu eu llygaid
or at least they pretend to dry their eyes
Roedd gan fwytawr tân, fodd bynnag, arfer gwahanol
Fire-Eater, however, had a different habit
pan gaiff ei symud gan emosiwn byddai ei drwyn yn ei dicio
when moved by emotion his nose would tickle him
Wnaeth y ringmaster ddim stopio actio'r Ruffian
the ringmaster didn't stop acting the ruffian
"Ydych chi wedi gwneud gyda'ch holl grio?"
"are you quite done with all your crying?"
"Mae fy stumog yn brifo o'ch galaru"
"my stomach hurts from your lamentations"
"Rwy'n teimlo sbri sydd bron ..."
"I feel a spasm that almost..."
A'r ringfeistr a ollyngodd ddisian uchel arall
and the ringmaster let out another loud sneeze
"Bendithiwch chi!" meddai Pinocchio, yn eithaf siriol
"Bless you!" said Pinocchio, quite cheerfully

Diolch yn fawr! A'th dad a'th fama?"
"Thank you! And your papa and your mamma?"
"Ydyn nhw'n dal yn fyw?" gofynnodd Bwytawr Tân
"are they still alive?" asked Fire-Eater
"Mae fy nhad yn dal yn fyw ac yn iach," meddai Pinocchio
"My papa is still alive and well," said Pinocchio
"Ond fy mama dwi erioed wedi ei hadnabod," ychwanegodd
"but my mamma I have never known," he added
"Mae'n beth da nad oeddwn wedi eich taflu ar y tân"
"good thing I did not have you thrown on the fire"
"Byddai dy dad wedi colli popeth oedd ganddo fe o hyd."
"your father would have lost all who he still had"
"Hen ddyn tlawd! Rwy'n ei drueni!"
"Poor old man! I pity him!"
"Etchoo! etchoo! etchoo!" Diffoddwr tân wedi'i distio
"Etchoo! etchoo! etchoo!" Fire-eater sneezed
Ac efe a drawodd drachefn dair gwaith
and he sneezed again three times
"Bendith chi," meddai Pinocchio bob tro
"Bless you," said Pinocchio each time
Diolch yn fawr! Mae rhywfaint o dosturi yn ddyledus i mi"
"Thank you! Some compassion is due to me"
'Fel y gwelwch nid oes gennyf fwy o goed'
"as you can see I have no more wood"
"Felly byddaf yn cael trafferth gorffen rhostio fy mwtan"
"so I will struggle to finish roasting my mutton"
"Mi fyddai wedi bod o ddefnydd mawr i mi!"
"you would have been of great use to me!"
"Ond dw i wedi tosturio wrthot ti"
"However, I have had pity on you"
"Mae'n rhaid i mi fod yn amyneddgar gyda chi"
"so I must have patience with you"
"Yn lle chi, byddaf yn llosgi pyped arall"
"Instead of you I will burn another puppet"
Ar yr alwad hon ymddangosodd dau gendarme pren ar unwaith
At this call two wooden gendarmes immediately appeared

Roedden nhw'n bypedau hir iawn ac yn denau iawn
They were very long and very thin puppets
ac yr oedd ganddynt hetiau wonky ar eu pennau
and they had wonky hats on their heads
ac yr oeddent yn dal cleddyfau di-freichion yn eu dwylo
and they held unsheathed swords in their hands
Dywedodd y ringmaster wrthynt mewn llais carismyn:
The ringmaster said to them in a hoarse voice:
"Cymerwch Harlequin a'i rwymo yn ddiogel"
"Take Harlequin and bind him securely"
"Yna taflwch ef ar y tân i losgi"
"and then throw him on the fire to burn"
"Rwy'n benderfynol y bydd fy mwcton wedi'i rostio'n dda"
"I am determined that my mutton shall be well roasted"
Dychmygwch pa mor dlawd oedd Harlequin yn teimlo!
imagine how poor Harlequin must have felt!
Roedd ei fraw mor fawr nes bod ei goesau yn plygu oddi tano
His terror was so great that his legs bent under him
ac efe a syrthiodd â'i wyneb ar y llawr
and he fell with his face on the ground
Roedd Pinocchio yn gythryblus gan yr hyn yr oedd yn ei weld
Pinocchio was agonized by what he was seeing
Taflodd ei hun wrth draed y ringfeistr
he threw himself at the ringmaster's feet
Bathodd ei farf hir gyda'i ddagrau
he bathed his long beard with his tears
a cheisiodd ymbil am fywyd Harlequin
and he tried to beg for Harlequin's life
"Byddwch yn amyneddgar, syrthiwr tân!" Pinocchio yn ymbil
"Have pity, Sir Fire-Eater!" Pinocchio begged
"Does dim sirs yma," atebodd y ringmaster yn ddifrifol
"Here there are no sirs," the ringmaster answered severely
"Byddwch yn amyneddgar, syr!" Pinocchio wedi ceisio
"Have pity, Sir Knight!" Pinocchio tried

"Does dim marchogion yma!" atebodd y ringmaster
"Here there are no knights!" the ringmaster answered
"Byddwch yn amyneddgar, Lywydd!" Pinocchio wedi ceisio
"Have pity, Commander!" Pinocchio tried
"Does dim cadlywydd yma!"
"Here there are no commanders!"
"Byddwch yn amyneddgar, rhagoriaeth!" Pinocchio yn pledio
"Have pity, Excellence!" Pinocchio pleaded
Roedd bwyta tân yn hoffi'r hyn yr oedd newydd ei glywed
Fire-eater quite liked what he had just heard
Roedd rhagoriaeth yn rhywbeth yr oedd yn anelu ato
Excellence was something he did aspire to
a dechreuodd y ringmaster wenu eto
and the ringmaster began to smile again
a daeth ar unwaith yn fwy caredig ac yn fwy deniadol
and he became at once kinder and more tractable
Gan droi at Pinocchio, gofynnodd:
Turning to Pinocchio, he asked:
"Beth ydych chi ei eisiau oddi wrthyf?"
"Well, what do you want from me?"
"Yr wyf yn erfyn arnoch i faddau Harlequin tlawd"
"I implore you to pardon poor Harlequin"
"Ni all fod unrhyw bardwn iddo"
"For him there can be no pardon"
"Yr wyf wedi eich arbed, os ydych yn cofio"
"I have spared you, if you remember"
"Felly mae'n rhaid ei roi ar dân"
"so he must be put on the fire"
"Rwy'n benderfynol y bydd fy mwcton wedi'i rostio'n dda"
"I am determined that my mutton shall be well roasted"
Pinocchio sefyll i fyny yn falch at y ringmaster
Pinocchio stood up proudly to the ringmaster
Ac efe a daflodd ymaith ei gap o friwsion bara
and he threw away his cap of bread crumb
"Yn yr achos hwn, rwy'n gwybod fy nyletswydd"
"In that case I know my duty"

"Dewch ymlaen, gendarmes!" galwodd y milwyr
"Come on, gendarmes!" he called the soldiers
"Rhwymwch fi a'm bwrw ymysg y fflamau"
"Bind me and throw me amongst the flames"
"Nid dim ond i Harlequin fyddai marw drosta i!"
"it would not be just for Harlequin to die for me!"
"Mae wedi bod yn ffrind da i mi"
"he has been a true friend to me"
Roedd Pinocchio wedi siarad mewn llais uchel, arwrol
Pinocchio had spoken in a loud, heroic voice
a'i weithredoedd arwrol yn gwneud i'r holl bypedau grio
and his heroic actions made all the puppets cry
Er bod y gendarmes wedi'u gwneud o bren
Even though the gendarmes were made of wood
Roedden nhw'n wylo fel dau oen newydd eu geni
they wept like two newly born lambs
Ar y dechrau, arhosodd y tân mor galed a heb ei symud fel rhew
Fire-eater at first remained as hard and unmoved as ice
ond fesul tipyn, dechreuodd toddi a tisian.
but little by little he began to melt and sneeze
Lusgodd eto bedair neu bum gwaith
he sneezed again four or five times
ac efe a agorodd ei freichiau yn annwyl
and he opened his arms affectionately
"Rydych chi'n fachgen da a dewr!" canmolodd Pinocchio
"You are a good and brave boy!" he praised Pinocchio
"Tyrd yma a rho gusan i mi"
"Come here and give me a kiss"
Rhedodd Pinocchio at y ringmaster ar unwaith
Pinocchio ran to the ringmaster at once
dringodd i fyny barf y ringfeistr fel gwiwer
he climbed up the ringmaster's beard like a squirrel
ac efe a dyddododd gusanu calonog ar bwynt ei drwyn
and he deposited a hearty kiss on the point of his nose
"Yna mae'r pardwn yn cael ei ganiatáu?" gofynnodd Harlequin druan

"Then the pardon is granted?" asked poor Harlequin
mewn llais gwan a oedd prin yn glywadwy
in a faint voice that was scarcely audible
"Mae'r pardwn yn cael ei ganiatáu!" atebodd Bwytawr Tân
"The pardon is granted!" answered Fire-Eater
Yna ychwanegodd, ochneidio ac ysgwyd ei ben:
he then added, sighing and shaking his head:
"Mae'n rhaid i mi fod yn amyneddgar gyda'm pypedau!"
"I must have patience with my puppets!"
"Heno bydd yn rhaid i mi fwyta'r hanner amrwd dafaden;"
"Tonight I shall have to eat the mutton half raw;"
"Ond dro arall, gwae'r un sy'n fy nilorni."
"but another time, woe to him who displeases me!"
Wrth y newyddion am y pardwn rhedodd y pypedau i gyd
i'r llwyfan
At the news of the pardon the puppets all ran to the stage
Maent yn goleuo holl lampau a chandeliers y sioe
they lit all the lamps and chandeliers of the show
Roedd fel petai perfformiad gwisg lawn
it was as if there was a full-dress performance
Dechreuon nhw neidio a dawnsio merrily
they began to leap and to dance merrily
Pan ddaeth y wawr roedden nhw'n dal i ddawnsio
when dawn had come they were still dancing

Pinocchio yn derbyn pum darn aur
Pinocchio Receives Five Gold Pieces

Y diwrnod canlynol Bwytawr tân o'r enw Pinocchio dros
The following day Fire-eater called Pinocchio over
"Beth ydy enw dy dad di?" gofynnodd i Pinocchio
"What is your father's name?" he asked Pinocchio
'Gelwir fy nhad yn Geppetto,' atebodd Pinocchio
"My father is called Geppetto," Pinocchio answered
"A pha fasnach mae'n ei ddilyn?" gofynnodd bwytawr tân
"And what trade does he follow?" asked Fire-eater
"Nid oes ganddo unrhyw fasnach, mae'n beggar"
"He has no trade, he is a beggar"
"Ydy e'n ennill llawer?" gofynnodd y sawl sy'n bwyta tân.
"Does he earn much?" asked Fire-eater
"Na, nid oes ganddo geiniog yn ei boced"
"No, he has never a penny in his pocket"
"Unwaith y bydd wedi prynu llyfr sillafu i mi"
"once he bought me a spelling-book"
"Ond roedd yn rhaid iddo werthu'r unig siaced oedd ganddo"
"but he had to sell the only jacket he had"
"Diafol tlawd! Dwi'n teimlo bron iawn yn flin drosto fe!"
"Poor devil! I feel almost sorry for him!"
"Dyma bum darn aur iddo"
"Here are five gold pieces for him"
"Dos ar unwaith a chymer yr aur ato fe."
"Go at once and take the gold to him"
Roedd Pinocchio wrth ei fodd gan y presennol
Pinocchio was overjoyed by the present
Diolchodd i'r ringmaster fil o weithiau
he thanked the ringmaster a thousand times
Cofleidiodd holl bypedau'r cwmni
He embraced all the puppets of the company
Roedd hyd yn oed yn cofleidio'r milwyr o gendarmes
he even embraced the troop of gendarmes
Yna aeth ati i ddychwelyd adref yn syth

and then he set out to return straight home
Ond ni aeth Pinocchio yn bell iawn
But Pinocchio didn't get very far
Ar y ffordd cyfarfu â Llwynog gyda throed gloff
on the road he met a Fox with a lame foot
ac efe a gyfarfu â Cat ddall yn y ddau lygad
and he met a Cat blind in both eyes
Roedden nhw'n mynd ati i helpu ei gilydd
they were going along helping each other
roeddent yn gymdeithion da yn eu helbulon
they were good companions in their misfortune
Cerddodd y Fox, a oedd yn gloff, yn pwyso ar y gath
The Fox, who was lame, walked leaning on the Cat
A'r Gath, a oedd yn ddall, yn cael ei harwain gan y Llwynog
and the Cat, who was blind, was guided by the Fox
mae'r Fox yn cyfarch Pinocchio yn gwrtais iawn
the Fox greeted Pinocchio very politely
"Diwrnod da, Pinocchio," meddai'r Fox
"Good-day, Pinocchio," said the Fox
"Sut gwyddoch chi fy enw?" gofynnodd y pyped
"How do you come to know my name?" asked the puppet
"Rwy'n adnabod eich tad yn dda," meddai'r llwynog
"I know your father well," said the fox
"Ble wnaethoch chi ei weld?" gofynnodd Pinocchio
"Where did you see him?" asked Pinocchio
"Gwelais ef ddoe, wrth ddrws ei dŷ."
"I saw him yesterday, at the door of his house"
"Beth oedd e'n ei wneud?" gofynnodd Pinocchio
"And what was he doing?" asked Pinocchio
"Roedd yn ei grys ac yn crynu gydag oerfel"
"He was in his shirt and shivering with cold"
"Dad tlawd! Ond mae ei ddioddefaint ar ben nawr"
"Poor papa! But his suffering is over now"
"Yn y dyfodol, fydd e ddim yn disgleirio ddim mwy!"
"in the future he shall shiver no more!"
"Pam na fydd yn codi mwy?" gofynnodd y llwynog
"Why will he shiver no more?" asked the fox

'Oherwydd fy mod i wedi dod yn ŵr bonheddig,' atebodd Pinocchio
"Because I have become a gentleman" replied Pinocchio
"A gentleman—you!" meddai'r Llwynog
"A gentleman—you!" said the Fox
a dechreuodd chwerthin yn ddirmygus a dirmygus
and he began to laugh rudely and scornfully
Dechreuodd y gath chwerthin gyda'r llwynog hefyd.
The Cat also began to laugh with the fox
Ond gwnaeth hi'n well am guddio ei chwerthin
but she did better at concealing her laughter
a hi a chribodd ei wisgi gyda'i blaenpaws
and she combed her whiskers with her forepaws
"Does fawr ddim byd i chwerthin arno," gwaeddodd Pinocchio yn drist
"There is little to laugh at," cried Pinocchio angrily
"Mae'n ddrwg gen i wneud dŵr eich ceg"
"I am really sorry to make your mouth water"
"Os ydych chi'n gwybod rhywbeth, yna rydych chi'n gwybod beth ydyn nhw."
"if you know anything then you know what these are"
"Gallwch weld eu bod yn bum darn o aur"
"you can see that they are five pieces of gold"
Ac efe a dynnodd allan yr arian a roddasai bwytawr tân iddo
And he pulled out the money that Fire-eater had given him
Am eiliad gwnaeth y llwynog a'r gath beth rhyfedd
for a moment the fox and the cat did a strange thing
Mae jingling yr arian wir yn cael eu sylw
the jingling of the money really got their attention
Roedd y Llwynog yn ymestyn allan y paw a oedd yn ymddangos yn gloff
the Fox stretched out the paw that seemed crippled
a'r gath yn agor led ei dau lygaid
and the Cat opened wide her two eyes
Roedd ei lygaid yn edrych fel dau lusern gwyrdd
her eyes looked like two green lanterns

Mae'n wir iddi gau ei llygaid eto
it is true that she shut her eyes again
roedd hi mor gyflym fel nad oedd Pinocchio yn sylwi
she was so quick that Pinocchio didn't notice
Roedd y Llwynog yn chwilfrydig iawn am yr hyn yr oedd wedi'i weld
the Fox was very curious about what he had seen
"Beth ydych chi'n mynd i'w wneud gyda'r holl arian yna?"
"what are you going to do with all that money?"
Roedd Pinocchio yn rhy falch o ddweud wrthyn nhw ei gynlluniau
Pinocchio was all too proud to tell them his plans
"Yn gyntaf oll, rwy'n bwriadu prynu siaced newydd ar gyfer fy nhad."
"First of all, I intend to buy a new jacket for my papa"
"Bydd y siaced yn cael ei wneud o aur ac arian"
"the jacket will be made of gold and silver"
"A bydd y gôt yn dod gyda botymau diemwnt"
"and the coat will come with diamond buttons"

"Ac yna byddaf yn prynu llyfr sillafu i mi fy hun"
"and then I will buy a spelling-book for myself"
"Ydych chi'n mynd i brynu llyfr i chi'ch hun?"
"You will buy a spelling book for yourself?"
"Ydw, oherwydd yr wyf yn dymuno astudio o ddifrif"
"Yes indeed, for I wish to study in earnest"
'Edrychwch arna i!' meddai'r Llwynog
"Look at me!" said the Fox
"Trwy fy angerdd ffôl dros astudio, rwyf wedi colli coes"
"Through my foolish passion for study I have lost a leg"
"Edrychwch arna i!" meddai'r gath
"Look at me!" said the Cat
"Trwy fy angerdd ffôl at astudio, rwyf wedi colli fy llygaid"
"Through my foolish passion for study I have lost my eyes"
Bryd hynny dechreuodd aderyn du gwyn ei gân arferol
At that moment a white Blackbird began his usual song
"Pinocchio, peidiwch â gwrando ar y cyngor o gymdeithion drwg"
"Pinocchio, don't listen to the advice of bad companions"
"Os gwrandewch ar eu cyngor, byddwch yn edifarhau."
"if you listen to their advice you will repent it!"
Blackbird druan! Oni bai ei fod yn siarad yn unig!
Poor Blackbird! If only he had not spoken!
Neidiodd y Gath, gyda naid fawr, arno
The Cat, with a great leap, sprang upon him
Doedd hi ddim hyd yn oed yn rhoi amser iddo ddweud 'O!'
she didn't even give him time to say "Oh!"
bwytaodd ef mewn un ceudod, plu a phob
she ate him in one mouthful, feathers and all
Ar ôl ei fwyta, glanhaodd ei geg
Having eaten him, she cleaned her mouth
Yna caeodd ei llygaid eto
and then she shut her eyes again
ac mae hi'n urddasol dallineb yn union fel o'r blaen
and she feigned blindness just as before
"Aderyn Du druan!" meddai Pinocchio wrth y gath
"Poor Blackbird!" said Pinocchio to the Cat

"Pam wyt ti wedi ei drin mor ddrwg?"
"why did you treat him so badly?"
"Fe wnes i wers iddo"
"I did it to give him a lesson"
"Bydd yn dysgu peidio â ymyrryd ym materion pobl eraill"
"He will learn not to meddle in other people's affairs"
Erbyn hyn roedden nhw wedi mynd bron hanner ffordd adref
by now they had gone almost half-way home
y Fox, stopiodd yn sydyn, a siarad â'r pyped
the Fox, halted suddenly, and spoke to the puppet
"Hoffech chi ddyblu eich arian?"
"Would you like to double your money?"
Ym mha ffordd y gallaf ddyblu fy arian?
"In what way could I double my money?"
"Hoffech chi luosi eich pum darn arian diflas?"
"Would you like to multiply your five miserable coins?"
"Mi fyddwn i'n hoffi hynny'n fawr iawn! Ond sut?"
"I would like that very much! but how?"
"Mae'r ffordd i'w wneud yn ddigon hawdd"
"The way to do it is easy enough"
"Yn lle dychwelyd adref, rhaid i chi fynd gyda ni"
"Instead of returning home you must go with us"
"Ble wyt ti eisiau dod â fi?"
"And where do you wish to take me?"
"Byddwn ni'n mynd â chi i dir y tylluanod."
"We will take you to the land of the Owls"
Pinocchio adlewyrchu eiliad i feddwl
Pinocchio reflected a moment to think
Yna dywedodd yn benderfynol "Na, ni fyddaf yn mynd"
and then he said resolutely ."No, I will not go"
"Dw i'n agos iawn i'r tŷ"
"I am already close to the house"
"A byddaf yn dychwelyd adref at fy nhad"
"and I will return home to my papa"
"Mae wedi bod yn aros amdanaf yn yr oerfel"
"he has been waiting for me in the cold"

"Trwy'r dydd ddoe doeddwn i ddim yn dod yn ôl ato fe"
"all day yesterday I did not come back to him"
"Pwy sy'n gallu dweud faint o weithiau y mae e'n sgrechian!"
"Who can tell how many times he sighed!"
"Roeddwn i'n wir yn blentyn drwg"
"I have indeed been a bad son"
"Ac roedd y criced bach siarad yn iawn"
"and the talking little cricket was right"
"Nid yw bechgyn anufudd byth yn dod i unrhyw dda"
"Disobedient boys never come to any good"
"Mae'r hyn y mae'r criced bach yn ei ddweud yn wir"
"what the talking little cricket said is true"
'Mae llawer o gamgymeriadau wedi digwydd i mi'
"many misfortunes have happened to me"
"Hyd yn oed ddoe yn nhŷ bwytawyr tân cymerais risg"
"Even yesterday in fire-eater's house I took a risk"
"O! mae'n gwneud i mi wylltio meddwl am y peth!"
"Oh! it makes me shudder to think of it!"
'Wel, felly,' meddai'r Fox, 'rwyt ti wedi penderfynu mynd adref?'
"Well, then," said the Fox, "you've decided to go home?"
"Ewch, felly, a gwnewch gymaint yn waeth i chi"
"Go, then, and so much the worse for you"
"Mae'r gwaethaf yn waeth i chi!" ailadrodd y gath
"So much the worse for you!" repeated the Cat
"Meddyliwch yn dda amdano, Pinocchio," medden nhw wrtho
"Think well of it, Pinocchio," they advised him
"Oherwydd eich bod yn rhoi cic i ffortiwn"
"because you are giving a kick to fortune"
"Cic i ffortiwn!" ailadroddodd y gath
"a kick to fortune!" repeated the Cat
"Byddai'r cyfan y byddai wedi ei gymryd wedi bod yn ddiwrnod"
"all it would have taken would have been a day"
"Erbyn yfory gallai eich pum darn arian fod wedi cynyddu"

"by tomorrow your five coins could have multiplied"
"Gallai eich pum darn arian fod wedi dod yn ddwy fil"
"your five coins could have become two thousand"
"Dwy fil o sofranau!" ailadroddodd y gath
"Two thousand sovereigns!" repeated the Cat
"Sut mae'n bosibl?" gofynnodd Pinocchio
"But how is it possible?" asked Pinocchio
Ac arhosodd gyda'i geg agored o syndod
and he remained with his mouth open from astonishment
"Byddaf yn ei egluro i chi ar unwaith," meddai'r Fox
"I will explain it to you at once," said the Fox
"Yng ngwlad yr Tylluanod y mae maes sanctaidd"
"in the land of the Owls there is a sacred field"
"Mae pawb yn ei alw'n faes gwyrthiau"
"everybody calls it the field of miracles"
"Yn y maes hwn mae'n rhaid i chi gloddio twll bach"
"In this field you must dig a little hole"
"Rhaid i chi roi darn aur yn y twll"
"and you must put a gold coin into the hole"
"Yna rydych chi'n gorchuddio'r twll gydag ychydig o ddaear"
"then you cover up the hole with a little earth"
"Mae'n rhaid i chi gael dŵr o'r ffynnon gerllaw"
"you must get water from the fountain nearby"
"Mae'n rhaid i chi ddyfrio maen nhw'n dwll gyda dwy ewyn o ddŵr"
"you must water they hole with two pails of water"
"Yna chwistrellwch y twll gyda dau modfedd o halen"
"then sprinkle the hole with two pinches of salt"
"Pan ddaw'r nos, gallwch fynd yn dawel i'r gwely"
"and when night comes you can go quietly to bed"
"Yn ystod y nos bydd y wyrth yn digwydd"
"during the night the miracle will happen"
"Bydd y darnau aur a blannwyd gennych yn tyfu ac yn blodeuo"
"the gold pieces you planted will grow and flower"
"Beth ydych chi'n feddwl y byddwch chi'n ei ddarganfod yn y bore?"

"and what do you think you will find in the morning?"
"Fe welwch goeden hardd lle gwnaethoch ei phlannu"
"You will find a beautiful tree where you planted it"
"Bydd coeden yn llawn darnau aur"
"they tree will be laden with gold coins"
Tyfodd Pinocchio fwy a mwy dryslyd
Pinocchio grew more and more bewildered
"Gadewch i ni dybio fy mod yn claddu fy pum darn arian yn y maes hwnnw"
"let's suppose I bury my five coins in that field"
"Faint o ddarnau arian y gallaf ddod o hyd i'r bore wedyn?"
"how many coins might I find the following morning?"
"Mae hwn yn gyfrifiad hynod o hawdd," atebodd y Fox
"That is an exceedingly easy calculation," replied the Fox
"cyfrifiad y gallwch ei wneud gyda'ch dwylo"
"a calculation you can make with your hands"
"Bydd pob darn arian yn rhoi cynnydd o 500 i chi"
"Every coin will give you an increase of five-hundred"
lluoswch bum cant a phump ac mae gennych eich ateb.
"multiply five hundred by five and you have your answer"
"Fe welwch ddwy fil pum cant o ddarnau aur disglair"
"you will find two-thousand-five-hundred shining gold pieces"
"O! Mor hyfryd!" gwaeddodd Pinocchio, dawnsio am lawenydd
"Oh! how delightful!" cried Pinocchio, dancing for joy
"Byddaf yn cadw dwy fil i mi fy hun"
"I will keep two thousand for myself"
a'r pum cant arall a roddaf i ti ddau
"and the other five hundred I will give you two"
"Anrheg i ni?" gwaeddodd y Llwynog â dicter
"A present to us?" cried the Fox with indignation
a bu bron iddo ymddangos yn dramgwyddus yn y cynnig
and he almost appeared offended at the offer
"Am beth ydych chi'n breuddwydio?" gofynnodd y Llwynog
"What are you dreaming of?" asked the Fox
"Am beth ydych chi'n breuddwydio?" ailadroddodd y gath

"What are you dreaming of?" repeated the Cat
"Dydyn ni ddim yn gweithio i ennyn diddordeb"
"We do not work to accumulate interest"
"Rydym yn gweithio i gyfoethogi pobl eraill yn unig"
"we work solely to enrich others"
"I gyfoethogi eraill!" ailadroddodd y gath
"to enrich others!" repeated the Cat
"Pa bobl dda!" meddyliodd Pinocchio wrtho'i hun
"What good people!" thought Pinocchio to himself
Ac anghofiodd bopeth am ei dad a'r siaced newydd
and he forgot all about his papa and the new jacket
ac anghofiodd am y llyfr sillafu
and he forgot about the spelling-book
ac anghofiodd ei holl benderfyniadau da
and he forgot all of his good resolutions
'Gadewch i ni fynd i ffwrdd ar unwaith'
"Let us be off at once" he suggested
"Af gyda chwi ddau i faes y tylluanod."
"I will go with you two to the field of Owls"

Tafarn y Craw-Pysgod Coch
The Inn of the Red Craw-Fish

Roedden nhw'n cerdded ac yn cerdded ac yn cerdded
They walked, and walked, and walked
i gyd wedi blino allan, maent yn cyrraedd o'r diwedd i dafarn
all tired out, they finally arrived at an inn
Tafarn y Craw-Pysgod Coch
The Inn of The Red Craw-Fish
"Gadewch i ni stopio yma ychydig," meddai'r Fox
"Let us stop here a little," said the Fox
"Mae'n rhaid i ni gael rhywbeth i'w fwyta," ychwanegodd
"we should have something to eat," he added
"Mae'n rhaid i ni orffwys ein hunain am awr neu ddwy."
"we need to rest ourselves for an hour or two"

"Ac yna byddwn yn dechrau eto am hanner nos"
"and then we will start again at midnight"
"Byddwn yn cyrraedd Maes y Gwyrthiau yn y bore"
"we'll arrive at the Field of Miracles in the morning"
Roedd Pinocchio hefyd wedi blino o'r holl gerdded
Pinocchio was also tired from all the walking
felly roedd yn hawdd ei argyhoeddi i fynd i mewn i'r dafarn
so he was easily convinced to go into the inn
Eisteddodd y tri wrth fwrdd.
all three of them sat down at a table
Ond nid oedd gan yr un ohonynt unrhyw awydd mewn gwirionedd
but none of them really had any appetite

Roedd y gath yn dioddef o ddiffyg traul
The Cat was suffering from indigestion
ac roedd hi'n teimlo'n ddifrifol ddigalon
and she was feeling seriously indisposed
Dim ond 35 o bysgod y gallai hi fwyta gyda saws tomato
she could only eat thirty-five fish with tomato sauce
a dim ond pedwar dogn o nwdls oedd ganddi gyda

Parmesan
and she had just four portions of noodles with Parmesan
Ond roedd hi'n meddwl nad oedd y nwdls yn ddigon profiadol
but she thought the noodles weres not seasoned enough
felly gofynnodd dair gwaith am y menyn a'r caws gratio!
so she asked three times for the butter and grated cheese!
Gallai'r Llwynog hefyd fod wedi mynd heb fwyta.
The Fox could also have gone without eating
Ond roedd ei feddyg wedi gorchymyn diet llym iddo.
but his doctor had ordered him a strict diet
felly fe'i gorfodwyd i gynnwys ei hun yn syml gyda hare
so he was forced to content himself simply with a hare
Roedd y saws wedi'i wisgo â saws melys a sur
the hare was dressed with a sweet and sour sauce
Roedd wedi'i garnished yn ysgafn gyda ieir braster
it was garnished lightly with fat chickens
Yna gorchmynnodd ddysgl o partridges a chwningod
then he ordered a dish of partridges and rabbits
a bwytaodd hefyd rai llyffantod, madfallod a danteithion eraill
and he also ate some frogs, lizards and other delicacies
Yn wir, ni allai fwyta unrhyw beth arall
he really could not eat anything else
Ychydig iawn oedd yn gofalu am fwyd, meddai
He cared very little for food, he said
a dywedodd ei fod yn cael trafferth ei roi ar ei wefusau
and he said he struggled to put it to his lips
Yr un a fwytaodd y lleiaf oedd Pinocchio
The one who ate the least was Pinocchio
Gofynnodd am gnau Ffrengig a helfa o fara
He asked for some walnuts and a hunch of bread
a gadawodd bopeth ar ei blât
and he left everything on his plate
Nid oedd meddyliau'r bachgen tlawd gyda'r bwyd
The poor boy's thoughts were not with the food
gosododd ei feddyliau yn barhaus ar Faes y Gwyrthiau

he continually fixed his thoughts on the Field of Miracles
Ar ôl iddynt gael eu hatal, siaradodd y Fox â'r gwesteiwr
When they had supped, the Fox spoke to the host
"Rho i ni ddwy ystafell dda, annwyl dafarnwr"
"Give us two good rooms, dear inn-keeper"
"Rhowch un ystafell i ni ar gyfer Mr Pinocchio"
"please provide us one room for Mr. Pinocchio"
"Byddaf yn rhannu'r ystafell arall gyda fy nghydymaith"
"and I will share the other room with my companion"
"Byddwn yn cymryd ychydig o gwsg cyn i ni adael"
"We will snatch a little sleep before we leave"
"Cofiwch ein bod am adael am hanner nos"
"Remember, however, that we wish to leave at midnight"
"Felly ffoniwch ni i barhau â'n taith"
"so please call us, to continue our journey"
"Ie, boneddigesau," atebodd y gwesteiwr
"Yes, gentlemen," answered the host
ac fe winodd yn y Fox and the Cat
and he winked at the Fox and the Cat
Roedd fel petai'n dweud, "Rwy'n gwybod beth ydych chi'n ei wneud"
it was as if he said "I know what you are up to"
Roedd yn ymddangos bod y winc yn dweud, "Rydyn ni'n deall ein gilydd!"
the wink seemed to say, "we understand one another!"
Roedd Pinocchio wedi blino iawn o'r diwrnod
Pinocchio was very tired from the day
Syrthiodd i gysgu cyn gynted ag y bydd yn mynd i mewn i'w wely
he fell asleep as soon as he got into his bed
Cyn gynted ag y dechreuodd gysgu dechreuodd freuddwydio
and as soon as he started sleeping he started to dream
breuddwydiodd ei fod yng nghanol cae
he dreamed that he was in the middle of a field
Roedd y cae yn llawn o lwyni cyn belled ag y gallai'r llygad weld

the field was full of shrubs as far as the eye could see
Roedd y llwyni wedi'u gorchuddio â chlystyrau o ddarnau arian aur
the shrubs were covered with clusters of gold coins
Mae'r darnau arian aur yn llifo yn y gwynt ac yn cracio
the gold coins swung in the wind and rattled
Ac maent yn gwneud sain fel, "Tzinn, Tzinn, Tzinn"
and they made a sound like, "tzinn, tzinn, tzinn"
roedden nhw'n swnio fel petaen nhw'n siarad â Pinocchio
they sounded as if they were speaking to Pinocchio
"Pwy bynnag sydd am ddod i'n cymryd ni"
"Let who whoever wants to come and take us"
Roedd Pinocchio ar fin estyn ei law
Pinocchio was just about to stretch out his hand
Roedd yn mynd i ddewis llond llaw o'r darnau aur hardd hynny
he was going to pick handfuls of those beautiful gold pieces
a bu bron iddo allu eu rhoi yn ei boced
and he almost was able to put them in his pocket
Ond deffrowyd ef yn sydyn gan dri chnoc ar y drws
but he was suddenly awakened by three knocks on the door
Y llu oedd wedi dod i'w ddeffro
It was the host who had come to wake him up
"Rwyf wedi dod i roi gwybod i chi ei bod hi'n hanner nos"
"I have come to let you know it's midnight"
"Ydy fy nghymdeithion yn barod?" gofynnodd y pyped
"Are my companions ready?" asked the puppet
"Yn barod! "Wnaethon nhw adael ddwy awr yn ôl."
"Ready! Why, they left two hours ago"
"Pam oedden nhw mor gyflym?"
"Why were they in such a hurry?"
"Oherwydd bod y gath wedi derbyn neges"
"Because the Cat had received a message"
"Fe gafodd hi newyddion bod ei gath fach hynaf yn sâl"
"she got news that her eldest kitten was ill"
"Ydyn nhw wedi talu am y cinio?"
"Did they pay for the supper?"

"Am beth ydych chi'n meddwl?"
"What are you thinking of?"
"Maen nhw'n rhy hyddysg i freuddwydio am eich sarhau"
"They are too well educated to dream of insulting you"
"gŵr bonheddig fel chi ddim yn gadael i'w ffrindiau dalu"
"a gentleman like you would not let his friends pay"
"Am drueni!" meddyliodd Pinocchio
"What a pity!" thought Pinocchio
"Byddai sarhad o'r fath wedi rhoi llawer o bleser i mi!"
"such an insult would have given me much pleasure!"
"Ble ddywedodd fy ffrindiau y bydden nhw'n aros amdana i?"
"And where did my friends say they would wait for me?"
"Ar Faes y Gwyrthiau, bore fory yn ystod y dydd"
"At the Field of Miracles, tomorrow morning at daybreak"
Talodd Pinocchio ddarn arian am swper ei gymdeithion
Pinocchio paid a coin for the supper of his companions
ac yna efe a aeth i faes y gwyrthiau
and then he left for the field of Miracles
Y tu allan i'r dafarn roedd hi bron yn ddu traw
Outside the inn it was almost pitch black
Gallai Pinocchio ond wneud cynnydd trwy grogi ei ffordd
Pinocchio could only make progress by groping his way
Roedd yn amhosib gweld ei law o'i flaen
it was impossible to see his hand's in front of him
Hedfanodd rhai adar nos ar draws y ffordd
Some night-birds flew across the road
brwsio trwyn Pinocchio gyda'u hadenydd
they brushed Pinocchio's nose with their wings
Fe achosodd ddychryn ofnadwy iddo
it caused him a terrible fright
Gwaeddodd yn ôl, gan weiddi: "Pwy sy'n mynd yno?"
springing back, he shouted: "who goes there?"
a'r adlais yn y bryniau a ailadroddwyd yn y pellter
and the echo in the hills repeated in the distance
"Pwy sy'n mynd yno?" - "Pwy sy'n mynd yno?"
"Who goes there?" - "Who goes there?" - "Who goes there?"

Ar gefnffordd y goeden gwelodd ychydig o olau
on the trunk of the tree he saw a little light
yr oedd braidd yn bryfyn a welodd yn disgleirio'n fach
it was a little insect he saw shining dimly
Fel golau nos mewn lamp o dryloyw Tsieina
like a night-light in a lamp of transparent china
"Pwy wyt ti?" gofynnodd Pinocchio
"Who are you?" asked Pinocchio
atebodd y pryf â llais isel;
the insect answered in a low voice;
"Fi yw ysbryd y criced bach siarad"
"I am the ghost of the talking little cricket"
Roedd y llais yn fwy gwan nag y gellir ei ddisgrifio
the voice was fainter than can be described
Mae'n ymddangos bod y llais yn dod o'r byd arall
the voice seemed to come from the other world
"Beth ydych chi eisiau gyda mi?" meddai'r pyped
"What do you want with me?" said the puppet
'Rwyf am roi cyngor i chi'
"I want to give you some advice"
"Ewch yn ôl a chymerwch y pedair darn arian yr ydych wedi'u gadael"
"Go back and take the four coins that you have left"
'Cymryd eich arian i'ch tad tlawd'
"take your coins to your poor father"
"Mae'n wylo ac mewn anobaith gartref"
"he is weeping and in despair at home"
"Am nad ydych wedi troi yn ôl ato ef"
"because you have not returned to him"
ond roedd Pinocchio eisoes wedi meddwl am hyn
but Pinocchio had already thought of this
"Erbyn yfory bydd fy nhad yn ŵr bonheddig"
"By tomorrow my papa will be a gentleman"
"Bydd y pedair ceiniog hyn yn dod yn ddwy fil"
"these four coins will become two thousand"
"Peidiwch ag ymddiried yn y rhai sy'n addo eich gwneud chi'n gyfoethog mewn diwrnod"

"Don't trust those who promise to make you rich in a day"
"Fel arfer, maen nhw naill ai'n wallgof neu'n dwyllodrus!"
"Usually they are either mad or rogues!"
"Rhowch glust i mi, a dos yn ôl, fy mab"
"Give ear to me, and go back, my boy"
"I'r gwrthwyneb, rwy'n benderfynol o barhau"
"On the contrary, I am determined to go on"
"Mae'r awr yn hwyr!" meddai'r criced
"The hour is late!" said the cricket
'Rwy'n benderfynol o barhau'
"I am determined to go on"
"Mae'r nos yn dywyll!" meddai'r criced
"The night is dark!" said the cricket
'Rwy'n benderfynol o barhau'
"I am determined to go on"
"Mae'r ffordd yn beryglus!" meddai'r criced
"The road is dangerous!" said the cricket
'Rwy'n benderfynol o barhau'
"I am determined to go on"
'Bechgyn yn benderfynol o ddilyn eu dymuniadau'
"boys are bent on following their wishes"
"Ond cofiwch, yn hwyr neu'n hwyrach maen nhw'n edifarhau"
"but remember, sooner or later they repent it"
"Yr un stori bob amser. Noson dda, criced fach"
"Always the same stories. Good-night, little cricket"
Roedd y criced yn dymuno noson dda i Pinocchio hefyd
The Cricket wished Pinocchio a good night too
'Boed i'r nefoedd eich cadw rhag peryglon a llofruddion'
"may Heaven preserve you from dangers and assassins"
Yna diflannodd y criced bach siarad yn sydyn
then the talking little cricket vanished suddenly
fel golau sydd wedi cael ei chwythu allan
like a light that has been blown out
a daeth y ffordd yn dywyllach nag erioed
and the road became darker than ever

Pinocchio yn syrthio i ddwylo'r llofruddwyr
Pinocchio Falls into the Hands of the Assassins

Ailddechreuodd Pinocchio ei daith a siarad ag ef ei hun
Pinocchio resumed his journey and spoke to himself

"Pa mor anffodus ydyn ni'n fechgyn tlawd"
"how unfortunate we poor boys are"

"Mae pawb yn ein hysgogi ac yn rhoi cyngor da i ni"
"Everybody scolds us and gives us good advice"

"Ond dwi ddim yn dewis gwrando ar y criced bach diflino yna"
"but I don't choose to listen to that tiresome little cricket"

"Pwy a ŵyr faint o drychineb sydd i ddigwydd i mi!"
"who knows how many misfortunes are to happen to me!"

"Dydw i ddim hyd yn oed wedi cwrdd ag unrhyw lofruddion!"
"I haven't even met any assassins yet!"

"Fodd bynnag, mae hyn o fawr ddim o ganlyniad"
"That is, however, of little consequence"

"Dw i ddim yn credu mewn lladdwyr"
"for I don't believe in assassins"

"Dwi erioed wedi credu mewn lladdwyr"
"I have never believed in assassins"

"Rwy'n credu bod llofruddion wedi cael eu dyfeisio'n fwriadol"
"I think that assassins have been invented purposely"

"Mae papas yn eu defnyddio i godi ofn ar fechgyn bach"
"papas use them to frighten little boys"

"Ac yna mae bechgyn bach yn ofni mynd allan gyda'r nos"
"and then little boys are scared of going out at night"

"Beth bynnag, gadewch i ni dybio fy mod i am ddod ar draws llofruddion"
"Anyway, let's suppose I was to come across assassins"

"Ydych chi'n meddwl y bydden nhw'n fy mhoeni i?"
"do you imagine they would frighten me?"

"Ni fyddant yn codi ofn arnaf o leiaf"
"they would not frighten me in the least"

"Byddaf yn mynd i'w cyfarfod ac yn galw arnynt"
"I will go to meet them and call to them"
'Boneddiges lofruddion, beth ydych chi ei eisiau gyda mi?'
'Gentlemen assassins, what do you want with me?'
'Cofiwch nad oes jôc gyda fi'
'Remember that with me there is no joking'
"Felly, ewch o gwmpas eich busnes a byddwch yn dawel!"
'Therefore, go about your business and be quiet!'
"Yn yr araith hon byddent yn rhedeg i ffwrdd fel y gwynt"
"At this speech they would run away like the wind"
"Efallai eu bod nhw'n llofruddion sydd wedi'u haddysgu'n wael"
"it could be that they are badly educated assassins"
"Yna efallai na fydd y llofruddwyr yn rhedeg i ffwrdd"
"then the assassins might not run away"
"Ond dydy hynny ddim yn broblem fawr"
"but even that isn't a great problem"
"Yna byddwn yn rhedeg i ffwrdd fy hun"
"then I would just run away myself"
"A dyna fyddai diwedd hynny"
"and that would be the end of that"
Ond doedd gan Pinocchio ddim amser i orffen ei resymeg
But Pinocchio had no time to finish his reasoning
credai iddo glywed ychydig o ddail
he thought that he heard a slight rustle of leaves
Trodd i edrych o ble roedd y sŵn wedi dod o
He turned to look where the noise had come from
a gwelodd yn y tywyllwch ddau ffigwr du drwg eu golwg
and he saw in the gloom two evil-looking black figures
Roedden nhw wedi'u hamgáu'n llwyr mewn sachau golosg
they were completely enveloped in charcoal sacks
Roedden nhw'n rhedeg ar ei ôl ar eu twmpathau
They were running after him on their tiptoes
ac yr oeddent yn gwneud naid fawr fel dau phantom
and they were making great leaps like two phantoms
'Dyma nhw mewn gwirionedd!' meddai wrtho'i hun
"Here they are in reality!" he said to himself

Doedd ganddo ddim lle i guddio ei ddarnau aur
he didn't have anywhere to hide his gold pieces
Ac efe a'u gosododd hwynt yn ei enau, dan ei dafod
so he put them in his mouth, under his tongue
Yna trodd ei sylw at ddianc
Then he turned his attention to escaping
Ond ni lwyddodd i fynd yn bell iawn
But he did not manage to get very far
teimlodd ei hun yn cael ei gipio gan y fraich
he felt himself seized by the arm

a chlywodd ddau lais erchyll yn ei fygwth
and he heard two horrid voices threatening him
'Eich arian neu eich bywyd!'
"Your money or your life!" they threatened
Nid oedd Pinocchio yn gallu ateb mewn geiriau
Pinocchio was not able to answer in words

am ei fod wedi rhoi ei arian yn ei geg
because he had put his money in his mouth
felly gwnaeth fil o fwâu isel
so he made a thousand low bows
Ac efe a gynigiodd fil o bantomimau
and he offered a thousand pantomimes
Ceisiodd wneud i'r ddau ffigur ddeall
He tried to make the two figures understand
Dim ond pyped tlawd oedd e heb unrhyw arian
he was just a poor puppet without any money
nid oedd ganddo gymaint â nicel yn ei boced
he had not as much as a nickel in his pocket
Ond nid oedd y ddau lleidr yn argyhoeddedig
but the two robbers were not convinced
"Llai o nonsens ac allan gyda'r arian!"
"Less nonsense and out with the money!"
Ac fe wnaeth y pyped ystum gyda'i ddwylo
And the puppet made a gesture with his hands
Roedd yn esgus troi ei bocedi y tu mewn allan
he pretended to turn his pockets inside out
Wrth gwrs doedd gan Pinocchio ddim pocedi
Of course Pinocchio didn't have any pockets
Ond roedd yn ceisio arwyddo, "Nid oes gennyf unrhyw arian"
but he was trying to signify, "I have no money"
Yn araf roedd y lladron yn colli eu hamynedd
slowly the robbers were losing their patience
"Codwch eich arian neu rydych chi'n farw," meddai'r un talach
"Deliver up your money or you are dead," said the taller one
"Marw!" ailadrodd yr un llai
"Dead!" repeated the smaller one
Ac yna byddwn hefyd yn lladd eich tad. "
"And then we will also kill your father!"
"Hefyd dy dad!" ailadroddodd yr un llai eto
"Also your father!" repeated the smaller one again
"Na, na, na, nid fy nhad druan!" gwaeddodd Pinocchio

mewn anobaith
"No, no, no, not my poor papa!" cried Pinocchio in despair
ac fel y dywedodd ei fod yn y darnau arian wedi'u cnocio yn ei geg
and as he said it the coins clinked in his mouth
"O! rwyt ti'n rasio!" sylweddolodd y lladron
"Ah! you rascal!" realized the robbers
"Rydych chi wedi cuddio'ch arian o dan eich tafod!"
"you have hidden your money under your tongue!"
"Trowch ef allan ar unwaith!" gorchmynnodd iddo
"Spit it out at once!" he ordered him
"sbeicio allan," ailadrodd yr un llai
"spit it out," repeated the smaller one
Roedd Pinocchio yn obstinate i'w gorchmynion.
Pinocchio was obstinate to their commands
"O! Rydych chi'n esgus bod yn fyddar, ydych chi?"
"Ah! you pretend to be deaf, do you?"
"Gadewch i ni ddod o hyd i fodd"
"leave it to us to find a means"
"Byddwn yn dod o hyd i ffordd i wneud i chi roi'r gorau i'ch arian"
"we will find a way to make you give up your money"
"Byddwn yn dod o hyd i ffordd," ailadroddodd yr un llai
"We will find a way," repeated the smaller one
A chipiodd un ohonyn nhw'r pyped wrth ei drwyn
And one of them seized the puppet by his nose
a'r llall a'i cymerth wrth y ên
and the other took him by the chin
a dechreusant dynnu'n greulon
and they began to pull brutally
tynnodd un i fyny a'r llall yn tynnu i lawr
one pulled up and the other pulled down
Roedden nhw'n ceisio ei orfodi i agor ei geg
they tried to force him to open his mouth
Ond nid oedd y cyfan i unrhyw bwrpas
But it was all to no purpose
Roedd yn ymddangos bod ceg Pinocchio yn cael ei hoelio

gyda'i gilydd
Pinocchio's mouth seemed to be nailed together
Yna tynnodd y llofrudd byrrach gyllell hyll allan
Then the shorter assassin drew out an ugly knife
Ac efe a geisiodd ei roi rhwng ei wefusau
and he tried to put it between his lips
Ond daliodd Pinocchio, mor gyflym â mellt, ei law
But Pinocchio, as quick as lightning, caught his hand
a'i rwygo â'i ddannedd
and he bit him with his teeth
a chydag un brathiad fe frathodd y llaw yn lân
and with one bite he bit the hand clean off
ond nid llaw yr oedd yn ysgwyd
but it wasn't a hand that he spat out
yr oedd yn fwy blewog na llaw, ac yr oedd ganddo grafangau
it was hairier than a hand, and had claws
Dychmygwch syfrdanu Pinocchio pan welodd paw cath
imagine Pinocchio's astonishment when saw a cat's paw
O leiaf dyna beth yr oedd yn meddwl ei fod yn gweld
or at least that's what he thought he saw
Calonogwyd Pinocchio gan y fuddugoliaeth gyntaf hon
Pinocchio was encouraged by this first victory
Nawr defnyddiodd ei ewinedd i dorri'n rhydd
now he used his fingernails to break free
Llwyddodd i ryddhau ei hun oddi wrth ei ymosodwyr
he succeeded in liberating himself from his assailants
Neidiodd dros y gwrych wrth ochr y ffordd
he jumped over the hedge by the roadside
a dechrau rhedeg ar draws y caeau
and began to run across the fields
Rhedodd y llofruddion ar ei ôl fel dau gi yn erlid ysgyfarnog
The assassins ran after him like two dogs chasing a hare
A'r un oedd wedi colli paw yn rhedeg ar un goes
and the one who had lost a paw ran on one leg
ac ni wyddai neb erioed sut y llwyddodd
and no one ever knew how he managed it

Ar ôl ras o rai milltiroedd ni allai Pinocchio redeg dim mwy
After a race of some miles Pinocchio could run no more
Roedd yn credu bod ei sefyllfa wedi ei cholli
he thought his situation was lost
dringodd foncyff coeden binwydd uchel iawn
he climbed the trunk of a very high pine tree
Ac efe a eisteddodd ei hun yn y brigau uchaf
and he seated himself in the topmost branches
Ceisiodd y llofruddwyr ddringo ar ei ôl
The assassins attempted to climb after him
Pan gyrhaeddon nhw hanner ffordd i fyny'r goeden, fe wnaethant lithro i lawr eto
when they reached half-way up the tree they slid down again
ac fe gyrhaeddon nhw'r ddaear gyda'u croen yn cael ei bori
and they arrived on the ground with their skin grazed
Ond wnaethon nhw ddim rhoi'r gorau iddi mor hawdd
But they didn't give up so easily
Roedden nhw'n pentyrru rhywfaint o bren sych o dan y pinwydd
they piled up some dry wood beneath the pine
ac yna maent yn rhoi tân ar y coed
and then they set fire to the wood
Yn gyflym iawn dechreuodd y pinwydd losgi'n uwch
very quickly the pine began to burn higher
fel cannwyll wedi ei chwythu gan y gwynt
like a candle blown by the wind
Gwelodd Pinocchio y fflamau'n codi'n uwch ac yn uwch
Pinocchio saw the flames rising higher and higher
Nid oedd am roi diwedd ar ei fywyd fel colomen wedi'i rostio
he did not wish to end his life like a roasted pigeon
Felly gwnaeth naid stupendous o ben y goeden
so he made a stupendous leap from the top of the tree
Ac efe a redodd ar draws y meysydd a'r gwinllannoedd
and he ran across the fields and vineyards
Roedd y llofruddwyr yn ei ddilyn eto
The assassins followed him again

a hwy a'i gadawsant ef heb roi'r gorau iddi
and they kept behind him without giving up
Dechreuodd y diwrnod dorri ac roedden nhw'n dal i'w erlid
The day began to break and they were still pursuing him
Yn sydyn canfu Pinocchio ei ffordd wedi'i gwahardd gan ffos
Suddenly Pinocchio found his way barred by a ditch
roedd yn llawn o ddŵr llonydd lliw coffi
it was full of stagnant water the colour of coffee
Beth oedd ein Pinocchio i'w wneud nawr?
What was our Pinocchio to do now?
"Un! Dau! Tri!" gwaeddodd y pyped
"One! two! three!" cried the puppet
Gan ruthro, efe a ruthrodd i'r ochr arall
making a rush, he sprang to the other side
Ceisiodd y llofruddwyr hefyd neidio dros y ffos
The assassins also tried to jump over the ditch
ond nid oeddynt wedi mesur y pellter
but they had not measured the distance
Sblash Sblash! maent yn syrthio i ganol y ffos
splish splash! they fell into the middle of the ditch

Clywodd Pinocchio y plwg a'r tasgu
Pinocchio heard the plunge and the splashing
"Bath gwych i chi, llofruddion bonheddwr"
"A fine bath to you, gentleman assassins"
Ac roedd yn teimlo'n argyhoeddedig eu bod yn cael eu boddi
And he felt convinced that they were drowned
ond mae'n dda i Pinocchio edrych tu ôl iddo
but it's good that Pinocchio did look behind him
am nad oedd ei ddau lofrudd wedi boddi
because his two assassins had not drowned
Roedd y ddau lofrudd wedi mynd allan o'r dŵr unwaith eto
the two assassins had got out the water again
Ac roedd y ddau yn dal i redeg ar ei ôl
and they were both still running after him
Roedden nhw'n dal i gael eu gorchuddio yn eu sachau
they were still enveloped in their sacks
a'r dŵr yn diferu oddi wrthynt
and the water was dripping from them
fel pe baent wedi bod yn ddwy fasged wag
as if they had been two hollow baskets

Mae'r llofruddwyr hongian Pinocchio i'r goeden dderwen fawr
The Assassins Hang Pinocchio to the Big Oak Tree

Ar yr olwg hon, methodd dewrder y pyped ag ef
At this sight, the puppet's courage failed him
yr oedd ar y pwynt o daflu ei hun ar lawr gwlad
he was on the point of throwing himself on the ground
ac roedd eisiau rhoi ei hun drosodd am golli
and he wanted to give himself over for lost
Trodd ei lygaid i bob cyfeiriad
he turned his eyes in every direction
Gwelodd dŷ bychan mor wyn â'r eira
he saw a small house as white as snow

"Pe bawn i ond wedi cael anadl i gyrraedd y tŷ hwnnw"
"If only I had breath to reach that house"
'Efallai y byddwn i'n achub'
"perhaps then I might be saved"
heb oedi ar unwaith, fe ailddechreuodd redeg
without delaying an instant he recommenced running
Roedd Pinocchio bach tlawd yn rhedeg am ei fywyd
poor little Pinocchio was running for his life
Rhedodd drwy'r coed gyda'r llofruddion ar ei ôl
he ran through the wood with the assassins after him
Cafwyd ras enbyd o bron i ddwy awr
there was a desperate race of nearly two hours
Ac o'r diwedd fe gyrhaeddodd yn eithaf di-anadl wrth y drws
and finally he arrived quite breathless at the door
efe a gurodd yn daer ar ddrws y tŷ
he desperately knocked on the door of the house
ond doedd neb yn ateb cnoc Pinocchio
but no one answered Pinocchio's knock
Cnoc wrth y drws eto gyda thrais mawr
He knocked at the door again with great violence
am iddo glywed sŵn y camau'n agosáu ato
because he heard the sound of steps approaching him
a chlywodd bant trwm ei erlidwyr
and he heard the the heavy panting of his persecutors
Roedd yr un tawelwch ag o'r blaen
there was the same silence as before
gwelodd fod curo yn ddiwerth
he saw that knocking was useless
Felly dechreuodd mewn anobaith i gicio a pommel y drws
so he began in desperation to kick and pommel the door
Yna agorodd y ffenestr wrth y drws
The window next to the door then opened
a phlentyn hardd yn ymddangos wrth y ffenestr
and a beautiful Child appeared at the window
Roedd gwallt glas gan y plentyn hardd
the beautiful child had blue hair

ac roedd ei hwyneb mor wyn â delwedd cwyren
and her face was as white as a waxen image
Roedd ei lygaid ar gau fel petai hi'n cysgu
her eyes were closed as if she was asleep
a'i dwylo wedi eu croesi ar ei ysgwydd
and her hands were crossed on her breast
Heb symud ei gwefusau o leiaf, siaradodd
Without moving her lips in the least, she spoke
"Yn y tŷ hwn nid oes neb, maent i gyd yn farw."
"In this house there is no one, they are all dead"
ac ymddengys fod ei llais yn dod o'r byd arall
and her voice seemed to come from the other world
ond gwaeddodd Pinocchio a llefain ac ymbil
but Pinocchio shouted and cried and implored
"O leiaf agorwch y drws i mi"
"Then at least open the door for me"
"Rydw i hefyd wedi marw," meddai'r ddelwedd cwyren
"I am also dead," said the waxen image
"Felly, beth ydych chi'n ei wneud wrth y ffenestr?"
"Then what are you doing there at the window?"
"Rwy'n aros i gael fy ngwrthod"
"I am waiting to be taken away"
Wedi dweud hyn, diflannodd yn syth
Having said this she immediately disappeared
a chaewyd y ffenestr eto heb y sŵn lleiaf
and the window was closed again without the slightest noise
"O! plentyn hardd gyda gwallt glas," gwaeddodd Pinocchio"
"Oh! beautiful Child with blue hair," cried Pinocchio"
"Agorwch y drws er mwyn trugaredd!"
"open the door, for pity's sake!"
"Tosturia wrth fachgen tlawd a ddilynodd..."
"Have compassion on a poor boy pursued..."
Ond ni allai orffen y ddedfryd
But he could not finish the sentence
oherwydd ei fod yn teimlo ei fod yn cael ei gipio gan y goler
because he felt himself seized by the collar
Dywedodd yr un ddau leisiau erchyll wrtho yn fygythiol:

the same two horrible voices said to him threateningly:
"Fyddwch chi ddim yn dianc oddi wrthon ni eto!"
"You shall not escape from us again!"
"Ni fyddwch yn dianc," gwaeddodd y llofrudd bach
"You shall not escape," panted the little assassin
Gwelodd y pyped fod marwolaeth yn ei syllu yn ei wyneb
The puppet saw death was staring him in the face
fe'i cymerwyd gyda ffit treisgar o ddychryn
he was taken with a violent fit of trembling
Dechreuodd cymalau ei goesau pren greichio
the joints of his wooden legs began to creak
a dechreuodd y darnau arian oedd wedi eu cuddio dan ei dafod gnocio
and the coins hidden under his tongue began to clink
"A wnewch chi agor eich ceg—ie neu na?" mynnai'r llofruddwyr
"will you open your mouth—yes or no?" demanded the assassins
"O! Dim ateb? Gadewch ef i ni."
"Ah! no answer? Leave it to us"
"Y tro hwn, byddwn yn eich gorfodi i'w agor!"
"this time we will force you to open it!"
"Byddwn yn eich gorfodi," ailadroddodd yr ail lofrudd
"we will force you," repeated the second assassin
Ac fe wnaethant dynnu allan ddwy gyllell hir, horrid
And they drew out two long, horrid knives
ac roedd y cyllyll mor finiog â razors
and the knifes were as sharp as razors
Ceisiasant ei drywanu ddwywaith
they attempted to stab him twice
ond bu'r pyped yn lwcus mewn un ystyr
but the puppet was lucky in one regard
Roedd wedi ei wneud o bren caled iawn
he had been made from very hard wood
torrodd y cyllyll yn fil o ddarnau
the knives broke into a thousand pieces
a gadawyd y llofruddwyr gyda dim ond y dolenni

and the assassins were left with just the handles
Am eiliad gallent ond syllu ar ei gilydd
for a moment they could only stare at each other
"Rwy'n gweld beth sydd angen i ni ei wneud," meddai un ohonynt
"I see what we must do," said one of them
"Mae'n rhaid iddo gael ei grogi! Gadewch i ni ei grogi!"
"He must be hung! Let us hang him!"
"Gadewch i ni ei grogi!" ailadroddodd y llall
"Let us hang him!" repeated the other
Heb golli amser fe wnaethant glymu ei freichiau y tu ôl iddo
Without loss of time they tied his arms behind him
a hwy a basiasant grochan yn rhedeg o amgylch ei wddf
and they passed a running noose round his throat
a hwy a'i crogasant ef i'r gangen o'r Dderwen Fawr
and they hung him to the branch of the Big Oak
Yna eisteddon nhw i lawr ar y glaswellt yn gwylio Pinocchio
They then sat down on the grass watching Pinocchio
a hwy a ddisgwyliasant am ei ymdrech i ddiweddu
and they waited for his struggle to end
Ond roedd tair awr eisoes wedi mynd heibio
but three hours had already passed
Roedd llygaid y pyped yn dal ar agor
the puppet's eyes were still open
Caewyd ei geg yn union fel o'r blaen
his mouth was closed just as before
ac roedd yn cicio yn fwy nag erioed
and he was kicking more than ever
O'r diwedd roedden nhw wedi colli eu hamynedd gydag ef
they had finally lost their patience with him
troesant at Pinocchio a llefaru mewn tôn tynnu coes
they turned to Pinocchio and spoke in a bantering tone
"Hwyl fawr Pinocchio, welwn ni chi eto yfory"
"Good-bye Pinocchio, see you again tomorrow"
"Gobeithio y byddwch chi'n ddigon caredig i fod yn farw"
"hopefully you'll be kind enough to be dead"
"a gobeithio y bydd gennych eich ceg ar agor"

"and hopefully you will have your mouth wide open"
Cerddon nhw i gyfeiriad gwahanol
And they walked off in a different direction
Yn y cyfamser dechreuodd gwynt gogleddol chwythu a rhuo
In the meantime a northerly wind began to blow and roar
a'r gwynt yn curo'r pyped tlawd o ochr i ochr
and the wind beat the poor puppet from side to side

Gwnaeth y gwynt iddo wingio o gwmpas yn dreisgar
the wind made him swing about violently
fel clatr cloch yn canu ar gyfer priodas
like the clatter of a bell ringing for a wedding
A rhoddodd y siglo sbasmau erchyll iddo.
And the swinging gave him atrocious spasms
a daeth y cnoi'n dynn ac yn dynnach o gwmpas ei wddf
and the noose became tighter and tighter around his throat

Ac yn olaf cymerodd ei anadl
and finally it took away his breath
Fesul tipyn, dechreuodd ei lygaid dyfu yn pylu
Little by little his eyes began to grow dim
Roedd yn teimlo bod marwolaeth yn agos
he felt that death was near
ond doedd Pinocchio byth yn rhoi'r gorau i obaith
but Pinocchio never gave up hope
"Efallai y bydd rhyw berson elusennol yn dod i'm cymorth"
"perhaps some charitable person will come to my assistance"
Ond arhosodd ac aros ac aros
But he waited and waited and waited
ac yn y diwedd ni ddaeth neb, ac nid oedd neb
and in the end no one came, absolutely no one
Yna cofiodd am ei dad tlawd
then he remembered his poor father
Gan feddwl ei fod yn marw, fe gwympodd allan
thinking he was dying, he stammered out
"O, Dad! Papa! Os mai dim ond chi sydd yma!"
"Oh, papa! papa! if only you were here!"
Methodd ei anadl ag ef ac ni allai ddweud dim mwy
His breath failed him and he could say no more
Caeodd ei lygaid ac agor ei geg
He shut his eyes and opened his mouth
Ac efe a estynnodd ei freichiau a'i goesau
and he stretched out his arms and legs
Rhoddodd un shudder hir olaf
he gave one final long shudder
ac yna crogodd yn stiff ac yn anymarferol
and then he hung stiff and insensible

Mae'r plentyn hardd yn achub y pyped
The Beautiful Child Rescues the Puppet

Roedd Pinocchio druan yn dal i gael ei atal o'r goeden Derw Fawr
poor Pinocchio was still suspended from the Big Oak tree
ond mae'n debyg bod Pinocchio yn fwy marw na byw
but apparently Pinocchio was more dead than alive
daeth y plentyn hardd gyda gwallt glas i'r ffenestr eto
the beautiful Child with blue hair came to the window again
gwelodd y pyped anhapus yn hongian wrth ei wddf
she saw the unhappy puppet hanging by his throat
gwelodd ef yn dawnsio i fyny ac i lawr yn y gwyntoedd y gwynt
she saw him dancing up and down in the gusts of the wind
ac fe'i symudwyd trwy dosturi tuag ato
and she was moved by compassion for him
Mae'r plentyn hardd wedi taro ei ddwylo gyda'i gilydd
the beautiful child struck her hands together
a hi a roddodd dair cacen fach
and she gave three little claps
Daeth sŵn adenydd yn hedfan yn gyflym
there came a sound of wings flying rapidly
Hedfan Falcon mawr ymlaen i'r sil ffenestr
a large Falcon flew on to the window-sill

"**Beth yw eich archebion, tylwyth teg grasol?**" gofynnodd
"What are your orders, gracious Fairy?" he asked
ac efe a drodd ei bigog yn arwydd o barchedigaeth
and he inclined his beak in sign of reverence
"**Ydych chi'n gweld y pyped hwnnw'n hongian o'r goeden Derw Fawr?**"
"Do you see that puppet dangling from the Big Oak tree?"
"**Rwy'n ei weld,**" **meddai'r Falcon**
"I see him," confirmed the falcon
"**Hedfan drosodd ato ar unwaith,**" **gorchmynnodd**
"Fly over to him at once," she ordered him
"**Defnyddiwch eich big cryf i dorri'r cwlwm**"
"use your strong beak to break the knot"
"**Rhowch ef yn ysgafn ar y glaswellt wrth droed y goeden**"
"lay him gently on the grass at the foot of the tree"
Hedfanodd yr Falcon i ffwrdd i gyflawni ei orchmynion
The Falcon flew away to carry out his orders
Ac ar ôl dwy funud aeth yn ôl at y plentyn
and after two minutes he returned to the child
"**Yr wyf wedi gwneud fel y gorchmynnaist**"
"I have done as you commanded"
"**Sut wnaethoch chi ddod o hyd iddo?**"
"And how did you find him?"
"**Pan welais i ef gyntaf, roedd yn ymddangos yn farw.**"
"when I first saw him he appeared dead"
"**Ond allai ddim bod wedi marw'n llwyr**"
"but he couldn't really have been entirely dead"
"**Fe wnes i ryddhau'r cnoose o amgylch ei gwddf**"
"I loosened the noose around his throat"
"**Ac yna fe roddodd ochenaid meddal**"
"and then he gave soft a sigh"
"**Fe wnaeth e fy mwddio mewn llais gwan**"
"he muttered to me in a faint voice"
"**Rwy'n teimlo'n well nawr!**" meddai.
"'Now I feel better!' he said"
Yna tarodd y Tylwyth Teg ei dwylo gyda'i gilydd ddwywaith

The Fairy then struck her hands together twice
cyn gynted ag y gwnaeth hi, ymddangosodd Poodle godidog
as soon as she did this a magnificent Poodle appeared
Cerddodd y poodle yn unionsyth ar ei goesau ôl
the poodle walked upright on his hind legs
yn union fel pe bai wedi bod yn ddyn
it was exactly as if he had been a man
Roedd yn lifrai gwisg lawn coachman
He was in the full-dress livery of a coachman
Ar ei ben roedd ganddo gap tair cornel wedi'i blygu ag aur
On his head he had a three-cornered cap braided with gold
Daeth ei wig wen cyrliog i lawr i'w ysgwyddau
his curly white wig came down on to his shoulders
Roedd ganddo waistcoat siocled gyda botymau diemwnt
he had a chocolate-collared waistcoat with diamond buttons
ac roedd ganddo ddau boced fawr i gynnwys esgyrn
and he had two large pockets to contain bones
yr esgyrn a roddodd ei feistres iddo yn y cinio
the bones that his mistress gave him at dinner
Roedd ganddo hefyd bâr o Breeches Velvet Crimson.
he also had a pair of short crimson velvet breeches
ac yr oedd yn gwisgo rhai hosanau sidan
and he wore some silk stockings
ac roedd yn gwisgo esgidiau lledr Eidalaidd smart
and he wore smart Italian leather shoes
Roedd crogi y tu ôl iddo yn rhywogaeth o achos ymbarél
hanging behind him was a species of umbrella case
Gwnaed yr achos ymbarél o satin glas
the umbrella case was made of blue satin
rhoddodd ei gynffon ynddo pan oedd y tywydd yn glawog
he put his tail into it when the weather was rainy
"Byddwch yn gyflym, Medoro, fel ci da!"
"Be quick, Medoro, like a good dog!"
a rhoddodd y tylwyth teg ei poodle y gorchmynion
and the fairy gave her poodle the commands
"Cael y mwyaf prydferth cerbyd harneisio"
"get the most beautiful carriage harnessed"

"a chael y cerbyd yn aros yn fy nghoesdy"
"and have the carriage waiting in my coach-house"
'Ewch ar hyd y ffordd i'r goedwig'
"and go along the road to the forest"
"Pan ddewch chi i'r goeden Derwen Fawr fe welwch byped gwael"
"When you come to the Big Oak tree you will find a poor puppet"
"Bydd yn cael ei ymestyn ar y glaswellt hanner marw"
"he will be stretched on the grass half dead"
"Bydd yn rhaid i chi ei godi'n ysgafn"
"you will have to pick him up gently"
"Gosodwch ef yn wastad ar glustogau'r cerbyd"
"lay him flat on the cushions of the carriage"
"Pan fyddwch wedi gwneud hyn, dewch ag ef yma i mi."
"when you have done this bring him here to me"
"Wyt ti'n deall?" gofynnodd un tro olaf
"Do you understand?" she asked one last time
Dangosodd y Poodle ei fod wedi deall
The Poodle showed that he had understood
ysgydwodd achos Blue Satin dair neu bedair gwaith
he shook the case of blue satin three or four times
ac yna rhedodd i ffwrdd fel ceffyl rasio
and then he ran off like a race-horse
Yn fuan daeth cerbyd hardd allan o'r coets
soon a beautiful carriage came out of the coach-house
Roedd y clustogau wedi'u stwffio â phlu canari
The cushions were stuffed with canary feathers
Roedd y cerbyd wedi'i leinio ar y tu mewn gyda hufen chwip
the carriage was lined on the inside with whipped cream
a chwstard a fanila wafferi wnaeth y seddau
and custard and vanilla wafers made the seating
Tynnwyd y cerbyd bach gan gant o lygod gwyn
The little carriage was drawn by a hundred white mice
ac roedd y Poodle yn eistedd ar y blwch coets
and the Poodle was seated on the coach-box

craciodd ei chwip o ochr i ochr
he cracked his whip from side to side
fel gyrrwr pan fydd yn ofni ei fod y tu ôl i amser
like a driver when he is afraid that he is behind time
Llai na chwarter awr wedi pasio
less than a quarter of an hour passed
a dychwelodd y cerbyd i'r tŷ
and the carriage returned to the house
Roedd y Tylwyth Teg yn aros wrth ddrws y tŷ
The Fairy was waiting at the door of the house
cymerodd y pyped tlawd yn ei breichiau
she took the poor puppet in her arms
ac fe'i dygodd i ystafell fach
and she carried him into a little room
Roedd yr ystafell wedi'i haddurno â mam Pearl
the room was wainscoted with mother-of-pearl
Galwodd am y meddygon enwocaf yn y gymdogaeth
she called for the most famous doctors in the neighbourhood
Daethant ar unwaith, un ar ôl y llall
They came immediately, one after the other
Crow, tylluan, a chriced bach yn siarad
a Crow, an Owl, and a talking little cricket
"Rwyf am wybod rhywbeth gennych chi, boneddigesau," meddai'r Tylwyth Teg
"I wish to know something from you, gentlemen," said the Fairy
"A yw'r pyped anffodus hwn yn fyw neu'n farw?"
"is this unfortunate puppet alive or dead?"
dechreuodd y Crow trwy deimlo pwls Pinocchio
the Crow started by feeling Pinocchio's pulse
Yna teimlodd ei drwyn a'i droed bach
he then felt his nose and his little toe
Gwnaeth ei ddiagnosis o'r pyped yn ofalus
he carefully made his diagnosis of the puppet
Ac yna mae'n llefaru'n ddifrifol ar y geiriau canlynol:
and then he solemnly pronounced the following words:
"Er fy mod i'n credu bod y pyped eisoes wedi marw"

"To my belief the puppet is already dead"
"Ond mae bob amser siawns ei fod yn dal yn fyw"
"but there is always the chance he's still alive"
"Rwy'n difaru," meddai'r Dylluan, "i wrth-ddweud y Crow"
"I regret," said the Owl, "to contradict the Crow"
'Fy ffrind a'm cydweithiwr enwog'
"my illustrious friend and colleague"
"Yn fy marn i mae'r pyped yn dal yn fyw"
"in my opinion the puppet is still alive"
"Ond mae bob amser siawns ei fod wedi marw"
"but there's always a chance he's already dead"
yn olaf gofynnodd y Tylwyth Teg i'r criced bach sy'n siarad
lastly the Fairy asked the talking little Cricket
"A oes gennych chi ddim byd i'w ddweud?"
"And you, have you nothing to say?"
"Nid yw meddygon bob amser yn cael eu galw i siarad"
"doctors are not always called upon to speak"
"Weithiau, y peth mwyaf doeth yw bod yn dawel"
"sometimes the wisest thing is to be silent"
"Gadewch imi ddweud wrthych yr hyn rwy'n ei wybod"
"but let me tell you what I know"
"Mae gan y pyped hwnnw wyneb nad yw'n newydd i mi"
"that puppet has a face that is not new to me"
"Dw i'n ei nabod ers tro!"
"I have known him for some time!"
Roedd Pinocchio wedi gorwedd yn ansymudadwy hyd at y foment honno
Pinocchio had lain immovable up to that moment
Roedd yn union fel darn o bren
he was just like a real piece of wood
ond yna fe'i hatafaelwyd â ffit o grynu convulsive
but then he was seized with a fit of convulsive trembling
a'r gwely cyfan yn ysgwyd oddi wrth ei ysgwyd
and the whole bed shook from his shaking
Mae'r criced bach yn siarad
the talking little Cricket continued talking
"Mae'r pyped hwnnw yno wedi ei gadarnhau rŵan"

"That puppet there is a confirmed rogue"
Agorodd Pinocchio ei lygaid, ond caewch nhw eto ar unwaith
Pinocchio opened his eyes, but shut them again immediately
"Mae'n dda i ddim byd o vagabond ragamuffin"
"He is a good for nothing ragamuffin vagabond"
Cuddiodd Pinocchio ei wyneb o dan y dillad
Pinocchio hid his face beneath the clothes
"Mae'r pyped yna fab anufudd"
"That puppet there is a disobedient son"
"Bydd yn gwneud i'w dad tlawd farw o galon wedi torri!"
"he will make his poor father die of a broken heart!"
Ar yr eiliad honno roedd pawb yn gallu clywed rhywbeth
At that instant everyone could hear something
clywyd sŵn myglyd sobs a llefain
suffocated sound of sobs and crying was heard
Cododd y meddygon y taflenni ychydig
the doctors raised the sheets a little
Dychmygwch eu syndod pan welsant Pinocchio
Imagine their astonishment when they saw Pinocchio
Y brain oedd y cyntaf i roi ei farn feddygol
the crow was the first to give his medical opinion
"Pan fydd person marw yn crio ei fod ar y ffordd i wella"
"When a dead person cries he's on the road to recovery"
Ond roedd y dylluan o farn feddygol wahanol
but the owl was of a different medical opinion
"Rwy'n galaru i wrthddweud fy ffrind enwog"
"I grieve to contradict my illustrious friend"
"Pan mae'r person marw yn crio mae'n golygu ei fod yn flin am farw"
"when the dead person cries it means he's is sorry to die"

Pinocchio yn gwrthod cymryd ei feddyginiaeth
Pinocchio Refuses to Take his Medicine

Mae'r meddygon wedi gwneud popeth y gallen nhw
The doctors had done all that they could
felly gadawsant Pinocchio gyda'r tylwyth teg
so they left Pinocchio with the fairy
cyffyrddodd y Tylwyth Teg â thalcen Pinocchio
the Fairy touched Pinocchio's forehead
Gallai ddweud bod ganddo dwymyn uchel
she could tell that he had a high fever
roedd y Tylwyth Teg yn gwybod yn union beth i'w roi Pinocchio
the Fairy knew exactly what to give Pinocchio
Toddodd bowdwr gwyn mewn ychydig o ddŵr
she dissolved a white powder in some water
a hi a gynigiodd Pinocchio y twmbr o ddŵr
and she offered Pinocchio the tumbler of water
a hi a sicrhaodd iddo y byddai popeth yn iawn
and she reassured him that everything would fine
"Yfed ef ac mewn ychydig ddyddiau byddwch yn cael iachâd"
"Drink it and in a few days you will be cured"
Edrychodd Pinocchio ar y tiwmor meddygaeth
Pinocchio looked at the tumbler of medicine
ac fe wnaeth wyneb wri yn y feddyginiaeth
and he made a wry face at the medicine
"Ydy hi'n felys neu'n chwerw?" gofynnodd yn blaen.
"Is it sweet or bitter?" he asked plaintively
"Mae'n chwerw, ond bydd yn gwneud lles i chi"
"It is bitter, but it will do you good"
"Os yw'n chwerw, ni fyddaf yn ei yfed"
"If it is bitter, I will not drink it"
"Gwrandewch arnaf," meddai'r Tylwyth Teg, "yfwch ef"
"Listen to me," said the Fairy, "drink it"
"Dydw i ddim yn hoffi unrhyw beth chwerw," meddai
"I don't like anything bitter," he objected

"Mi wna i roi llond bol o siwgr i ti"
"I will give you a lump of sugar"
"Bydd yn cymryd y blas chwerw i ffwrdd"
"it will take away the bitter taste"
"Ond yn gyntaf mae'n rhaid i chi yfed eich meddyginiaeth"
"but first you have to drink your medicine"
"Ble mae'r lwmp o siwgr?" gofynnodd Pinocchio
"Where is the lump of sugar?" asked Pinocchio
"Dyma'r lwmp o siwgr," meddai'r Tylwyth Teg
"Here is the lump of sugar," said the Fairy
ac fe dynnodd ddarn allan o fasn siwgr aur
and she took out a piece from a gold sugar-basin
"Rhowch y lwmp o siwgr i mi yn gyntaf"
"please give me the lump of sugar first"
"ac yna mi a yfaf y dŵr chwerw drwg"
"and then I will drink that bad bitter water"
"Wyt ti'n addo i mi?" gofynnodd Pinocchio
"Do you promise me?" she asked Pinocchio
"Ydw, rwy'n addo," atebodd Pinocchio
"Yes, I promise," answered Pinocchio
felly rhoddodd y Tylwyth Teg y darn o siwgr i Pinocchio
so the Fairy gave Pinocchio the piece of sugar
a Pinocchio wedi gwasgu'r siwgr a'i lyncu
and Pinocchio crunched up the sugar and swallowed it
Roedd yn licio ei wefusau ac yn mwynhau'r blas
he licked his lips and enjoyed the taste
"Byddai'n beth braf pe bai siwgr yn feddyginiaeth!"
"It would be a fine thing if sugar were medicine!"
"Wedyn dw i'n cymryd meddyginiaeth bob dydd"
"then I would take medicine every day"
doedd y Tylwyth Teg ddim wedi anghofio addewid Pinocchio
the Fairy had not forgotten Pinocchio's promise
"Cadwch eich addewid ac yfwch y feddyginiaeth hon"
"keep your promise and drink this medicine"
"Bydd yn eich adfer yn ôl i iechyd"
"it will restore you back to health"

Cymerodd Pinocchio y tumbler yn anfoddus
Pinocchio took the tumbler unwillingly
rhoddodd bwynt ei drwyn i'r tumbler
he put the point of his nose to the tumbler
Ac efe a ollyngodd y trwmbl i'w wefusau
and he lowered the tumbler to his lips
ac yna eto rhoddodd ei drwyn iddo
and then again he put his nose to it
Ac o'r diwedd dywedodd, "Mae'n rhy chwerw!"
and at last he said, "It is too bitter!"
"Alla i ddim yfed unrhyw beth mor chwerw"
"I cannot drink anything so bitter"
"Dydych chi ddim yn gwybod eto os na allwch chi," meddai'r Tylwyth Teg
"you don't know yet if you can't," said the Fairy
"Dydych chi ddim hyd yn oed wedi ei flasu"
"you have not even tasted it yet"
"Gallaf ddychmygu sut y bydd yn blasu!"
"I can imagine how it's going to taste!"
"Rwy'n ei adnabod o'r arogl," atebodd Pinocchio
"I know it from the smell," objected Pinocchio
"Yn gyntaf, rydw i eisiau lwmp arall o siwgr os gwelwch yn dda"
"first I want another lump of sugar please"
"Ac yna rwy'n addo y bydd yn ei yfed!"
"and then I promise that will drink it!"
Roedd gan y Tylwyth Teg holl amynedd mama da
The Fairy had all the patience of a good mamma
ac fe roddodd lwmp arall o siwgr yn ei geg
and she put another lump of sugar in his mouth
ac eto, cyflwynodd y twmpath iddo
and again, she presented the tumbler to him
"Alla i ddim ei yfed o hyd!" meddai'r pyped
"I still cannot drink it!" said the puppet
a Pinocchio a wnaeth fil o wynebau galarus
and Pinocchio made a thousand grimaced faces
"Pam na allwch chi ei yfed?" gofynnodd y tylwyth teg

"Why can't you drink it?" asked the fairy
"Oherwydd bod y gobennydd ar fy nhraed yn fy mhoeni"
"Because that pillow on my feet bothers me"
Tynnodd y Tylwyth Teg y gobennydd o'i draed
The Fairy removed the pillow from his feet
Pinocchio esgusodi ei hun eto
Pinocchio excused himself again
"Rwyf wedi ceisio fy ngorau ond nid yw'n fy helpu"
"I've tried my best but it doesn't help me"
"Hyd yn oed heb y gobennydd ni allaf ei yfed"
"Even without the pillow I cannot drink it"
"Beth sy'n bod nawr?" gofynnodd y Tylwyth Teg
"What is the matter now?" asked the fairy
"Mae drws yr ystafell yn hanner agored"
"The door of the room is half open"
"Mae'n fy mhoeni pan mae'r drysau yn hanner agored"
"it bothers me when doors are half open"
Aeth y Tylwyth Teg a chau'r drws i Pinocchio
The Fairy went and closed the door for Pinocchio
Ond nid oedd hyn yn helpu, ac fe fwriodd i ddagrau
but this didn't help, and he burst into tears
"Ni fyddaf yn yfed y dŵr chwerw hwnnw — na, na, na, na!"
"I will not drink that bitter water — no, no, no!"
"Fy mab, byddwch yn edifarhau os na wnewch chi"
"My boy, you will repent it if you don't"
"Nid wyf yn poeni a fyddaf yn edifarhau," atebodd
"I don't care if I will repent it," he replied
"Mae eich salwch yn ddifrifol," rhybuddiodd y Tylwyth Teg
"Your illness is serious," warned the Fairy
"Dwi ddim yn poeni os yw fy salwch yn ddifrifol"
"I don't care if my illness is serious"
"Bydd y gwres yn mynd â chi i'r byd arall"
"The fever will carry you into the other world"
"Yna gadewch i'r twymyn fy ngharu i'r byd arall."
"then let the fever carry me into the other world"
"Wyt ti ddim yn ofni marwolaeth?"
"Are you not afraid of death?"

"Dydw i ddim yn ofni marwolaeth o leiaf!"
"I am not in the least afraid of death!"
"Byddai'n well gen i farw nag yfed meddyginiaeth chwerw"
"I would rather die than drink bitter medicine"
Ar y pryd, roedd drws yr ystafell yn agor
At that moment the door of the room flew open
Daeth pedwar cwningen mor ddu ag inc i mewn i'r ystafell
four rabbits as black as ink entered the room
Ar eu hysgwyddau maent yn cario biser bach
on their shoulders they carried a little bier

"Beth ydych chi eisiau gyda mi?" gwaeddodd Pinocchio
"What do you want with me?" cried Pinocchio
Ac efe a eisteddodd yn ei wely mewn dychryn mawr.
and he sat up in bed in a great fright
"Rydyn ni wedi dod i'ch cymryd chi," meddai'r gwningen fwyaf
"We have come to take you," said the biggest rabbit
"Ni allwch fynd â mi eto; "Dw i ddim wedi marw"

"you cannot take me yet; I am not dead"
"Ble wyt ti'n mynd i fynd â fi?"
"where are you planning to take me to?"
"Na, dwyt ti ddim wedi marw eto," meddai'r gwningen
"No, you are not dead yet," confirmed the rabbit
'Dim ond ychydig funudau sydd gennych i fyw'
"but you have only a few minutes left to live"
"Oherwydd eich bod wedi gwrthod y feddyginiaeth chwerw"
"because you refused the bitter medicine"
"Byddai'r feddyginiaeth chwerw wedi gwella eich twymyn"
"the bitter medicine would have cured your fever"
"O, Tylwyth Teg, Tylwyth Teg!" dechreuodd y pyped sgrechian
"Oh, Fairy, Fairy!" the puppet began to scream
"Rhowch y twmpath i mi ar unwaith," meddai
"give me the tumbler at once," he begged
"Byddwch yn gyflym, er mwyn trugaredd, nid wyf am farw"
"be quick, for pity's sake, I do not want die"
"Nac ydw, dw i ddim yn mynd i farw heddiw"
"no, I will not die today"
Cymerodd Pinocchio y tymblwr gyda'r ddwy law
Pinocchio took the tumbler with both hands

ac fe wagiodd y dŵr un gagendor mawr
and he emptied the water one one big gulp
"Mae'n rhaid i ni fod yn amyneddgar!" meddai'r cwningod
"We must have patience!" said the rabbits
"Y tro hwn rydym wedi gwneud ein taith yn ofer"
"this time we have made our journey in vain"
Fe wnaethon nhw dynnu'r pier bach ar eu hysgwyddau eto
they took the little bier on their shoulders again
A hwy a aethant ymaith o'r ystafell i'r lle yr oeddynt yn dyfod o
and they left the room back to where they came from
ac yn grwgnach ac yn grwgnach rhwng eu dannedd
and they grumbled and murmured between their teeth
Ni chymerodd adferiad Pinocchio yn hir o gwbl
Pinocchio's recovery did not take long at all
Ychydig funudau'n ddiweddarach fe neidiodd i lawr o'r gwely
a few minutes later he jumped down from the bed
pypedau pren yn cael braint arbennig
wooden puppets have a special privilege
anaml iawn y maent yn mynd yn ddifrifol wael fel ni
they seldom get seriously ill like us
ac maen nhw'n lwcus i gael eu gwella'n gyflym iawn
and they are lucky to be cured very quickly
"Ydy fy meddyginiaeth wedi gwneud lles i ti?" gofynnodd y tylwyth teg
"has my medicine done you good?" asked the fairy
"Mae eich meddyginiaeth wedi gwneud i mi yn fwy na da"
"your medicine has done me more than good"
"Mae eich meddyginiaeth wedi achub fy mywyd"
"your medicine has saved my life"
"Pam na wnaethoch chi gymryd eich meddyginiaeth yn gynt?"
"why didn't you take your medicine sooner?"
"Wel, Tylwyth Teg, rydyn ni i gyd fel yna!"
"Well, Fairy, we boys are all like that!"
"Rydyn ni'n ofni meddyginiaeth yn fwy nag o'r salwch"

"We are more afraid of medicine than of the illness"
"Gwarthus!" gwaeddodd y tylwyth teg mewn dicter
"Disgraceful!" cried the fairy in indignation
"Dylai bechgyn wybod pŵer meddyginiaeth"
"Boys ought to know the power of medicine"
"Gall datrysiad da eu hachub rhag salwch difrifol"
"a good remedy may save them from a serious illness"
"Efallai y bydd hyd yn oed yn eich achub rhag marwolaeth"
"and perhaps it even saves you from death"
"Y tro nesaf ni fydd angen cymaint o berswâd arnaf"
"next time I shall not require so much persuasion"
"Byddaf yn cofio'r cwningod duon"
"I shall remember those black rabbits"
"Byddaf yn cofio'r bier ar eu hysgwyddau"
"and I shall remember the bier on their shoulders"
"Ac yna yn syth byddaf yn cymryd y tymbler"
"and then I shall immediately take the tumbler"
Byddaf yn yfed yr holl feddyginiaeth ar yr un pryd! "
"and I will drink all the medicine in one go!"
Roedd y Tylwyth Teg yn hapus gyda geiriau Pinocchio
The Fairy was happy with Pinocchio's words
"Yn awr, tyrd yma ataf ac eistedd ar fy nglin
"Now, come here to me and sit on my lap"
"Dywedwch wrthyf i gyd am y bradwyr"
"and tell me all about the assassins"
"Sut wnaethoch chi hongian o'r goeden dderw fawr?"
"how did you end up hanging from the big Oak tree?"
A gorchmynnodd Pinocchio yr holl ddigwyddiadau a ddigwyddodd
And Pinocchio ordered all the events that happened
"Chi'n gweld, roedd 'na ringmaster; Diffoddwr tân"
"You see, there was a ringmaster; Fire-eater"
"Rhoddodd y peiriant bwyta tân ddarnau aur i mi"
"Fire-eater gave me some gold pieces"
Dywedodd wrthyf am fynd â'r aur i'm tad
"he told me to take the gold to my father"
"Ond wnes i ddim mynd â'r aur yn syth at fy nhad"

"but I didn't take the gold straight to my father"
"Ar y ffordd adref, cwrddais â Llwynog a Chat"
"on the way home I met a Fox and a Cat"
"Fe wnaethon nhw gynnig i mi na allwn wrthod"
"they made me an offer I couldn't refuse"
'A hoffech i'r darnau hyn o aur luosi?'
'Would you like those pieces of gold to multiply?'
"Dewch gyda ni, a dewch," medden nhw.
"'Come with us and,' they said"
'Fe awn â thi i Faes y Gwyrthiau'
'we will take you to the Field of Miracles'
A dywedais, "Gadewch i ni fynd i Faes y Gwyrthiau."
"and I said, 'Let's go to the Field of Miracles'"
A dywedon nhw, "Gadewch inni aros yn y llety hwn."
"And they said, 'Let us stop at this inn'"
"Ac fe wnaethon ni stopio yn y Red Craw-Fish i mewn"
"and we stopped at the Red Craw-Fish in"
"Fe wnaethon ni i gyd fynd i gysgu ar ôl ein bwyd"
"all of us went to sleep after our food"
"Pan ddeffrais nad oedden nhw yno mwyach"
"when I awoke they were no longer there"
'Roedd yn rhaid iddyn nhw adael o'm blaen i'
"because they had to leave before me"
"Yna dechreuais deithio gyda'r nos"
"Then I began to travel by night"
"Allwch chi ddim dychmygu pa mor dywyll oedd hi"
"you cannot imagine how dark it was"
"Dyna pryd wnes i gwrdd â'r ddau lofruddiwr"
"that's when I met the two assassins"
"Ac roedden nhw'n gwisgo sachau siarcol"
"and they were wearing charcoal sacks"
Dywedasant wrthyf, "Allan gyda'th arian."
"they said to me: 'Out with your money'"
A dywedais wrthynt, "Nid oes gennyf arian."
"and I said to them, 'I have no money'"
"Oherwydd fy mod i wedi cuddio'r pedwar darn aur"
"because I had hidden the four gold pieces"

"Roeddwn i wedi rhoi'r arian yn fy ngheg"
"I had put the money in my mouth"
'Un yn ceisio rhoi ei law yn fy ngheg'
"one tried to put his hand in my mouth"
"Ac yr wyf yn torri ei law i ffwrdd ac yn ei sbeicio allan"
"and I bit his hand off and spat it out"
"Ond yn lle llaw roedd hi'n paw's cath"
"but instead of a hand it was a cat's paw"
"Ac yna fe redodd y llofruddwyr ar fy ôl"
"and then the assassins ran after me"
"Rhedais a rhedeg mor gyflym ag y gallwn"
"and I ran and ran as fast as I could"
"Ond yn y diwedd fe wnaethon nhw fy nal i beth bynnag"
"but in the end they caught me anyway"
"ac fe wnaethon nhw glymu cnoose o amgylch fy ngwddf"
"and they tied a noose around my neck"
"A dyma nhw'n fy nghrogi oddi wrth y goeden dderw fawr"
"and they hung me from the Big Oak tree"
"Roedden nhw'n aros i mi roi'r gorau i symud"
"they waited for me to stop moving"
"Wnes i erioed roi'r gorau i symud o gwbl"
"but I never stopped moving at all"
'Yna fe wnaethon nhw alw arnaf'
"and then they called up to me"
'Yfory byddwn yn dychwelyd yma'
'Tomorrow we shall return here'
'Yna byddwch yn farw gyda'ch ceg ar agor'
'then you will be dead with your mouth open'
'A chawn ni'r aur dan dy dafod'
'and we will have the gold under your tongue'
Roedd gan y Tylwyth Teg ddiddordeb yn y stori
the Fairy was interested in the story
"Ble dych chi wedi rhoi'r darnau aur nawr?"
"And where have you put the pieces of gold now?"
"Dwi wedi colli nhw!" meddai Pinocchio, yn anonest
"I have lost them!" said Pinocchio, dishonestly
Roedd ganddo'r darnau aur yn ei boced

he had the pieces of gold in his pocket
fel y gwyddoch roedd gan Pinocchio drwyn hir eisoes
as you know Pinocchio already had a long nose
ond yn gorwedd yn gwneud i'w drwyn dyfu hyd yn oed yn hirach
but lying made his nose grow even longer
a thyfodd ei drwyn ddwy fodfedd arall
and his nose grew another two inches
"Ble wnaethoch chi golli'r aur?"
"And where did you lose the gold?"
"Fe wnes i ei golli yn y goedwig," meddai celwydd eto
"I lost it in the woods," he lied again
a thyfodd ei drwyn hefyd yn ei ail lie
and his nose also grew at his second lie
"Peidiwch â phoeni am yr aur," meddai'r tylwyth teg
"worry not about the gold," said the fairy
"Byddwn ni'n mynd i'r goedwig ac yn dod o hyd i'ch aur."
"we will go to the woods and find your gold"
"Mae popeth sydd ar goll yn y coed hynny i'w gael bob amser"
"all that is lost in those woods is always found"
Aeth Pinocchio yn eithaf dryslyd am ei sefyllfa
Pinocchio got quite confused about his situation
"O! Rwy'n cofio popeth am y peth nawr," atebodd
"Ah! now I remember all about it," he replied
"Doeddwn i ddim yn colli'r pedwar darn aur o gwbl"
"I didn't lose the four gold pieces at all"
"Fi jyst lyncu eich meddyginiaeth, dde?"
"I just swallowed your medicine, didn't I?"
"Fe wnes i lyncu'r darnau arian gyda'r feddyginiaeth"
"I swallowed the coins with the medicine"
yn y lie beiddgar hwn tyfodd ei drwyn hyd yn oed yn hirach
at this daring lie his nose grew even longer
nawr ni allai Pinocchio symud i unrhyw gyfeiriad
now Pinocchio could not move in any direction
Ceisiodd droi at ei ochr chwith
he tried to turn to his left side

ond trawodd ei drwyn y gwely a'r ffenest-panes
but his nose struck the bed and window-panes
Ceisiodd droi i'r ochr dde
he tried to turn to the right side
ond yn awr trawodd ei drwyn yn erbyn y muriau
but now his nose struck against the walls
ac ni allai godi ei ben chwaith
and he could not raise his head either
am fod ei drwyn yn hir a phwyllog
because his nose was long and pointy
a gallai ei drwyn fod wedi poke y Tylwyth Teg yn y llygad
and his nose could have poke the Fairy in the eye
Edrychodd y Tylwyth Teg arno a chwerthin
the Fairy looked at him and laughed
Roedd Pinocchio yn ddryslyd iawn am ei sefyllfa
Pinocchio was very confused about his situation
Nid oedd yn gwybod pam fod ei drwyn wedi tyfu
he did not know why his nose had grown
"Am beth wyt ti'n chwerthin?" gofynnodd y pyped.
"What are you laughing at?" asked the puppet
"Rwy'n chwerthin am y celwyddau rydych chi wedi'u dweud wrthyf"
"I am laughing at the lies you've told me"
"Sut y gelli di wybod fy mod i wedi dweud celwydd?"
"how can you know that I have told lies?"
"Mae celwyddau, fy mhlentyn annwyl, i'w cael ar unwaith"
"Lies, my dear boy, are found out immediately"
"Yn y byd hwn mae dau fath o gelwyddau"
"in this world there are two sorts of lies"
"Mae yna gelwyddau sydd â choesau byr"
"There are lies that have short legs"
"Ac mae celwyddau sydd â thrwynau hir"
"and there are lies that have long noses"
"Mae eich celwydd yn un o'r rhai sydd â thrwyn hir"
"Your lie is one of those that has a long nose"
Nid oedd Pinocchio yn gwybod ble i guddio ei hun
Pinocchio did not know where to hide himself

gywilydd oedd ganddo am ei gelwyddau yn cael eu darganfod
he was ashamed of his lies being discovered
Roedd yn ceisio dianc o'r ystafell
he tried to run out of the room
Ond ni lwyddodd i ddianc
but he did not succeed at escaping
Roedd ei drwyn wedi mynd yn rhy hir i ddianc
his nose had gotten too long to escape
ac ni allai fynd trwy'r drws mwyach
and he could no longer pass through the door

Pinocchio yn cwrdd â'r Llwynog a'r gath eto
Pinocchio Meets the Fox and the Cat Again

roedd y Tylwyth Teg yn deall pwysigrwydd y wers
the Fairy understood the importance of the lesson
Gadawodd i'r pyped grio am hanner awr dda
she let the puppet to cry for a good half-hour
Ni allai ei drwyn fynd trwy'r drws mwyach
his nose could no longer pass through the door
dweud celwyddau yw'r peth gwaethaf y gall bachgen ei wneud
telling lies is the worst thing a boy can do
Roedd hi eisiau iddo ddysgu o'i gamgymeriadau
and she wanted him to learn from his mistakes
ond doedd hi ddim yn gallu ei weld yn wylo
but she could not bear to see him weeping
Roedd hi'n teimlo'n llawn tosturi tuag at y pyped
she felt full of compassion for the puppet
Felly dyma hi'n clapio ei dwylo gyda'i gilydd eto
so she clapped her hands together again
Hedfanodd mil o Woodpeckers mawr o'r ffenestr
a thousand large Woodpeckers flew in from the window
Mae'r cnocell yn clwydo ar unwaith ar drwyn Pinocchio
The woodpeckers immediately perched on Pinocchio's nose

a dechreusant peck wrth ei drwyn â sêl fawr
and they began to peck at his nose with great zeal
Gallwch ddychmygu cyflymder mil o gnocell
you can imagine the speed of a thousand woodpeckers
o fewn dim amser o gwbl roedd trwyn Pinocchio yn normal
within no time at all Pinocchio's nose was normal
wrth gwrs eich bod yn cofio bod ganddo drwyn mawr bob amser
of course you remember he always had a big nose
"Pa dylwyth teg da wyt ti," meddai'r pyped
"What a good Fairy you are," said the puppet
a Pinocchio sychu ei lygaid dagreuol
and Pinocchio dried his tearful eyes
'A faint dwi'n dy garu di!' ychwanegodd
"and how much I love you!" he added
"Rwy'n dy garu di hefyd," atebodd y Tylwyth Teg
"I love you also," answered the Fairy
"Os arhoswch gyda mi, byddwch yn frawd bach i mi."
"if you remain with me you shall be my little brother"
"A fi fydd dy chwaer fach dda"
"and I will be your good little sister"
"Hoffwn i aros yn fawr iawn," meddai Pinocchio
"I would like to remain very much," said Pinocchio
"Ond mae'n rhaid i mi fynd yn ôl at fy nhad tlawd"
"but I have to go back to my poor papa"
"Rwyf wedi meddwl am bopeth," meddai'r Tylwyth Teg
"I have thought of everything," said the fairy
"Dw i wedi rhoi gwybod i'th dad yn barod"
"I have already let your father know"
"Bydd e'n dod yma heno"
"and he will come here tonight"
"Really?" gwaeddodd Pinocchio, neidio am lawenydd
"Really?" shouted Pinocchio, jumping for joy
"Yna, bach Tylwyth Teg, mae gen i ddymuniad"
"Then, little Fairy, I have a wish"
"Mi hoffwn i fynd i'w gyfarfod"
"I would very much like to go and meet him"

"Rwyf am roi cusan i'r hen ddyn tlawd hwnnw"
"I want to give a kiss to that poor old man"
"Mae e wedi dioddef cymaint ar fy nghyfrif"
"he has suffered so much on my account"
"Ewch, ond byddwch yn ofalus i beidio â cholli eich ffordd"
"Go, but be careful not to lose your way"
'Cerdded y ffordd sy'n mynd drwy'r goedwig'
"Take the road that goes through the woods"
"Rwy'n siŵr y byddwch yn cwrdd ag ef yno"
"I am sure that you will meet him there"
Pinocchio yn mynd allan i fynd trwy'r coed
Pinocchio set out to go through the woods
Unwaith yn y goedwig dechreuodd redeg fel plentyn
once in the woods he began to run like a kid
Ond yna roedd wedi cyrraedd lle penodol yn y goedwig
But then he had reached a certain spot in the woods
roedd bron o flaen y goeden Oak Fawr
he was almost in front of the Big Oak tree
Roedd yn meddwl ei fod yn clywed pobl ymhlith y llwyni
he thought he heard people amongst the bushes
Mewn gwirionedd, daeth dau berson allan i'r ffordd
In fact, two persons came out on to the road
Allwch chi ddyfalu pwy oedden nhw?
Can you guess who they were?
Nhw oedd ei ddau gymar a deithiodd
they were his two travelling companions
o'i flaen roedd y Llwynog a'r Cat
in front of him was the Fox and the Cat
ei gymdeithion a oedd wedi mynd ag ef i'r dafarn
his companions who had taken him to the inn

"Pam, dyma ein Pinocchio annwyl!" gwaeddodd y Llwynog
"Why, here is our dear Pinocchio!" cried the Fox
ac efe a cusanodd ac a gofleidiodd ei hen gyfaill
and he kissed and embraced his old friend
"Sut wnaethoch chi fod yma?" gofynnodd y llwynog
"How came you to be here?" asked the fox
"Sut wyt ti'n dod i fod yma?" ailadroddodd y gath
"How come you to be here?" repeated the Cat
"Mae'n stori hir," atebodd y pyped
"It is a long story," answered the puppet
"Byddaf yn dweud y stori wrthych pan fydd gen i amser"
"I will tell you the story when I have time"
"Ond mae'n rhaid i mi ddweud wrthoch chi beth ddigwyddodd i mi"
"but I must tell you what happened to me"
"Ydych chi'n gwybod y noson o'r blaen y cwrddais i â llofruddion?"
"do you know that the other night I met with assassins?"
Assassins! O, Pinocchio druan!" poeni'r Llwynog
"Assassins! Oh, poor Pinocchio!" worried the Fox
"A beth oedden nhw eisiau?" gofynnodd.
"And what did they want?" he asked
"Roedden nhw eisiau fy lladrata i o'm darnau aur"

"They wanted to rob me of my gold pieces"
'Diwin!' meddai'r Llwynog
"Villains!" said the Fox
"Ddihirod enwog!" ailadroddodd y Cat
"Infamous villains!" repeated the Cat
"Ond fe redais i ffwrdd oddi wrthyn nhw," parhaodd y pyped
"But I ran away from them," continued the puppet
"Maen nhw wedi gwneud eu gorau i ddal fi"
"they did their best to catch me"
"Ac ar ôl erlid hir fe wnaethon nhw fy nal i"
"and after a long chase they did catch me"
"Roedden nhw'n fy nghrogi i o gangen o'r goeden dderw honno"
"they hung me from a branch of that oak tree"
Ac mae Pinocchio yn pwyntio at y goeden Oak Fawr
And Pinocchio pointed to the Big Oak tree
Roedd y Llwynog wedi ei syfrdanu gan yr hyn yr oedd wedi'i glywed
the Fox was appalled by what he had heard
A yw'n bosibl clywed am rywbeth mwy brawychus?
"Is it possible to hear of anything more dreadful?"
"Ym mha fyd yr ydym yn cael eu condemnio i fyw!"
"In what a world we are condemned to live!"
"Ble gall pobl barchus fel ni ddod o hyd i loches ddiogel?"
"Where can respectable people like us find a safe refuge?"
Aeth y sgwrs ymlaen fel hyn am beth amser
the conversation went on this way for some time
yn yr amser hwn Pinocchio arsylwi rhywbeth am y gath
in this time Pinocchio observed something about the Cat
roedd y gath yn gloff o'i choes dde flaen
the Cat was lame of her front right leg
Yn wir, roedd hi wedi colli ei phaw a'i holl grafangau
in fact, she had lost her paw and all its claws
Roedd Pinocchio eisiau gwybod beth oedd wedi digwydd
Pinocchio wanted to know what had happened
"Beth ydych chi wedi'i wneud â'ch clawr?"

"What have you done with your paw?"
Ceisiodd y gath ateb, ond daeth yn ddryslyd
The Cat tried to answer, but became confused
Neidiodd y Llwynog i mewn i esbonio beth oedd wedi digwydd
the Fox jumped in to explain what had happened
"Mae'n rhaid i chi wybod bod fy ffrind yn rhy fach."
"you must know that my friend is too modest"
"Ei gwyleidd-dra yw pam nad yw hi fel arfer yn siarad"
"her modesty is why she doesn't usually speak"
"Gadewch i mi ddweud y stori drosti"
"so let me tell the story for her"
"Awr yn ôl fe wnaethon ni gyfarfod hen flaidd ar y ffordd"
"an hour ago we met an old wolf on the road"
"Roedd e bron yn llewygu o eisiau bwyd"
"he was almost fainting from want of food"
"Gofynnodd am alms ohonom"
"and he asked alms of us"
"Doedd gennym ni ddim cymaint fel asgwrn pysgod i'w roi iddo"
"we had not so much as a fish-bone to give him"
"Beth wnaeth fy nghymydog i?"
"but what did my friend do?"
"wel, mae ganddi galon César"
"well, she really has the heart of a César"
"Mae hi'n tynnu oddi ar un o'i chleddyfau"
"She bit off one of her fore paws"
"a'i thaflu hi i'r bwystfil tlawd"
"and the threw her paw to the poor beast"
"er mwyn iddo ddifetha ei chwant"
"so that he might appease his hunger"
A daeth y Llwynog i ddagrau gan ei stori
And the Fox was brought to tears by his story
Cafodd Pinocchio ei gyffwrdd hefyd gan y stori
Pinocchio was also touched by the story
Wrth nesáu at y Gath, fe sibrydiodd yn ei chlust
approaching the Cat, he whispered into her ear

"Pe bai'r holl gathod yn debyg i chi, pa mor ffodus fyddai'r llygod yn!"
"If all cats resembled you, how fortunate the mice would be!"
"Ac yn awr, beth wyt ti'n ei wneud yma?" gofynnodd y Llwynog
"And now, what are you doing here?" asked the Fox
"Rwy'n aros am fy nhad," atebodd y pyped
"I am waiting for my papa," answered the puppet
"Dw i'n disgwyl iddo fe ddod ar unrhyw adeg nawr"
"I am expecting him to arrive at any moment now"
"A beth am dy ddarnau aur?"
"And what about your pieces of gold?"
"Rwyf wedi eu cael yn fy mhoced," cadarnhaodd Pinocchio
"I have got them in my pocket," confirmed Pinocchio
er bod yn rhaid iddo egluro ei fod wedi treulio un darn arian
although he had to explain that he had spent one coin
Roedd cost eu pryd wedi dod i un darn o aur
the cost of their meal had come to one piece of gold
Ond dywedodd wrthyn nhw am beidio â phoeni am hynny
but he told them not to worry about that
ond roedd y Llwynog a'r Cat yn poeni amdano
but the Fox and the Cat did worry about it
"Pam nad ydych chi'n gwrando ar ein cyngor?"
"Why do you not listen to our advice?"
"Erbyn yfory fe allech chi gael un neu ddwy fil."
"by tomorrow you could have one or two thousand!"
"Pam na fyddech chi'n eu claddu nhw ym maes gwyrthiau?"
"Why don't you bury them in the Field of Miracles?"
"Heddiw mae'n amhosibl," atebodd Pinocchio
"Today it is impossible," objected Pinocchio
"Ond peidiwch â phoeni, mi af i ddiwrnod arall"
"but don't worry, I will go another day"
"Diwrnod arall bydd hi'n rhy hwyr!" meddai'r Fox
"Another day it will be too late!" said the Fox
"Pam ei bod hi'n rhy hwyr?" gofynnodd Pinocchio
"Why would it be too late?" asked Pinocchio
"Oherwydd bod y cae wedi cael ei brynu gan ŵr bonheddig"

"Because the field has been bought by a gentleman"
"Ar ôl yfory ni fydd neb yn cael claddu arian yno"
"after tomorrow no one will be allowed to bury money there"
Pa mor bell i ffwrdd yw maes y gwyrthiau?
"How far off is the Field of Miracles?"
'Llai na dwy filltir o'r fan hon'
"It is less than two miles from here"
"A wnewch chi ddod gyda ni?" gofynnodd y Llwynog
"Will you come with us?" asked the Fox
"Mewn hanner awr gallwn ni fod yno"
"In half an hour we can be there"
"Gallwch chi gladdu eich arian ar unwaith"
"You can bury your money straight away"
"Ac ymhen ychydig funudau byddwch yn casglu dwy fil o ddarnau arian"
"and in a few minutes you will collect two thousand coins"
"A heno, dychwelwch gyda'ch pocedi'n llawn"
"and this evening you will return with your pockets full"
"A wnewch chi ddod gyda ni?" gofynnodd y Fox eto
"Will you come with us?" the Fox asked again
Pinocchio meddwl am y Tylwyth Teg da
Pinocchio thought of the good Fairy
a Pinocchio yn meddwl am hen Geppetto
and Pinocchio thought of old Geppetto
ac roedd yn cofio rhybuddion y criced bach yn siarad
and he remembered the warnings of the talking little cricket
Ac efe a betrusodd ychydig cyn ateb
and he hesitated a little before answering
erbyn hyn rydych chi'n gwybod pa fath o fachgen Pinocchio yw
by now you know what kind of boy Pinocchio is
Mae Pinocchio yn un o'r bechgyn hynny heb lawer o synnwyr
Pinocchio is one of those boys without much sense
Daeth i ben trwy roi ychydig o ysgwyd i'w ben
he ended by giving his head a little shake
ac yna dywedodd wrth y Fox a'r Cat ei gynlluniau

and then he told the Fox and the Cat his plans
"Gadewch i ni fynd: Mi ddof gyda thi"
"Let us go: I will come with you"
ac aethant i faes gwyrthiau
and they went to the field of miracles
Cerddon nhw am hanner diwrnod a chyrraedd tref
they walked for half a day and reached a town
Y dref oedd y trap ar gyfer Blockheads
the town was the Trap for Blockheads
Pinocchio sylwi ar rywbeth diddorol am y dref hon
Pinocchio noticed something interesting about this town
Ym mhob man lle roeddech chi'n edrych, roedd cŵn
everywhere where you looked there were dogs
Roedd y cŵn i gyd yn hwylio o newyn
all the dogs were yawning from hunger
Ac efe a welodd ddefaid corn yn crynu ag oerfel
and he saw shorn sheep trembling with cold
roedd hyd yn oed y ceiliogod yn becso am ŷd Indiaidd
even the cockerels were begging for Indian corn
roedd glöynnod byw mawr na allent hedfan mwyach
there were large butterflies that could no longer fly
am eu bod wedi gwerthu eu hadenydd lliw hardd
because they had sold their beautiful coloured wings
roedd peunod oedd â chywilydd o gael eu gweld
there were peacocks that were ashamed to be seen
am eu bod wedi gwerthu eu cynffonau lliwgar hardd
because they had sold their beautiful coloured tails
ac aeth ffesantod yn crafu o gwmpas mewn modd gostyngol
and pheasants went scratching about in a subdued fashion
Roedden nhw'n galaru am eu plu aur ac arian
they were mourning for their gold and silver feathers
Roedd y rhan fwyaf yn greaduriaid a chywilydd
most were beggars and shamefaced creatures
ond yn eu plith rhyw gerbyd arglwyddol a basiodd
but among them some lordly carriage passed
roedd y cerbydau yn cynnwys Llwynog, neu Magpie lleidr
the carriages contained a Fox, or a thieving Magpie

neu'r cerbyd yn eistedd rhyw aderyn ysglyfaethus ravenous arall
or the carriage seated some other ravenous bird of prey

"Ble mae Maes y Gwyrthiau?" gofynnodd Pinocchio
"And where is the Field of Miracles?" asked Pinocchio

"Mae yma, nid dau gam oddi wrthym"
"It is here, not two steps from us"

Aethant dros y dref a chroesi mur
They crossed the town and and went over a wall

ac yna daethant i faes unig
and then they came to a solitary field

"Dyma ni," meddai'r Llwynog wrth y pyped
"Here we are," said the Fox to the puppet

"Yn awr, ymgryma a chloddio â'th ddwylo ychydig o dwll"
"Now stoop down and dig with your hands a little hole"

"a rhoi dy ddarnau aur yn y twll"
"and put your gold pieces into the hole"

Ufuddhaodd Pinocchio i'r hyn yr oedd y llwynog wedi'i ddweud wrtho
Pinocchio obeyed what the fox had told him

Cloddiodd dwll a rhoi'r pedwar darn aur ynddo.
He dug a hole and put into it the four gold pieces

ac yna llenwi'r twll ag ychydig o ddaear
and then he filled up the hole with a little earth

"Nawr, felly," meddai'r Fox, "ewch i'r gamlas honno yn agos atom"
"Now, then," said the Fox, "go to that canal close to us"

'Nôl bwced o ddŵr o'r gamlas'
"fetch a bucket of water from the canal"

"Dyfrhewch y ddaear lle yr heuasoch yr aur"
"water the ground where you have sowed the gold"

Aeth Pinocchio i'r gamlas heb fwced
Pinocchio went to the canal without a bucket

Gan nad oedd ganddo fwced, tynnodd un o'i hen esgidiau
as he had no bucket, he took off one of his old shoes

a llanwodd ei esgid â dŵr
and he filled his shoe with water

ac yna fe ddyfrhaodd y ddaear dros y twll
and then he watered the ground over the hole
Yna gofynnodd, "A oes unrhyw beth arall i'w wneud?
He then asked, "Is there anything else to be done?
'Nid oes angen i chi wneud unrhyw beth arall,' atebodd y Fox
"you need not do anything else," answered the Fox
'Does dim angen i ni aros yma'
"there is no need for us to stay here"
"Gallwch ddychwelyd o fewn 20 munud"
"you can return in about twenty minutes"
"Yna fe gei di hyd i lwyni yn y ddaear."
"and then you will find a shrub in the ground"
"Bydd canghennau'r goeden yn cael eu llwytho ag arian"
"the tree's branches will be loaded with money"
Roedd y pyped tlawd wrth ei hun gyda llawenydd
The poor puppet was beside himself with joy
diolchodd i'r Llwynog a'r Cat fil o weithiau
he thanked the Fox and the Cat a thousand times
Ac addawodd iddynt lawer o anrhegion hardd
and he promised them many beautiful presents
"Nid ydym yn dymuno am unrhyw anrhegion," atebodd y ddau gathod
"We wish for no presents," answered the two rascals
"Mae'n ddigon i ni fod wedi eich dysgu sut i gyfoethogi'ch hun"
"It is enough for us to have taught you how to enrich yourself"
"Does dim byd gwaeth na gweld pobl eraill yn gwneud gwaith caled"
"there is nothing worse than seeing others do hard work"
"Rydyn ni mor hapus â phobl allan am wyliau"
"and we are as happy as people out for a holiday"
Gan ddweud hyn, fe wnaethant gymryd caniatâd Pinocchio
Thus saying, they took leave of Pinocchio
a ddymunasant iddo gynhaeaf da
and they wished him a good harvest
Yna aethant o gwmpas eu busnes

and then they went about their business

Pinocchio yn dwyn ei arian
Pinocchio is Robbed of his Money

Dychwelodd y pyped i'r dref
The puppet returned to the town
a dechreuodd gyfri'r munudau fesul un
and he began to count the minutes one by one
ac yn fuan meddyliodd ei fod wedi cyfrif yn ddigon hir
and soon he thought he had counted long enough
Felly cymerodd y ffordd sy'n arwain at Faes y Gwyrthiau
so he took the road leading to the Field of Miracles
Ac fe gerddodd ynghyd â grisiau brysiog
And he walked along with hurried steps
a'i galon yn curo'n gyflym gyda chyffro mawr
and his heart beat fast with great excitement
fel cloc ystafell dynnu yn mynd yn dda iawn
like a drawing-room clock going very well
Yn y cyfamser roedd yn meddwl iddo'i hun:
Meanwhile he was thinking to himself:
Beth os na fyddaf yn dod o hyd i fil o ddarnau aur?
"what if I don't find a thousand gold pieces?"
Beth os byddaf yn dod o hyd i ddwy fil o ddarnau aur yn lle hynny?
"what if I find two thousand gold pieces instead?"
"Beth os na fydda i'n dod o hyd i ddwy fil o ddarnau aur?"
"but what if I don't find two thousand gold pieces?"
"Beth os byddaf yn dod o hyd i bum mil o ddarnau aur!"
"what if I find five thousand gold pieces!"
"Beth os byddaf yn dod o hyd i gant mil o ddarnau aur?"
"what if I find a hundred thousand gold pieces??"
"O! am ddyn bonheddig gwych y dylwn i fod wedyn!"
"Oh! what a fine gentleman I should then become!"
"Roeddwn i'n gallu byw mewn tŷ hardd iawn"
"I could live in a beautiful palace"

"A byddai gen i fil o geffylau pren bach"
"and I would have a thousand little wooden horses"
"seler yn llawn gwin cyrens a surop melys"
"a cellar full of currant wine and sweet syrups"
"a llyfrgell yn eithaf llawn candies a dartiau"
"and a library quite full of candies and tarts"
"ac mi fyddai gen i eirin a macaroons"
"and I would have plum-cakes and macaroons"
"a byddwn i'n cael bisgedi gyda hufen"
"and I would have biscuits with cream"
Cerddodd ar hyd adeiladu cestyll yn yr awyr
he walked along building castles in the sky
ac efe a adeiladodd lawer o'r cestyll hyn yn y nef
and he build many of these castles in the sky
ac yn y diwedd cyrhaeddodd ymyl y cae
and eventually he arrived at the edge of the field
ac fe stopiodd i chwilio am goeden
and he stopped to look about for a tree
Roedd coed eraill yn y maes
there were other trees in the field
ond roedden nhw wedi bod yno pan oedd wedi gadael
but they had been there when he had left
ac ni welodd efe goed arian yn yr holl gaeau.
and he saw no money tree in all the field
Cerddodd ar hyd y cae gan arall o risiau
He walked along the field another hundred steps
ond ni allai ddod o hyd i'r goeden yr oedd yn chwilio
amdani
but he couldn't find the tree he was looking for
Yna aeth i mewn i'r maes
he then entered into the field
Ac efe a aeth i fyny i'r twll bychan
and he went up to the little hole
y twll lle y claddwyd ei ddarnau arian
the hole where he had buried his coins
ac edrychodd yn ofalus iawn ar y twll
and he looked at the hole very carefully

ond yn bendant doedd dim coeden yn tyfu yno
but there was definitely no tree growing there
Yna daeth yn feddylgar iawn
He then became very thoughtful
ac mae'n anghofio rheolau cymdeithas
and he forget the rules of society
ac nid oedd yn gofalu am foesau da am eiliad
and he didn't care for good manners for a moment
tynnodd ei ddwylo allan o'i boced
he took his hands out of his pocket
a rhoddodd grafu hir i'w ben
and he gave his head a long scratch
Ar y foment honno clywodd ffrwydrad o chwerthin
At that moment he heard an explosion of laughter
roedd rhywun agos heibio yn chwerthin ei hun yn wirion
someone close by was laughing himself silly
Edrychodd i fyny un o'r coed gerllaw
he looked up one of the nearby trees
gwelodd Parot mawr yn clwydo ar gangen
he saw a large Parrot perched on a branch
brwsiodd y parot yr ychydig blu yr oedd wedi'u gadael
the parrot brushed the few feathers he had left
Gofynnodd Pinocchio i'r parot mewn llais dig;
Pinocchio asked the parrot in an angry voice;
Pam wyt ti'n chwerthin mor uchel?
"Why are you here laughing so loud?"
"Rwy'n chwerthin oherwydd wrth frwsio fy plu"
"I am laughing because in brushing my feathers"
"Roeddwn i'n brwsio ychydig o dan fy adenydd"
"I was just brushing a little under my wings"
"Ac wrth frwsio fy plu mi wnes i dicio fy hun"
"and while brushing my feathers I tickled myself"
Ni atebodd y pyped y parot
The puppet did not answer the parrot
ond yn hytrach aeth Pinocchio i'r gamlas
but instead Pinocchio went to the canal
llanwodd ei hen esgid yn llawn o ddŵr eto

he filled his old shoe full of water again
ac aeth ymlaen i ddyfrhau'r twll unwaith eto
and he proceeded to water the hole once more
Tra roedd yn brysur yn gwneud hyn clywodd fwy o chwerthin
While he was busy doing this he heard more laughter
Roedd chwerthin hyd yn oed yn fwy amlwg nag o'r blaen
the laughter was even more impertinent than before
canodd yn nhawelwch y lle unig hwnnw
it rang out in the silence of that solitary place
Gwaeddodd Pinocchio allan hyd yn oed yn angrier nag o'r blaen
Pinocchio shouted out even angrier than before
"Unwaith am byth, a gaf i wybod beth ydych chi'n chwerthin amdano?"
"Once for all, may I know what you are laughing at?"
"Rwy'n chwerthin ar simpletons," atebodd y parot
"I am laughing at simpletons," answered the parrot
"Simpletons sy'n credu mewn pethau ffôl
"simpletons who believe in foolish things
"y pethau ffôl y mae pobl yn eu dweud wrthyn nhw"
"the foolish things that people tell them"
"Rwy'n chwerthin ar y rhai sy'n gadael iddyn nhw gael eu twyllo"
"I laugh at those who let themselves be fooled"
"Twyllo gan y rhai yn fwy cyfrwys nag ydyn nhw"
"fooled by those more cunning than they are"
"Wyt ti efallai yn siarad amdana i?"
"Are you perhaps speaking of me?"
"Ydw, rwy'n siarad amdanoch chi, Pinocchio druan"
"Yes, I am speaking of you, poor Pinocchio"
"Roeddech chi'n credu rhywbeth ffôl iawn"
"you have believed a very foolish thing"
"Rydych chi'n credu y gellir tyfu arian mewn caeau"
"you believed that money can be grown in fields"
"roeddech chi'n meddwl y gellir tyfu arian fel ffa"
"you thought money can be grown like beans"

"Roeddwn i hefyd yn ei gredu unwaith," cyfaddefodd y parot
"I also believed it once," admitted the parrot
"A heddiw dw i'n dioddef am fod wedi credu'r peth"
"and today I am suffering for having believed it"
"Ond dw i wedi dysgu fy ngwers o'r tric yna"
"but I have learned my lesson from that trick"
"Fe wnes i droi fy ymdrechion i weithio'n onest"
"I turned my efforts to honest work"
"A dwi wedi rhoi ychydig o geiniogau at ei gilydd"
"and I have put a few pennies together"
"Mae angen gwybod sut i ennill eich ceiniogau"
"it is necessary to know how to earn your pennies"
"Mae'n rhaid i chi eu hennill nhw naill ai gyda'ch dwylo"
"you have to earn them either with your hands"
"Neu mae'n rhaid i chi eu hennill gyda'ch ymennydd"
"or you have to earn them with your brains"
'Dwi ddim yn dy ddeall di,' meddai'r pyped
"I don't understand you," said the puppet
Ac roedd eisoes yn crynu gydag ofn
and he was already trembling with fear
"Byddwch yn amyneddgar!" ailymunodd â'r parot
"Have patience!" rejoined the parrot
"Byddaf yn esbonio fy hun yn well, os ydych yn gadael i mi"
"I will explain myself better, if you let me"
'Rhywbeth y mae'n rhaid i chi ei wybod'
"there is something that you must know"
'Rhywbeth a ddigwyddodd pan oeddech yn y dref'
"something happened while you were in the town"
'Y Llwynog a'r Cat yn dychwelyd i'r cae'
"the Fox and the Cat returned to the field"
'Cymerasant yr arian yr oeddech wedi ei gladdu'
"they took the money you had buried"
"Ac yna fe wnaethon nhw ffoi o safle'r drosedd"
"and then they fled from the scene of the crime"
"Ac yn awr yr hwn a'u dalia hwynt, a fydd ddoeth."
"And now he that catches them will be clever"

Arhosodd Pinocchio gyda'i geg ar agor
Pinocchio remained with his mouth open
a dewisodd beidio â chredu geiriau'r Parrot
and he chose not to believe the Parrot's words
Dechreuodd gyda'i ddwylo i gloddio'r ddaear
he began with his hands to dig up the earth
Ac efe a gloddiodd yn ddwfn i'r ddaear
And he dug deep into the ground
Gallai rhic o wellt fod wedi sefyll yn y twll
a rick of straw could have stood in the hole
Ond nid oedd yr arian yno mwyach
but the money was no longer there
Rhuthrodd yn ôl i'r dref mewn cyflwr o anobaith
He rushed back to the town in a state of desperation
ac aeth ar unwaith i'r Llysoedd Cyfiawnder
and he went at once to the Courts of Justice
Siaradodd yn uniongyrchol â'r barnwr
and he spoke directly with the judge
gwadodd y ddau gwas oedd wedi ei ladrata
he denounced the two knaves who had robbed him
Roedd y beirniad yn ape mawr o lwyth Gorilla
The judge was a big ape of the gorilla tribe
hen epa parchus oherwydd ei farf wen
an old ape respectable because of his white beard
ac roedd yn barchus am resymau eraill
and he was respectable for other reasons
am fod ganddo sbectol aur ar ei drwyn
because he had gold spectacles on his nose
Er hynny, roedd ei sbectol heb wydr
although, his spectacles were without glass
Ond roedd bob amser yn rhaid iddo ei wisgo
but he was always obliged to wear them
oherwydd bod y llygaid yn chwyddo
on account of an inflammation of the eyes

Dywedodd Pinocchio wrtho am y drosedd
Pinocchio told him all about the crime
y drosedd yr oedd wedi dioddef ohono
the crime of which he had been the victim of
Rhoddodd iddo'r enwau a'r cyfenwau
He gave him the names and the surnames
a rhoddodd holl fanylion y rascals
and he gave all the details of the rascals
a daeth i ben drwy fynnu cael cyfiawnder
and he ended by demanding to have justice
Gwrandawodd y barnwr â bendith mawr
The judge listened with great benignity
Cymerodd ddiddordeb byw yn y stori
he took a lively interest in the story
Roedd wedi cynhyrfu'n fawr ac yn cael ei syfrdanu gan yr hyn a glywodd
he was much touched and moved by what he heard
O'r diwedd doedd gan y pyped ddim byd pellach i'w

ddweud
finally the puppet had nothing further to say
ac yna canodd y Gorilla gloch
and then the gorilla rang a bell
Dau gamlas yn ymddangos wrth y drws
two mastiffs appeared at the door
Roedd y cŵn wedi eu gwisgo fel gendarmes
the dogs were dressed as gendarmes
Yna cyfeiriodd y barnwr at Pinocchio
The judge then pointed to Pinocchio
"Mae'r diafol tlawd hwnnw wedi cael ei ladrata"
"That poor devil has been robbed"
"Cymerodd Rascals bedwar darn aur oddi wrtho"
"rascals took four gold pieces from him"
"Ewch ag ef i'r carchar ar unwaith," gorchmynnodd
"take him away to prison immediately," he ordered
Petrified y pyped wrth glywed hyn
The puppet was petrified on hearing this
Nid oedd yn y dyfarniad cyfan yr oedd wedi disgwyl
it was not at all the judgement he had expected
a cheisiodd brotestio'r barnwr
and he tried to protest the judge
Ond stopiodd y gendarmes ei geg
but the gendarmes stopped his mouth
Doedden nhw ddim eisiau colli unrhyw amser
they didn't want to lose any time
A hwy a'i dygasant ef i'r carchar
and they carried him off to the prison
Ac yno y bu am bedwar mis hir
And there he remained for four long months
a byddai wedi aros yno hyd yn oed yn hirach
and he would have remained there even longer
ond weithiau mae gan bypedau ffortiwn dda hefyd
but puppets do sometimes have good fortune too
Brenin ifanc yn rheoli dros y Trap ar gyfer Blockheads
a young King ruled over the Trap for Blockheads
Roedd wedi ennill buddugoliaeth wych mewn brwydr

he had won a splendid victory in battle
oherwydd hyn gorchmynnodd lawenhau cyhoeddus mawr
because of this he ordered great public rejoicings
Roedd golau a thân gwyllt
There were illuminations and fireworks
ac roedd rasys ceffylau a velocipede
and there were horse and velocipede races
Roedd y brenin mor hapus ei fod wedi rhyddhau pob carcharor
the King was so happy he released all prisoners
Roedd Pinocchio yn hapus iawn gyda'r newyddion hyn
Pinocchio was very happy at this news
"Os ydyn nhw'n rhydd, yna rydw i hefyd"
"if they are freed, then so am I"
Ond roedd gan y carcharor orchmynion eraill
but the jailor had other orders
'Na, nid chi,' meddai'r carcharor
"No, not you," said the jailor
'Am nad ydych yn perthyn i'r dosbarth ffodus'
"because you do not belong to the fortunate class"
"Rwy'n erfyn ar eich pardon," atebodd Pinocchio
"I beg your pardon," replied Pinocchio
"Rydw i hefyd yn droseddwr," meddai gyda balchder
"I am also a criminal," he proudly said
Edrychodd y carcharor ar Pinocchio eto
the jailor looked at Pinocchio again
"Yn yr achos hwn, rydych chi'n hollol gywir"
"In that case you are perfectly right"
Ac efe a dynnodd ymaith ei het
and he took off his hat
Ac efe a ymgrymodd iddo ef yn barchus
and he bowed to him respectfully
Ac efe a agorodd ddrysau y carchar
and he opened the prison doors
ac fe adawodd i'r pyped bach ddianc
and he let the little puppet escape

Pinocchio yn mynd yn ôl i dŷ tylwyth teg
Pinocchio Goes back to the Fairy's House

Gallwch ddychmygu llawenydd Pinocchio
You can imagine Pinocchio's joy
O'r diwedd cafodd ei ryddhau ar ôl pedwar mis
finally he was free after four months
Ond ni wnaeth stopio er mwyn dathlu
but he didn't stop in order to celebrate
Yn lle hynny, gadawodd y dref ar unwaith
instead, he immediately left the town
cymerodd y ffordd a arweiniodd at dŷ'r Tylwyth Teg
he took the road that led to the Fairy's house
Cafwyd llawer o law yn ystod y dyddiau diwethaf
there had been a lot of rain in recent days
felly roedd y ffordd wedi mynd yn gorsiog a chors
so the road had become a went boggy and marsh
a suddodd Pinocchio ben-glin yn ddwfn i'r mwd
and Pinocchio sank knee deep into the mud

Ond doedd y pyped ddim yn un i roi'r gorau iddi
But the puppet was not one to give up
poenydiwyd ef gan yr awydd i weld ei dad
he was tormented by the desire to see his father
Roedd hefyd eisiau gweld ei chwaer fach eto
and he wanted to see his little sister again too
ac efe a redodd trwy'r gors fel milgwn
and he ran through the marsh like a greyhound
ac wrth iddo redeg cafodd ei sblasio â mwd
and as he ran he was splashed with mud
ac fe'i gorchuddiwyd o ben i droed
and he was covered from head to foot
Ac meddai wrtho'i hun wrth fynd ymlaen:
And he said to himself as he went along:
'Faint o drychinebau sydd wedi digwydd i mi'
"How many misfortunes have happened to me"
"Ond roeddwn i'n haeddu'r anffawd yma"
"But I deserved these misfortunes"
"Oherwydd fy mod i'n byped obstinate, angerddol"
"because I am an obstinate, passionate puppet"
"Rwyf bob amser yn benderfynol o gael fy ffordd fy hun"
"I am always bent upon having my own way"
"Dydw i ddim yn gwrando ar y rhai sy'n dymuno'n dda i mi"
"and I don't listen to those who wish me well"
"Mae ganddyn nhw fil gwaith yn fwy o synnwyr na fi!"
"they have a thousand times more sense than I!"
"Ond o hyn ymlaen, rwy'n benderfynol o newid"
"But from now I am determined to change"
"Byddaf yn drefnus ac yn ufudd"
"I will become orderly and obedient"
'Rydw i wedi gweld beth ddigwyddodd'
"because I have seen what happened"
'Nid oes gan fechgyn anufudd fywyd hawdd'
"disobedient boys do not have an easy life"
'Dydyn nhw ddim yn dda ac yn ennill dim byd'
"they come to no good and gain nothing"
"A yw fy nhad wedi aros amdanaf?"

"And has my papa waited for me?"
"A fyddaf yn dod o hyd iddo yn nhŷ'r Tylwyth Teg?"
"Shall I find him at the Fairy's house?"
"Mae wedi bod mor hir ers i mi ei weld ddiwethaf"
"it has been so long since I last saw him"
"Rwy'n marw i'w gofleidio eto"
"I am dying to embrace him again"
"Alla i ddim aros i'w orchuddio â chusanau!"
"I can't wait to cover him with kisses!"
"A fydd y Tylwyth Teg yn maddau i mi fy ymddygiad gwael?"
"And will the Fairy forgive me my bad conduct?"
"Meddwl am yr holl garedigrwydd ges i ganddi"
"To think of all the kindness I received from her"
"Pa mor gariadus oedd hi'n gofalu amdanaf"
"oh how lovingly did she care for me"
"Dw i'n byw nawr, mae arna i ddyled iddi hi!"
"that I am now alive I owe to her!"
"Allwch chi ddod o hyd i fachgen mwy anniolchgar"
"could you find a more ungrateful boy"
"Oes bachgen gyda llai o galon na fi?"
"is there a boy with less heart than I have?"
Tra roedd yn dweud hyn fe stopiodd yn sydyn
Whilst he was saying this he stopped suddenly
Roedd yn ofni marwolaeth
he was frightened to death
Gwnaeth bedwar cam yn ôl
and he made four steps backwards
Beth welodd Pinocchio?
What had Pinocchio seen?
Roedd wedi gweld neidr enfawr
He had seen an immense Serpent
Ymestynnwyd y neidr ar draws y ffordd
the snake was stretched across the road
Roedd croen y neidr yn lliw gwyrdd glaswellt
the snake's skin was a grass green colour
ac roedd ganddo lygaid coch yn ei ben

and it had red eyes in its head
ac roedd ganddi gynffon hir a phwyntiog
and it had a long and pointed tail
ac roedd y gynffon yn ysmygu fel simnai
and the tail was smoking like a chimney

Byddai'n amhosib dychmygu braw y pyped
It would be impossible to imagine the puppet's terror
Cerddodd i ffwrdd i bellter diogel
He walked away to a safe distance
ac efe a eisteddodd ar garnedd o gerrig
and he sat on a heap of stones
yno y disgwyliasai nes i'r sarff orffen
there he waited until the Serpent had finished
cyn bo hir dylai busnes y sarff yn cael ei wneud
soon the Serpent's business should be done
Arhosodd am awr; Dwy awr; Tair awr
He waited an hour; two hours; three hours

Ond roedd y sarff yno bob amser
but the Serpent was always there
Hyd yn oed o bellter roedd yn gallu gweld ei lygaid tanllyd
even from a distance he could see his fiery eyes
ac roedd yn gallu gweld y golofn o fwg
and he could see the column of smoke
y mwg a esgynnodd o ddiwedd ei gynffon
the smoke that ascended from the end of his tail
O'r diwedd ceisiodd Pinocchio deimlo'n ddewr
At last Pinocchio tried to feel courageous
Ac efe a aeth ato o fewn ychydig o gamau
and he approached to within a few steps
siaradodd â'r sarff mewn llais meddal
he spoke to the Serpent in a little soft voice
"Esgusodwch fi, syr, sarff," mynodd
"Excuse me, Sir Serpent," he insinuated
"Fyddi di'n dda am symud ychydig?"
"would you be so good as to move a little?"
"Dim ond cam i'r ochr, os gallwch chi"
"just a step to the side, if you could"
Efallai ei fod hefyd wedi siarad â'r wal
He might as well have spoken to the wall
Dechreuodd eto yn yr un llais meddal:
He began again in the same soft voice:
"Os gwelwch yn dda, Syr Serpent, yr wyf ar fy ffordd adref"
"please know, Sir Serpent, I am on my way home"
'Mae fy nhad yn disgwyl amdana i'
"my father is waiting for me"
"Mae wedi bod yn amser hir ers i mi ei weld e!"
"and it has been such a long time since I saw him!"
"A wnewch chi ganiatáu i mi barhau?"
"Will you, therefore, allow me to continue?"
Roedd yn aros am arwydd mewn ateb i'r cais hwn
He waited for a sign in answer to this request
Ond wnaeth y neidr ddim ateb
but the snake made no answer
Hyd at y foment honno roedd y sarff wedi bod yn sbesial

up to that moment the serpent had been sprightly
Hyd yn hyn, roedd yn llawn bywyd
up until then it had been full of life
ond yn awr daeth yn ddi-symud a bron yn anhyblyg
but now he became motionless and almost rigid
Caeodd ei lygaid a rhoi'r gorau i ysmygu
He shut his eyes and his tail ceased smoking
"Ydy e'n gallu bod yn farw?" meddai Pinocchio
"Can he really be dead?" said Pinocchio
a rhwbio ei ddwylo â hyfrydwch
and he rubbed his hands with delight
Penderfynodd neidio drosto
He decided to jump over him
Ac yna gallai gyrraedd yr ochr arall i'r ffordd
and then he could reach the other side of the road
Cymerodd Pinocchio ychydig yn rhedeg i fyny
Pinocchio took a little run up
ac aeth i neidio dros y neidr
and he went to jump over the snake
ond yn sydyn cododd y sarff ei hun ar ddiwedd
but suddenly the Serpent raised himself on end
fel set gwanwyn yn symud
like a spring set in motion
a stopiodd y pyped mewn amser yn unig
and the puppet stopped just in time
Stopiodd ei draed rhag neidio
he stopped his feet from jumping
ac efe a syrthiodd i'r llawr
and he fell to the ground
syrthiodd braidd yn lletchwith i'r mwd
he fell rather awkwardly into the mud
aeth ei ben yn sownd yn y mwd
his head got stuck in the mud
a'i goesau yn mynd i'r awyr
and his legs went into the air
Aeth y sarff i mewn i gythrwfl chwerthin
the Serpent went into convulsions of laughter

Roedd yn chwerthin nes iddo dorri llestr gwaed
it laughed until he broke a blood-vessel
a bu farw'r neidr o'i holl chwerthin;
and the snake died from all its laughter
Y tro hwn roedd y neidr wedi marw mewn gwirionedd
this time the snake really was dead
Yna cychwynnodd Pinocchio ar redeg eto
Pinocchio then set off running again
roedd yn gobeithio cyrraedd tŷ'r Tylwyth Teg cyn iddi dywyllu
he hoped to reach the Fairy's house before dark
Ond yn fuan cafodd broblemau eraill eto
but soon he had other problems again
Dechreuodd ddioddef mor ofnadwy o newyn
he began to suffer so dreadfully from hunger
ac ni allai ddwyn y newyn mwyach.
and he could not bear the hunger any longer
Neidiodd i mewn i gae ar ochr y ffordd
he jumped into a field by the wayside
Efallai bod rhai grawnwin y gallai ei ddewis
perhaps there were some grapes he could pick
Oni bai ei fod wedi gwneud hynny yn unig!
Oh, if only he had never done it!
Prin yr oedd wedi cyrraedd y grawnwin
He had scarcely reached the grapes
Ac yna roedd sŵn "cracio"
and then there was a "cracking" sound
Cafodd ei goesau eu dal rhwng rhywbeth
his legs were caught between something
Roedd wedi camu i mewn i ddau far haearn torri
he had stepped into two cutting iron bars
Pinocchio druan yn mynd yn giddy gyda phoen
poor Pinocchio became giddy with pain
sêr o bob lliw yn dawnsio o flaen ei lygaid
stars of every colour danced before his eyes
Roedd y pyped tlawd wedi cael ei ddal mewn trap
The poor puppet had been caught in a trap

fe'i rhoddwyd yno i gipio polecats
it had been put there to capture polecats

Pinocchio yn dod yn Watch-Dog
Pinocchio Becomes a Watch-Dog

Dechreuodd Pinocchio grio a sgrechian
Pinocchio began to cry and scream
ond roedd ei ddagrau a'i griddfan yn ddiwerth
but his tears and groans were useless
am nad oedd tŷ i'w weld
because there was not a house to be seen
ac nid oedd enaid byw yn mynd i lawr y ffordd
nor did living soul pass down the road
O'r diwedd daeth y noson
At last the night had come on
Roedd y trap wedi torri i mewn i'w goes
the trap had cut into his leg

daeth y boen â'r pwynt gwanhau iddo
the pain brought him the point of fainting
Roedd arno ofn bod ar ei ben ei hun
he was scared from being alone
Nid oedd yn hoffi'r tywyllwch
he didn't like the darkness
Dim ond ar y foment honno gwelodd Firefly
Just at that moment he saw a Firefly
Galwodd ar y pryf tân a dweud:
He called to the firefly and said:
"Oh Little Firefly, a wnewch chi trugarhau wrthyf?"
"Oh, little Firefly, will you have pity on me?"
"Os gwelwch yn dda rhyddhau fi o'r artaith hon"
"please liberate me from this torture"
'Bachgen bach!' meddai'r Pryf Tân
"Poor boy!" said the Firefly
Stopiodd y Firefly ac edrychodd arno gyda thosturi
the Firefly stopped and looked at him with compassion
"Mae eich coesau wedi cael eu dal gan yr heyrn miniog hynny"
"your legs have been caught by those sharp irons"
"Sut wnaethoch chi fynd i mewn i'r trap yma?
"how did you get yourself into this trap?
"Deuthum i mewn i'r maes i gasglu grawnwin"
"I came into the field to pick grapes"
"Ble wnaethoch chi blannu'ch grawnwin?"
"But where did you plant your grapes?"
'Na, nid fy grawnwin i ydyn nhw'
"No, they were not my grapes"
Pwy a'ch dysgodd i gario eiddo pobl eraill?
"who taught you to carry off other people's property?"
"Roeddwn i mor newynog," Pinocchio whimpered
"I was so hungry," Pinocchio whimpered
'Nid yw bwyd yn rheswm da'
"Hunger is not a good reason"
"Allwn ni ddim goddef yr hyn nad yw'n perthyn i ni"
"we cannot appropriated what does not belong to us"

"Mae hynny'n wir, mae hynny'n wir!" meddai Pinocchio, gan grio
"That is true, that is true!" said Pinocchio, crying
"Fydda i byth yn gwneud yr un peth eto," meddai
"I will never do it again," he promised
Ar hyn o bryd, torrwyd ar draws eu sgwrs
At this moment their conversation was interrupted
roedd swn bach yn agosáu at ôl troed
there was a slight sound of approaching footsteps
Perchennog y cae oedd yn dod ar domen
It was the owner of the field coming on tiptoe
roedd eisiau gweld os oedd wedi dal polyn
he wanted to see if he had caught a polecat
y polegath a fwytaodd ei ieir yn y nos
the polecat that ate his chickens in the night
ond cafodd ei synnu gan yr hyn oedd yn ei fagl
but he was surprised by what was in his trap
Yn lle polecat, roedd bachgen wedi cael ei ddal
instead of a polecat, a boy had been captured
"Ah, lleidr bach," meddai'r heddychwr blin,
"Ah, little thief," said the angry peasant,
"Yna ti sy'n cario fy nghlustiau?"
"then it is you who carries off my chickens?"
"Na, dw i ddim wedi bod yn cario dy ieir i ffwrdd"
"No, I have not been carrying off your chickens"
"Dim ond i mi ddod i mewn i'r cae i gymryd dau grawnwin!"
"I only came into the field to take two grapes!"
"Gall y sawl sy'n dwyn grawnwin ddwyn cyw iâr yn hawdd"
"He who steals grapes can easily steal chicken"
"Gadewch i mi ddysgu gwers i chi"
"Leave it to me to teach you a lesson"
"Fyddwch chi ddim yn anghofio'r wers hon ar frys"
"and you won't forget this lesson in a hurry"
Wrth agor y trap, cipiodd y pyped gan y coler
Opening the trap, he seized the puppet by the collar
a'i dug ef i'w dŷ fel oen ieuanc
and he carried him to his house like a young lamb

Cyrhaeddon nhw'r iard o flaen y tŷ
they reached the yard in front of the house
a'i daflu yn fras ar y llawr
and he threw him roughly on the ground
Rhoddodd ei droed ar ei wddf a dweud wrtho:
he put his foot on his neck and said to him:
"Mae'n hwyr ac rydw i eisiau mynd i'r gwely"
"It is late and I want to go to bed"
"Byddwn yn setlo ein cyfrifon yfory"
"we will settle our accounts tomorrow"
"Bu farw'r ci a gadwodd gard yn y nos heddiw"
"the dog who kept guard at night died today"
"Byddi di'n byw yn ei le o hyn ymlaen"
"you will live in his place from now"
"Byddwch yn fy oriorau o hyn ymlaen"
"You shall be my watch-dog from now"
Cymerodd goler cŵn mawr wedi'i orchuddio â knobs pres
he took a great dog collar covered with brass knobs
ac fe strapiodd y goler cŵn o amgylch gwddf Pinocchio
and he strapped the dog collar around Pinocchio's neck
yr oedd mor dynn fel na allai dynnu ei ben allan
it was so tight that he could not pull his head out
Roedd y coler cŵn ynghlwm wrth gadwyn drom
the dog collar was attached to a heavy chain
a gosodwyd y gadwyn drom yn sownd i'r wal
and the heavy chain was fastened to the wall
"Os yw'n bwrw glaw heno, gallwch fynd i mewn i'r cwningen"
"If it rains tonight you can go into the kennel"
"Roedd gwely bach o wellt yn fy nghi tlawd yno"
"my poor dog had a little bed of straw in there"
"Cofiwch gadw'ch clustiau wedi'u pigo am ladron"
"remember to keep your ears pricked for robbers"
"Ac os gwrandewch ar ladrata, yna rhisglwch yn uchel."
"and if you hear robbers, then bark loudly"
Roedd Pinocchio wedi derbyn ei archebion am y noson
Pinocchio had received his orders for the night

Ac o'r diwedd aeth y dyn tlawd i'r gwely
and the poor man finally went to bed

Pinocchio druan yn dal i orwedd ar lawr gwlad
Poor Pinocchio remained lying on the ground
Roedd yn teimlo'n fwy marw nag yr oedd yn teimlo'n fyw
he felt more dead than he felt alive
yr oerni, a'r newyn, a'r ofn a gymerasai ei holl egni
the cold, and hunger, and fear had taken all his energy
O bryd i'w gilydd rhoddodd ei ddwylo yn drist i'r coler fynd
From time to time he put his hands angrily to the go collar
"Mae'n fy ngwasanaethu'n iawn!" meddai wrtho'i hun
"It serves me right!" he said to himself
"Roeddwn i'n benderfynol o fod yn vagabond"
"I was determined to be a vagabond"
"Roeddwn i eisiau byw bywyd da am ddim"
"I wanted to live the life of a good-for-nothing"
"Roeddwn i'n arfer gwrando ar bobl ddrwg"
"I used to listen to bad companions"
"A dyna pam yr wyf bob amser yn cwrdd ag anffawd"
"and that is why I always meet with misfortunes"
"Pe bawn i ond yn fachgen bach da"
"if only I had been a good little boy"
"Fyddwn i ddim yng nghanol y cae"

"then I would not be in the midst of the field"
"Fyddwn i ddim yma pe bawn i wedi aros gartref"
"I wouldn't be here if I had stayed at home"
"Fyddwn i ddim yn gi gwylio pe bawn i wedi aros gyda fy nhad."
"I wouldn't be a watch-dog if I had stayed with my papa"
"Pe cawn fy ngeni o'r newydd!"
"Oh, if only I could be born again!"
"Ond nawr mae'n rhy hwyr i newid unrhyw beth"
"But now it is too late to change anything"
"Y peth gorau i'w wneud nawr yw bod yn amyneddgar!"
"the best thing to do now is having patience!"
Cafodd ei ryddhau gan y ffrwydrad bach hwn
he was relieved by this little outburst
am ei fod wedi dod yn syth o'i galon
because it had come straight from his heart
Ac aeth i mewn i'r ci-kennel a syrthio i gysgu
and he went into the dog-kennel and fell asleep

Pinocchio yn darganfod y lladron
Pinocchio Discovers the Robbers

Roedd wedi bod yn cysgu'n drwm am tua dwy awr
He had been sleeping heavily for about two hours
yna fe'i cyffrowyd gan sibrwd rhyfedd
then he was aroused by a strange whispering
Roedd y lleisiau rhyfedd yn dod o'r cwrt
the strange voices were coming from the courtyard
rhoddodd bwynt ei drwyn allan o'r cennel
he put the point of his nose out of the kennel
Ac efe a welodd bedwar bwystfil bach gyda ffwr tywyll
and he saw four little beasts with dark fur
Roedden nhw'n edrych fel cathod yn gwneud cynllun
they looked like cats making a plan
Ond nid cathod oedden nhw, roedden nhw'n polecats
But they were not cats, they were polecats

Beth yw polecats yw anifeiliaid bach cigysol
what polecats are are carnivorous little animals
Maent yn arbennig o farus ar gyfer wyau ac ieir ifanc
they are especially greedy for eggs and young chickens
Daeth un o'r polecats i agoriad y kennel
One of the polecats came to the opening of the kennel
Siaradodd mewn llais isel, "Nos da, Melampo"
he spoke in a low voice, "Good evening, Melampo"
"Nid Melampo yw fy enw," atebodd y pyped
"My name is not Melampo," answered the puppet
"O! "Pwy wyt ti?" gofynnodd y polecat
"Oh! then who are you?" asked the polecat
"Rwy'n Pinocchio," atebodd Pinocchio
"I am Pinocchio," answered Pinocchio
"Beth wyt ti'n wneud yma?"
"And what are you doing here?"
"Rwy'n gweithredu fel ci gwylio," cadarnhaodd Pinocchio
"I am acting as watch-dog," confirmed Pinocchio
"Ble mae Melampo?" holodd y polecat
"Then where is Melampo?" wondered the polecat
"Ble mae'r hen gi oedd yn byw yn y cwningen yma?"
"Where is the old dog who lived in this kennel?"
"Bu farw y bore 'ma," meddai Pinocchio.
"He died this morning," Pinocchio informed
A yw'n farw? Bwystfil gwael! Roedd e mor dda"
"Is he dead? Poor beast! He was so good"
"Ond byddwn i'n dweud eich bod chi hefyd yn gi da"
"but I would say that you were also a good dog"
"Gallaf ei weld yn eich wyneb"
"I can see it in your face"
"Rwy'n erfyn ar eich pardon, nid wyf yn gi"
"I beg your pardon, I am not a dog"
Ddim yn gi? Felly beth ydych chi?"
"Not a dog? Then what are you?"
"Rwy'n byped," cywirodd Pinocchio
"I am a puppet," corrected Pinocchio
"Ydych chi'n gweithredu fel ci gwarchod?"

"And you are acting as watch-dog?"
'Rydych yn deall y sefyllfa nawr'
"now you understand the situation"
"Rwyf wedi cael fy ngwneud yn gi gwylio fel cosb"
"I have been made to be a watch dog as a punishment"
"Wel, yna byddwn yn dweud wrthych beth yw'r fargen"
"well, then we shall tell you what the deal is"
"yr un fargen a gawsom gyda'r ymadawedig Melampo"
"the same deal we had with the deceased Melampo"
"Rwy'n siŵr y byddwch yn cytuno i'r cytundeb"
"I am sure you will be agree to the deal"
"Beth yw amodau'r cytundeb hwn?"
"What are the conditions of this deal?"
"Un noson yr wythnos byddwn yn ymweld â'r iard dofednod"
"one night a week we will visit the poultry-yard"
"A byddwch yn caniatáu i ni gario wyth ieir"
"and you will allow us to carry off eight chickens"
"O'r rhain mae saith ieirll i'w bwyta gennym ni"
"Of these chickens seven are to be eaten by us"
"A byddwn yn rhoi un cyw iâr i chi"
"and we will give one chicken to you"
"Mae diwedd y fargen yn hawdd iawn"
"your end of the bargain is very easy"
"Y cyfan sy'n rhaid i chi ei wneud yw esgus bod yn cysgu"
"all you have to do is pretend to be asleep"
"A pheidiwch â chael unrhyw syniadau am farcio"
"and don't get any ideas about barking"
"Ni fyddwch yn deffro'r werin pan ddown ni"
"you are not to wake the peasant when we come"
"A wnaeth Melampo weithredu fel hyn?" gofynnodd Pinocchio
"Did Melampo act in this manner?" asked Pinocchio
"Dyna'r cytundeb gawson ni gyda Melampo"
"that is the deal we had with Melampo"
"Ac roedden ni bob amser ar y telerau gorau gydag e
"and we were always on the best terms with him

"Cysgu yn dawel a gadael i ni wneud ein busnes"
"sleep quietly and let us do our business"
"Ac yn y bore cewch gyw iâr hardd"
"and in the morning you will have a beautiful chicken"
"Bydd yn barod ar gyfer eich brecwast yfory"
"it will be ready plucked for your breakfast tomorrow"
"Ydyn ni wedi deall ein gilydd yn glir?"
"Have we understood each other clearly?"
'Dim ond yn rhy glir!' atebodd Pinocchio
"Only too clearly!" answered Pinocchio
ac ysgydwodd ei ben yn fygythiol
and he shook his head threateningly
fel pe baech yn dweud: "Byddwch yn clywed am hyn yn fuan!"
as if to say: "You shall hear of this shortly!"
Roedd y pedwar polecats yn meddwl bod ganddyn nhw fargen
the four polecats thought that they had a deal
felly fe wnaethant barhau i'r iard dofednod
so they continued to the poultry-yard
Yn gyntaf fe wnaethant agor y drws gyda'u dannedd
first they opened the gate with their teeth
ac yna fe wnaethant lithro mewn un wrth un
and then they slipped in one by one
Nid oeddent wedi bod yn y coup ieir ers amser hir
they hadn't been in the chicken-coup for long
Ond yna clywsant fod y porth wedi ei gau ar eu hôl.
but then they heard the gate shut behind them
Pinocchio oedd wedi cau'r giât
It was Pinocchio who had shut the gate
a chymerodd Pinocchio rai mesurau diogelwch ychwanegol
and Pinocchio took some extra security measures
rhoddodd faen mawr yn erbyn y giât
he put a large stone against the gate
fel hyn ni allai'r polecats fynd allan eto
this way the polecats couldn't get out again
ac yna dechreuodd Pinocchio cyfarth fel ci

and then Pinocchio began to bark like a dog
ac fe barodd yn union fel rhisgl cŵn gwylio
and he barked exactly like a watch-dog barks
clywodd y werin Pinocchio yn cyfarth
the peasant heard Pinocchio barking
Deffrodd yn gyflym a neidio allan o'r gwely
he quickly awoke and jumped out of bed
gyda'i gwn daeth i'r ffenestr
with his gun he came to the window
ac o'r ffenestr galwodd ar Pinocchio
and from the window he called to Pinocchio
"Beth sy'n bod?" gofynnodd i'r pyped
"What is the matter?" he asked the puppet
"Mae yna ladron!" atebodd Pinocchio
"There are robbers!" answered Pinocchio
"Ble maen nhw?" mynnai wybod
"Where are they?" he wanted to know
"maen nhw yn yr iard dofednod," cadarnhaodd Pinocchio
"they are in the poultry-yard," confirmed Pinocchio
"Fe ddof i lawr yn uniongyrchol," meddai'r heddychwr
"I will come down directly," said the peasant
Ac efe a ddaeth i lawr ar frys mawr
and he came down in a great hurry
Byddai wedi cymryd llai o amser i ddweud "Amen"
it would have taken less time to say "Amen"
Rhuthrodd i mewn i'r dofednod-yard
He rushed into the poultry-yard
ac yn gyflym daliodd yr holl polecats
and quickly he caught all the polecats
ac yna rhoddodd y polecats mewn sach
and then he put the polecats into a sack
Dywedodd wrthynt mewn tôn o foddhad mawr:
he said to them in a tone of great satisfaction:
"O'r diwedd rwyt ti wedi syrthio i'm dwylo i!"
"At last you have fallen into my hands!"
"Gallaf eich cosbi pe bawn i eisiau"
"I could punish you, if I wanted to"

"Ond dydw i ddim mor greulon," meddai wrthyn nhw
"but I am not so cruel," he comforted them
"Byddaf yn fy ngwneud fy hun mewn ffyrdd eraill"
"I will content myself in other ways"
"Byddaf yn mynd â chi yn y bore at y lletywr"
"I will carry you in the morning to the innkeeper"
"Bydd yn croen ac yn eich coginio fel ysgyfarnog"
"he will skin and cook you like hares"
"A byddwch chi'n cael saws melys"
"and you will be served with a sweet sauce"
"Mae'n anrhydedd nad ydych yn ei haeddu"
"It is an honour that you don't deserve"
"Rydych chi'n lwcus fy mod i mor hael gyda chi"
"you're lucky I am so generous with you"
Yna aeth at Pinocchio a'i strôc
He then approached Pinocchio and stroked him
"Sut wnaethoch chi lwyddo i ddarganfod y pedwar lleidr?"
"How did you manage to discover the four thieves?"
"Wnaeth Melampo ffyddlon erioed ddarganfod dim byd!"
"my faithful Melampo never found out anything!"
Yna gallai'r pyped fod wedi dweud wrtho y stori gyfan
The puppet could then have told him the whole story
gallai fod wedi dweud wrtho am y fargen bradus
he could have told him about the treacherous deal
Ond cofiai fod y ci wedi marw
but he remembered that the dog was dead
a'r pyped yn meddwl iddo'i hun:
and the puppet thought to himself:
"Pa ddefnydd sydd ganddo yn erbyn y meirw?"
"of what use it it accusing the dead?"
"Nid yw'r meirw gyda ni mwyach"
"The dead are no longer with us"
"Mae'n well gadael y meirw mewn heddwch!"
"it is best to leave the dead in peace!"
Aeth y heddychwr ymlaen i ofyn mwy o gwestiynau
the peasant went on to ask more questions
"Oeddach chi'n cysgu pan ddaeth y lladron?"

"were you sleeping when the thieves came?"
"Roeddwn i'n cysgu," atebodd Pinocchio
"I was asleep," answered Pinocchio
"Ond y polecats ddeffrodd fi gyda'u sgwrs"
"but the polecats woke me with their chatter"
"Daeth un o'r polecats i'r Kennel"
"one of the polecats came to the kennel"
Ceisiodd wneud cytundeb ofnadwy gyda mi
he tried to make a terrible deal with me
"Addo peidio â rhisgl a byddwn yn rhoi cyw iâr da i chi"
"promise not to bark and we'll give you fine chicken"
"Cefais fy mhrofio gan gynnig mor danllyd"
"I was offended by such an underhanded offer"
"Gallaf gyfaddef fy mod i'n byped drwg"
"I can admit that I am a naughty puppet"
"Ond mae un peth na fydda i byth yn euog ohono"
"but there is one thing I will never be guilty of"
"Fydda i ddim yn gwneud termau gyda phobl anonest!"
"I will not make terms with dishonest people!"
"Ni fyddaf yn rhannu eu henillion anonest"
"and I will not share their dishonest gains"
"Wel meddai, machgen i!" gwaeddodd y werin
"Well said, my boy!" cried the peasant
a gosododd Pinocchio ar yr ysgwydd
and he patted Pinocchio on the shoulder
"Mae teimladau o'r fath yn anrhydedd mawr i chi, fy mab"
"Such sentiments do you great honour, my boy"
"Gadewch i mi ddangos tystiolaeth i chi o fy niolchgarwch i chi"
"let me show you proof of my gratitude to you"
"Ar unwaith, byddaf yn eich rhyddhau ar unwaith"
"I will at once set you at liberty"
"Gallwch ddychwelyd adref fel y dymunwch"
"and you may return home as you please"
Ac fe dynnodd y goler cŵn o Pinocchio
And he removed the dog-collar from Pinocchio

Pinocchio yn hedfan i lan y môr
Pinocchio Flies to the Seashore

roedd coler gi wedi crogi o amgylch gwddf Pinocchio
a dog-collar had hung around Pinocchio's neck
ond erbyn hyn cafodd Pinocchio ei ryddid eto
but now Pinocchio had his freedom again
ac efe a wisgai'r bychanu ci coller dim mwy
and he wore the humiliating dog-collar no more
Rhedodd i ffwrdd ar draws y caeau
he ran off across the fields
Ac efe a redodd hyd nes iddo gyrraedd y ffordd
and he kept running until he reached the road
y ffordd a arweiniodd at dŷ'r tylwyth teg
the road that led to the Fairy's house
yn y goedwig roedd yn gallu gweld y goeden dderwen fawr
in the woods he could see the Big Oak tree
y goeden dderw fawr yr oedd wedi cael ei hongian iddi
the Big Oak tree to which he had been hung
Edrychodd Pinocchio o gwmpas i bob cyfeiriad
Pinocchio looked around in every direction
ond doedd e ddim yn gallu gweld tŷ ei chwaer
but he couldn't see his sister's house
Tŷ'r plentyn hardd gyda gwallt glas
the house of the beautiful Child with blue hair
Atafaelwyd Pinocchio gyda rhagdybiaeth drist
Pinocchio was seized with a sad presentiment
Dechreuodd redeg gyda'r holl nerth yr oedd wedi'i adael
he began to run with all the strength he had left
Mewn ychydig funudau fe gyrhaeddodd y maes
in a few minutes he reached the field
lle roedd y tŷ bach wedi sefyll unwaith
he was where the little house had once stood
Ond doedd y tŷ bach gwyn ddim yno bellach
But the little white house was no longer there
Yn lle'r tŷ gwelodd garreg marmor
Instead of the house he saw a marble stone

Ar y garreg yr englynwyd y geiriau trist hyn:
on the stone were engraved these sad words:
"Yma yn gorwedd y plentyn gyda'r gwallt glas"
"Here lies the child with the blue hair"
"cafodd ei gadael gan ei brawd bach Pinocchio"
"she was abandoned by her little brother Pinocchio"
"Ac o'r tristwch a roddodd hi i farwolaeth"
"and from the sorrow she succumbed to death"
gydag anhawster roedd wedi darllen yr epitaph hwn
with difficulty he had read this epitaph
Rwy'n eich gadael i ddychmygu teimladau'r pyped
I leave you to imagine the puppet's feelings
Syrthiodd gyda'i wyneb ar y llawr
He fell with his face on the ground
gorchuddiodd y garreg fedd gyda mil o gusanau
he covered the tombstone with a thousand kisses
ac efe a fwriodd i mewn i boen o ddagrau
and he burst into an agony of tears
Roedd yn crio trwy'r noson honno
He cried for all of that night
A phan ddaeth y bore roedd yn dal i wylo
and when morning came he was still crying
Gwaeddodd er nad oedd ganddo ddagrau ar ôl
he cried although he had no tears left
Roedd ei alarnadau yn dorcalonnus
his lamentations were heart-breaking
a'i sobs yn atseinio yn y bryniau o'i hamgylch
and his sobs echoed in the surrounding hills
Ac wrth iddo wylo dywedodd:
And while he was weeping he said:
"Oh gawd teg, pam wnaethoch chi farw?"
"Oh, little Fairy, why did you die?"
"Pam dw i ddim wedi marw yn dy le di?"
"Why did I not die instead of you?"
"Yr wyf fi sydd mor ddrygionus, tra oeddech mor dda"
"I who am so wicked, whilst you were so good"
A fy nhad? Lle gall fod ?"

"And my papa? Where can he be?"
"O, bach tylwyth teg, dywedwch wrthyf lle y gallaf ddod o hyd iddo"
"Oh, little Fairy, tell me where I can find him"
"Dw i eisiau aros gydag e bob amser"
"for I want to remain with him always"
"Dydw i ddim eisiau gadael iddo byth eto!"
"and I never want to leave him ever again!"
"Dywedwch wrthyf nad yw'n wir eich bod wedi marw!"
"tell me that it is not true that you are dead!"
"Os ydych chi'n caru'ch brawd bach, dewch yn fyw eto."
"If you really love your little brother, come to life again"
Onid yw'n ddrwg gennych fy ngweld ar fy mhen fy hun yn y byd?
"Does it not grieve you to see me alone in the world?"
"Onid yw'n drist i chi fy ngweld yn cael fy ngadael gan bawb?"
"does it not sadden you to see me abandoned by everybody?"
"Os daw llofruddion, fe'm crogant o'r pren eto."
"If assassins come they will hang me from the tree again"
"Y tro hwn, byddwn yn marw mewn gwirionedd"
"and this time I would die indeed"
"Beth alla i ei wneud ar fy mhen fy hun yn y byd?"
"What can I do here alone in the world?"
"Rwyf wedi colli chi a'm tad"
"I have lost you and my papa"
"Pwy sy'n fy ngharu i a rhoi bwyd i mi nawr?"
"who will love me and give me food now?"
"Ble fydda i'n mynd i gysgu yn y nos?"
"Where shall I go to sleep at night?"
"Pwy sy'n mynd i fy ngwneud i'n siaced newydd?"
"Who will make me a new jacket?"
"Byddai'n well gen i farw hefyd!"
"Oh, it would be better for me to die also!"
"Ni fyddai byw gant gwaith yn well"
"not to live would be a hundred times better"
"Ydw, dw i eisiau marw," meddai

"Yes, I want to die," he concluded

Ac yn ei anobaith ceisiodd rwygo ei wallt
And in his despair he tried to tear his hair

ond roedd ei gwallt wedi'i wneud o bren
but his hair was made of wood

fel na allai gael y boddhad
so he could not have the satisfaction

Dim ond wedyn fe hedfanodd Pigeon mawr dros ei ben
Just then a large Pigeon flew over his head

Stopiodd y colomen gydag adenydd distended
the pigeon stopped with distended wings

a'r colomen yn galw i lawr o uchder mawr
and the pigeon called down from a great height

"Dywedwch wrthyf, blant, beth ydych chi'n ei wneud yno?"
"Tell me, child, what are you doing there?"

"Wyt ti ddim yn gweld? Rwy'n crio!" meddai Pinocchio
"Don't you see? I am crying!" said Pinocchio

a chododd ei ben tuag at y llais
and he raised his head towards the voice

a rhwbio ei lygaid â'i siaced
and he rubbed his eyes with his jacket

"Dywedwch wrthyf," parhaodd y Pigeon
"Tell me," continued the Pigeon

"Ydych chi'n gwybod pyped o'r enw Pinocchio?"
"do you happen to know a puppet called Pinocchio?"

Pinocchio? Wyt ti wedi dweud Pinocchio?" ailadroddodd y pyped
"Pinocchio? Did you say Pinocchio?" repeated the puppet

a neidiodd yn gyflym ar ei draed
and he quickly jumped to his feet

"Dw i'n Pinocchio!" meddai gyda gobaith
"I am Pinocchio!" he exclaimed with hope

Ar yr ateb hwn disgynnodd y Pigeon yn gyflym
At this answer the Pigeon descended rapidly

Yr oedd yn fwy na thwrci
He was larger than a turkey

"Ydych chi'n nabod Geppetto?" gofynnodd.

"Do you also know Geppetto?" he asked
"Dw i'n ei nabod e! Ef yw fy nhad tlawd i!"
"Do I know him! He is my poor papa!"
"Ydy e wedi siarad trwot ti?"
"Has he perhaps spoken to you of me?"
"Wyt ti am fynd â fi ata i?"
"Will you take me to him?"
"Ydy e'n dal yn fyw?"
"Is he still alive?"
"Atebwch fi, er mwyn trugaredd"
"Answer me, for pity's sake"
"Ydy e'n dal yn fyw?"
"is he still alive??"
"Fe wnes i ei adael dri diwrnod yn ôl ar lan y môr"
"I left him three days ago on the seashore"
"Beth oedd e'n ei wneud?" Roedd yn rhaid i Pinocchio wybod
"What was he doing?" Pinocchio had to know
"Roedd e'n adeiladu cwch bach iddo'i hun"
"He was building a little boat for himself"
"Roedd e'n croesi'r môr"
"he was going to cross the ocean"
"Mae'r dyn tlawd yna wedi bod yn mynd o gwmpas y byd"
"that poor man has been going all round the world"
"Mae wedi bod yn chwilio amdanat ti"
"he has been looking for you"
"Ond doedd e ddim yn llwyddiannus i ddod o hyd i ti"
"but he had no success in finding you"
"Felly nawr bydd e'n mynd i'r gwledydd pell."
"so now he will go to the distant countries"
"Bydd e'n chwilio amdanat yn y byd newydd"
"he will search for you in the New World"
"Pa mor bell ydyw o'r fan hon i'r lan?"
"How far is it from here to the shore?"
'Mwy na 600 milltir'
"More than six hundred miles"
"Chwe chant o filltiroedd?" adleisiodd Pinocchio

"Six hundred miles?" echoed Pinocchio
"O, Pigeon hardd," plediodd Pinocchio
"Oh, beautiful Pigeon," pleaded Pinocchio
"Pa beth braf fyddai cael eich adenydd!"
"what a fine thing it would be to have your wings!"
"Os ydych am fynd, byddaf yn mynd â chi yno"
"If you wish to go, I will carry you there"
"Sut allwch chi fy nal i yno?"
"How could you carry me there?"
"Gallaf eich cario ar fy nghefn"
"I can carry you on my back"
"Wyt ti'n pwyso gormod?"
"Do you weigh much?"
'Dwi'n pwyso wrth ymyl dim byd'
"I weigh next to nothing"
"Rwy'n mor ysgafn â phlu"
"I am as light as a feather"
Nid oedd Pinocchio yn oedi am eiliad arall
Pinocchio didn't hesitate for another moment
a neidiodd ar unwaith ar gefn y Pigeon
and he jumped at once on the Pigeon's back
rhoddodd goes ar bob ochr i'r colomennod
he put a leg on each side of the pigeon
Yn union fel y mae dynion yn ei wneud pan fyddant yn marchogaeth marchogaeth marchogaeth
just like men do when they're riding horseback
ac ebychodd Pinocchio yn llawen:
and Pinocchio exclaimed joyfully:
"Gallop, gallop, fy ceffyl bach"
"Gallop, gallop, my little horse"
"Am fy mod i'n awyddus i gyrraedd yn gyflym!"
"because I am anxious to arrive quickly!"
Mae'r Pigeon hedfan i'r awyr
The Pigeon took flight into the air
ac ymhen ychydig funudau bu bron iddynt gyffwrdd â'r cymylau
and in a few minutes they almost touched the clouds

Nawr roedd y pyped ar uchder aruthrol
now the puppet was at an immense height
Daeth yn fwy a mwy chwilfrydig
and he became more and more curious
Felly edrychodd i lawr i'r llawr
so he looked down to the ground
ond sgwennodd ei ben rownd mewn pendroni
but his head spun round in dizziness
Aeth mor ofnus o'r uchder
he became ever so frightened of the height
a bu'n rhaid iddo achub ei hun rhag y perygl o gwympo
and he had to save himself from the danger of falling
ac felly'n cael ei ddal yn dynn i'w stesion bluog
and so held tightly to his feathered steed
Roedden nhw'n hedfan drwy'r dydd hwnnw
They flew through the skies all of that day
Gyda'r nos dywedodd y Pigeon:
Towards evening the Pigeon said:
"Dwi'n sychedig iawn o'r holl hedfan yma!"

"I am very thirsty from all this flying!"
"A dwi'n llwglyd iawn!" cytunodd Pinocchio
"And I am very hungry!" agreed Pinocchio
"Gadewch i ni stopio yn y dovecote hwnnw am ychydig funudau"
"Let us stop at that dovecote for a few minutes"
"Ac yna byddwn yn parhau â'n taith"
"and then we will continue our journey"
"Yna gallwn gyrraedd lan y môr erbyn y wawr yfory"
"then we may reach the seashore by dawn tomorrow"
Aethant i mewn i dovecote anghyfannedd
They went into a deserted dovecote
dyma nhw'n dod o hyd i ddim byd ond basn yn llawn dŵr
here they found nothing but a basin full of water
ac fe ddaethon nhw o hyd i fasged yn llawn o fetsh
and they found a basket full of vetch
Nid oedd y pyped erioed yn ei fywyd wedi gallu bwyta vetch
The puppet had never in his life been able to eat vetch
yn ei wneud yn sâl
according to him it made him sick
Y noson honno, fodd bynnag, bwytaodd i ddihysbyddu
That evening, however, he ate to repletion
a bu bron iddo gwagio'r fasged ohoni
and he nearly emptied the basket of it
Yna troes at y Pigeon a dweud wrtho:
and then he turned to the Pigeon and said to him:
"Allwn i erioed fod wedi credu bod y milfeddyg mor dda!"
"I never could have believed that vetch was so good!"
"Byddwch yn sicr, fy mab," atebodd y Pigeon
"Be assured, my boy," replied the Pigeon
"Pan mae newyn yn real hyd yn oed fetio yn dod yn flasus"
"when hunger is real even vetch becomes delicious"
"Nid yw newyn yn gwybod caprice na chyfarchiaeth"
"Hunger knows neither caprice nor greediness"
Gorffenodd y ddau eu pryd bwyd bach yn gyflym
the two quickly finished their little meal

A dyma nhw'n ailgychwyn eu taith ac yn hedfan i ffwrdd
and they recommenced their journey and flew away
Y bore canlynol fe gyrhaeddon nhw lan y môr
The following morning they reached the seashore
Y Pigeon yn gosod Pinocchio ar y llawr
The Pigeon placed Pinocchio on the ground
Doedd y colomen ddim am gael ei gythryblu â diolch
the pigeon did not wish to be troubled with thanks
Roedd yn wir yn weithred dda a wnaeth
it was indeed a good action he had done
ond yr oedd wedi ei wneud allan daioni ei galon
but he had done it out the goodness of his heart
ac nid oedd gan Pinocchio amser i'w golli
and Pinocchio had no time to lose
felly fe hedfanodd yn gyflym i ffwrdd a diflannu
so he flew quickly away and disappeared
Roedd y traeth yn orlawn o bobl
The shore was crowded with people
Pobl yn edrych allan i'r môr
the people were looking out to sea
Maen nhw'n gweiddi ac yn dweud rhywbeth
they shouting and gesticulating at something
"Beth sydd wedi digwydd?" gofynnodd Pinocchio o hen wraig
"What has happened?" asked Pinocchio of an old woman
"Y mae tad tlawd wedi colli ei fab"
"there is a poor father who has lost his son"
"Mae e wedi mynd allan i'r môr mewn cwch bach"
"he has gone out to sea in a little boat"
"Bydd yn chwilio amdano yr ochr arall i'r dŵr"
"he will search for him on the other side of the water"
"A heddiw mae'r môr yn fwyaf tymhestlog"
"and today the sea is most tempestuous"
"Ac mae'r cwch bach mewn perygl o suddo"
"and the little boat is in danger of sinking"
"Ble mae'r cwch bach?" gofynnodd Pinocchio
"Where is the little boat?" asked Pinocchio

"Mae allan yna mewn llinell gyda fy mys"
"It is out there in a line with my finger"
ac mae hi'n pwyntio at gwch bach
and she pointed to a little boat
a'r cwch bach yn edrych fel ychydig yn gneud
and the little boat looked like a little nutshell
ychydig yn gryno gyda dyn bach iawn ynddo
a little nutshell with a very little man in it
Pinocchio gosod ei lygaid ar y cneuen fach
Pinocchio fixed his eyes on the little nutshell
Ar ôl edrych yn astud rhoddodd sgrech tyllu:
after looking attentively he gave a piercing scream:
"Fy nhad i ydy o! Fy nhad i ydy e!"
"It is my papa! It is my papa!"
Roedd y cwch, yn y cyfamser, yn cael ei guro gan
gynddaredd y tonnau
The boat, meanwhile, was being beaten by the fury of the waves
Ar un adeg diflannodd yn nhran y môr
at one moment it disappeared in the trough of the sea
ac yn yr eiliad nesaf daeth y cwch i'r wyneb eto
and in the next moment the boat came to the surface again
Pinocchio yn sefyll ar ben craig uchel
Pinocchio stood on the top of a high rock
Ac yr oedd efe yn myned i alw ar ei dad
and he kept calling to his father
Ac efe a wnaeth bob arwydd iddo
and he made every kind of signal to him
Chwifiodd ei ddwylo, ei law, a'i gap
he waved his hands, his handkerchief, and his cap
Roedd Pinocchio yn bell iawn oddi wrtho
Pinocchio was very far away from him
ond ymddengys fod Geppetto yn adnabod ei fab
but Geppetto appeared to recognize his son
ac fe dynnodd ei gap i ffwrdd hefyd a'i chwifio
and he also took off his cap and waved it
Ceisiodd trwy ystumiau i wneud iddo ddeall

he tried by gestures to make him understand
"Byddwn wedi dod yn ôl pe bai hynny'n bosibl"
"I would have returned if it were possible"
"Ond y môr yw'r mwyaf tymhestlog"
"but the sea is most tempestuous"
ac ni fydd fy nghlustiau'n mynd â mi i'r glannau eto"
"and my oars won't take me to the shores again"
Yn sydyn cododd ton aruthrol allan o'r môr
Suddenly a tremendous wave rose out of the sea
ac yna diflannodd y gneud bach
and then the the little nutshell disappeared
Roedden nhw'n aros, gan obeithio y byddai'r cwch yn dod eto i'r wyneb
They waited, hoping the boat would come again to the surface
ond ni welwyd y cwch bychan mwyach
but the little boat was seen no more
Roedd y pysgotwr wedi ymgynnull wrth y lan
the fisherman had assembled at the shore
"Dyn tlawd!" medden nhw amdano, a dyma nhw'n grwgnach weddi
"Poor man!" they said of him, and murmured a prayer
ac yna troi i fynd adref
and then they turned to go home
Dim ond wedyn dyma nhw'n clywed cri enbyd
Just then they heard a desperate cry
Wrth edrych yn ôl, gwelon nhw fachgen bach
looking back, they saw a little boy
"Byddaf yn achub fy nhad," meddai'r bachgen
"I will save my papa," the boy exclaimed
a neidiodd o graig i'r môr
and he jumped from a rock into the sea
Fel y gwyddoch chi, roedd Pinocchio wedi'i wneud o bren
as you know Pinocchio was made of wood
felly roedd e'n nofio'n hawdd ar y dŵr
so he floated easily on the water
ac efe a swatio yn ogystal â physgodyn
and he swam as well as a fish

Ar un foment roedden nhw'n ei weld yn diflannu o dan y dŵr
At one moment they saw him disappear under the water
fe'i dygwyd i lawr gan lid y tonnau
he was carried down by the fury of the waves
ac yn yr eiliad nesaf fe ailymddangosodd i wyneb y dŵr
and in the next moment he reappeared to the surface of the water
roedd yn cael trafferth nofio gyda choes neu fraich
he struggled on swimming with a leg or an arm
Ond o'r diwedd collon nhw olwg arno
but at last they lost sight of him
ac ni welwyd ef mwy
and he was seen no more
ac fe wnaethon nhw gynnig gweddi arall dros y pyped
and they offered another prayer for the puppet

Pinocchio yn dod o hyd i'r tylwyth teg eto
Pinocchio Finds the Fairy Again

Roedd Pinocchio eisiau bod mewn pryd i helpu ei dad
Pinocchio wanted to be in time to help his father
Felly y gwnaeth ef swatio trwy'r nos
so he swam all through the night
Sut noson ofnadwy oedd hi!
And what a horrible night it was!
Daeth y glaw i lawr mewn llifeiriant
The rain came down in torrents
roedd yn canu ac roedd y taranau yn ofnadwy
it hailed and the thunder was frightful
Roedd fflachiadau mellt yn ei gwneud mor olau â dydd
the flashes of lightning made it as light as day

Tua'r bore gwelodd lain hir o dir
Towards morning he saw a long strip of land
Roedd yn ynys yng nghanol y môr
It was an island in the midst of the sea
Ceisiodd ei orau i gyrraedd y lan
He tried his utmost to reach the shore
ond ofer oedd ei ymdrechion i gyd
but his efforts were all in vain
Roedd y tonnau'n ffraeo ac yn chwalu dros ei gilydd
The waves raced and tumbled over each other
a'r torrent yn curo Pinocchio am
and the torrent knocked Pinocchio about
roedd fel petai wedi bod yn wisp o wellt
it was as if he had been a wisp of straw
O'r diwedd, yn ffodus iddo, roedd billow wedi'i rolio i fyny
At last, fortunately for him, a billow rolled up
Cododd gyda'r fath gynddaredd nes iddo gael ei godi i fyny

it rose with such fury that he was lifted up
Ac yn olaf cafodd ei daflu i'r tywod
and finally he was thrown on to the sands
Mae'r pyped bach wedi cwympo i'r llawr
the little puppet crashed onto the ground
a'i holl gymalau wedi cracio o'r effaith
and all his joints cracked from the impact
Ond cysurodd ei hun, gan ddweud:
but he comforted himself, saying:
"Y tro hwn rydw i wedi gwneud dihangfa anhygoel!"
"This time also I have made a wonderful escape!"
Fesul tipyn, roedd yr awyr wedi ei chlirio
Little by little the sky cleared
disgleiriodd yr haul yn ei holl ogoniant
the sun shone out in all his splendour
a daeth y môr mor dawel a llyfn ag olew
and the sea became as quiet and smooth as oil
Rhoddodd y pyped ei ddillad yn yr haul i sychu
The puppet put his clothes in the sun to dry
a dechreuodd edrych i bob cyfeiriad
and he began to look in every direction
Yn rhywle ar y dŵr mae'n rhaid bod cwch bach
somewhere on the water there must be a little boat
ac yn y cwch roedd yn gobeithio gweld dyn bach
and in the boat he hoped to see a little man
Edrychodd allan i'r môr cyn belled ag y gallai weld
he looked out to sea as far as he could see
ond yr unig beth welodd oedd y nefoedd a'r môr
but all he saw was the sky and the sea
"Pe bawn i ond yn gwybod beth oedd enw'r ynys hon!"
"If I only knew what this island was called!"
"Pe bawn i ond yn gwybod a oedd pobl yn byw ynddynt"
"If I only knew whether it was inhabited"
"Efallai bod pobl wâr yn byw yma"
"perhaps civilized people do live here"
'Pobl nad ydynt yn hongian bechgyn o goed'
"people who do not hang boys from trees"

"Pwy alla i ofyn os nad oes unrhyw un?"
"but whom can I ask if there is nobody?"
Nid oedd Pinocchio yn hoffi'r syniad o fod ar ei ben ei hun
Pinocchio didn't like the idea of being all alone
ac yn awr ei fod ar ei ben ei hun mewn gwlad anghyfannedd fawr
and now he was alone on a great uninhabited country
Gwnaeth y syniad ohono ei wneud yn melancholy
the idea of it made him melancholy
Roedd o ar fin crio
he was just about to to cry
Ond bryd hynny gwelodd bysgodyn mawr yn nofio heibio
But at that moment he saw a big fish swimming by
dim ond ychydig bellter o'r lan oedd y pysgodyn mawr
the big fish was only a short distance from the shore
Roedd y pysgod yn mynd yn dawel ar ei fusnes ei hun
the fish was going quietly on its own business
ac roedd ei ben allan o'r dŵr
and it had its head out of the water
Heb wybod ei enw, galwyd y pyped i'r pysgod
Not knowing its name, the puppet called to the fish
Gwaeddodd â llais uchel i wneud iddo glywed ei hun:
he called out in a loud voice to make himself heard:
"Eh, syr, a wnewch chi ganiatáu gair i mi gyda chi?"
"Eh, Sir Fish, will you permit me a word with you?"
"Dau air, os liciwch chi," atebodd y pysgodyn
"Two words, if you like," answered the fish
Mewn gwirionedd, nid pysgodyn oedd y pysgod o gwbl
the fish was in fact not a fish at all
beth oedd y pysgodyn oedd Dolffin
what the fish was was a Dolphin
ac ni allech fod wedi dod o hyd i ddolffin politer
and you couldn't have found a politer dolphin
"A fyddech chi'n ddigon caredig i ddweud:"
"Would you be kind enough to tell:"
"Oes yna bentrefi yn yr ynys yma?"
"is there are villages in this island?"

"A oes rhywbeth i'w fwyta yn y trefi hyn?"
"and might there be something to eat in these villages?"
Ac a oes perygl yn y trefi hyn?
"and is there any danger in these villages?"
A oes un yn gallu bwyta yn y trefi hyn?"
"might one get eaten in these villages?"
"Yn sicr mae yna bentrefi," atebodd y Dolphin
"there certainly are villages," replied the Dolphin
"Yn wir, fe welwch un pentref yn eithaf agos"
"Indeed, you will find one village quite close by"
"Pa ffordd ddylwn i fynd yno?"
"And what road must I take to go there?"
"Mae'n rhaid i chi fynd ar hyd y llwybr i'r chwith"
"You must take that path to your left"
"Ac yna mae'n rhaid i chi ddilyn eich trwyn"
"and then you must follow your nose"
A wnewch chi ddweud rhywbeth arall wrtha i?
"Will you tell me another thing?"
"Rydych chi'n nofio am y môr drwy'r dydd a'r nos"
"You swim about the sea all day and night"
"Ydych chi ar hap wedi cwrdd â chwch bach"
"have you by chance met a little boat"
"Cwch bach gyda fy nhad ynddo?"
"a little boat with my papa in it?"
"Pwy ydy dy dad di?"
"And who is your papa?"
"Ef yw'r tad gorau yn y byd"
"He is the best papa in the world"
"Ond byddai'n anodd dod o hyd i fab gwaeth na fi"
"but it would be difficult to find a worse son than I am"
Roedd y pysgod yn difaru dweud wrtho beth oedd yn ei ofni
The fish regretted to tell him what he feared
"Fe welsoch chi'r storm ofnadwy a gawsom neithiwr"
"you saw the terrible storm we had last night"
"Mae'n rhaid bod y cwch bach wedi mynd i'r gwaelod"
"the little boat must have gone to the bottom"
"A fy nhad i?" gofynnodd Pinocchio

"And my papa?" asked Pinocchio

"Mae'n rhaid ei fod wedi cael ei lyncu gan y Pysgodyn Ci ofnadwy"

"He must have been swallowed by the terrible Dog-Fish"

"Yn hwyr mae wedi bod yn nofio ar ein dyfroedd"

"of late he has been swimming on our waters"

"ac mae wedi bod yn lledu dinistr a dinistr"

"and he has been spreading devastation and ruin"

Roedd Pinocchio eisoes yn dechrau crynu gydag ofn

Pinocchio was already beginning to quake with fear

"A yw'r pysgodyn cŵn hwn yn fawr iawn?" gofynnodd Pinocchio

"Is this Dog-Fish very big?" asked Pinocchio

'O, mawr iawn!' atebodd y Dolphin

"oh, very big!" replied the Dolphin

"Gadewch imi ddweud wrthych am y pysgodyn hwn"

"let me tell you about this fish"

"Yna gallwch chi greu syniad o'i faint"

"then you can form some idea of his size"

"Mae'n fwy na thŷ pum stori"

"he is bigger than a five-storied house"

"Mae ei geg yn fwy enfawr nag erioed o'r blaen"

"and his mouth is more enormous than you've ever seen"

"Gallai trên rheilffordd basio ei wddf i lawr"

"a railway train could pass down his throat"

"Trugarha wrthym!" meddai'r pyped brawychus

"Mercy upon us!" exclaimed the terrified puppet

Ac efe a wisgodd ei ddillad â'r prysurdeb mwyaf

and he put on his clothes with the greatest haste

"Hwyl fawr, Syr Fish, a diolch"

"Good-bye, Sir Fish, and thank you"

"Esgusodwch y drafferth yr wyf wedi ei roi i chi"

"excuse the trouble I have given you"

"Diolch yn fawr iawn am eich caredigrwydd"

"and many thanks for your politeness"

Yna cymerodd y llwybr a oedd wedi cael ei nodi iddo

He then took the path that had been pointed out to him

Dechreuodd gerdded mor gyflym ag y gallai
and he began to walk as fast as he could
cerddodd mor gyflym, yn wir, fel ei fod bron yn rhedeg
he walked so fast, indeed, that he was almost running
Ac ar y sŵn lleiaf trodd i edrych y tu ôl iddo
And at the slightest noise he turned to look behind him
roedd yn ofni y gallai weld y Cŵn Pysgod ofnadwy
he feared that he might see the terrible Dog-Fish
a dychmygodd drên rheilffordd yn ei geg
and he imagined a railway train in its mouth
Aeth taith gerdded hanner awr ag ef i bentref bach
a half-hour walk took him to a little village
y pentref oedd Pentref y Gwenyn Diwyd
the village was The Village of the Industrious Bees
Roedd y ffordd yn fyw gyda phobl
The road was alive with people
ac yn rhedeg yma ac acw
and they were running here and there
Roedd yn rhaid i bob un ohonynt fod yn bresennol i'w busnes
and they all had to attend to their business
Roedd pawb yn y gwaith, roedd gan bawb rywbeth i'w wneud
all were at work, all had something to do
Ni allech fod wedi dod o hyd i idler neu vagabond
You could not have found an idler or a vagabond
hyd yn oed os ydych yn chwilio amdano gyda lamp golau
even if you searched for him with a lighted lamp
"O!" meddai Pinocchio diog ar unwaith
"Ah!" said that lazy Pinocchio at once
"Rwy'n gweld na fydd y pentref hwn byth yn gweddu i mi!"
"I see that this village will never suit me!"
"Dw i ddim wedi cael fy ngeni i'r gwaith!"
"I wasn't born to work!"
Yn y cyfamser cafodd ei boenydio gan newyn
In the meanwhile he was tormented by hunger
Doedd e ddim wedi bwyta dim byd am bedair awr ar hugain

he had eaten nothing for twenty-four hours
Doedd e ddim hyd yn oed wedi bwyta Vetch
he had not even eaten vetch
Beth oedd Pinocchio druan i'w wneud?
What was poor Pinocchio to do?
Dim ond dwy ffordd o gael bwyd
There were only two ways to obtain food
Gallai naill ai gael bwyd drwy ofyn am ychydig o waith
he could either get food by asking for a little work
neu gallai gael bwyd drwy gardota
or he could get food by way of begging
Efallai y bydd rhywun yn ddigon caredig i daflu nicel iddo.
someone might be kind enough to throw him a nickel
Neu efallai y byddan nhw'n rhoi ceg o fara iddo
or they might give him a mouthful of bread
yn gyffredinol roedd gan Pinocchio gywilydd i erfyn
generally Pinocchio was ashamed to beg
Roedd ei dad bob amser wedi pregethu ei fod yn ddiwyd
his father had always preached him to be industrious
ddysgodd nad oedd gan neb hawl i ymbil
he taught him no one had a right to beg
ac eithrio'r henoed a'r anabl
except the aged and the infirm
Mae'r tlodion yn y byd hwn yn haeddu trugaredd
The really poor in this world deserve compassion
Mae angen cymorth ar y tlodion yn y byd hwn
the really poor in this world require assistance
Dim ond y rhai sy'n sâl neu'n hen
only those who are aged or sick
y rhai nad ydynt bellach yn gallu ennill eu bara eu hunain
those who are no longer able to earn their own bread
Mae'n ddyletswydd ar bawb arall i weithio
It is the duty of everyone else to work
ac os nad ydynt yn llafurio, cymaint y gwaeth iddynt
and if they don't labour, so much the worse for them
Gadewch iddyn nhw ddioddef o'u newyn
let them suffer from their hunger

Yr eiliad honno daeth dyn i lawr y ffordd
At that moment a man came down the road
Roedd wedi blino a phantio am anadl
he was tired and panting for breath
Roedd yn llusgo dwy gart yn llawn golosg
He was dragging two carts full of charcoal
Pinocchio barnu gan ei wyneb ei fod yn ddyn caredig
Pinocchio judged by his face that he was a kind man
felly aeth Pinocchio at y dyn golosg
so Pinocchio approached the charcoal man
Taflodd ei lygaid i lawr gyda chywilydd
he cast down his eyes with shame
Ac efe a ddywedodd wrtho â llef isel:
and he said to him in a low voice:
"Fyddet ti'n cael yr elusen i roi nicel i mi?"
"Would you have the charity to give me a nickel?"
"Oherwydd fel y gwelwch, yr wyf yn marw o newyn"
"because, as you can see, I am dying of hunger"
'Bydd gennych nid yn unig nicel,' meddai'r dyn
"You shall have not only a nickel," said the man
"Byddaf yn rhoi dilledyn i chi"
"I will give you a dime"
"Ond i'r dime mae'n rhaid i chi wneud rhywfaint o waith"
"but for the dime you must do some work"
"Helpa fi i lusgo'r ddwy gart yma o siarcol adref"
"help me to drag home these two carts of charcoal"
"Rwy'n dy synnu!" atebodd y pyped
"I am surprised at you!" answered the puppet
ac yr oedd naws o dramgwydd yn ei lais
and there was a tone of offense in his voice
'Gadewch imi ddweud rhywbeth amdanat ti fy hun'
"Let me tell you something about myself"
"Nid wyf wedi arfer â gwneud gwaith asyn"
"I am not accustomed to do the work of a donkey"
"Dydw i erioed wedi tynnu cot!"
"I have never drawn a cart!"
'Llawer gwell i chi,' atebodd y dyn

"So much the better for you," answered the man
"Fy mab, rwy'n gweld sut rydych chi'n marw o newyn"
"my boy, I see how you are dying of hunger"
"Bwyta dwy sleisen wych o'ch balchder"
"eat two fine slices of your pride"
"Byddwch yn ofalus i beidio â chael eich siomi"
"and be careful not to get indigestion"
Ychydig funudau wedyn fe basiodd saer maen heibio
A few minutes afterwards a mason passed by
Roedd yn cario basged o morter
he was carrying a basket of mortar
"Fyddet ti'n cael yr elusen i roi nicel i mi?"
"Would you have the charity to give me a nickel?"
"fi, bachgen tlawd sy'n hwylio am eisiau bwyd"
"me, a poor boy who is yawning for want of food"
'Llongyfarchiadau,' atebodd y dyn
"Willingly," answered the man
"Dewch gyda mi a dewch â'r mortar"
"Come with me and carry the mortar"
"Ac yn lle nicel mi roddaf dime i chi"
"and instead of a nickel I will give you a dime"
"Ond mae'r morter yn drwm," meddai Pinocchio
"But the mortar is heavy," objected Pinocchio
"Dydw i ddim eisiau blino fy hun"
"and I don't want to tire myself"
"Rwy'n eich gweld chi ddim eisiau blino'ch hun"
"I see you you don't want to tire yourself"
"Yna, fy machgen, ewch i ddifyrrwch eich hun gyda iasol"
"then, my boy, go amuse yourself with yawning"
Mewn llai na hanner awr aeth ugain o bobl eraill heibio
In less than half an hour twenty other people went by
a gofynnodd Pinocchio elusen ohonyn nhw i gyd
and Pinocchio asked charity of them all
Ond roedden nhw i gyd yn rhoi'r un ateb iddo
but they all gave him the same answer
"Onid oes arnoch gywilydd i erfyn, bachgen?"
"Are you not ashamed to beg, young boy?"

"Yn hytrach na segura am, chwiliwch am ychydig o waith"
"Instead of idling about, look for a little work"
"Mae'n rhaid i ti ddysgu ennill dy fara"
"you have to learn to earn your bread"
O'r diwedd mae merch fach hardd wedi cerdded heibio
finally a nice little woman walked by
Roedd hi'n cario dau gansen o ddŵr
she was carrying two cans of water
Gofynnodd Pinocchio iddi am elusen hefyd
Pinocchio asked her for charity too
"A wnewch chi adael imi yfed ychydig o'ch dŵr?"
"Will you let me drink a little of your water?"
'Am fy mod yn llosgi â syched'
"because I am burning with thirst"
Roedd y ferch fach yn hapus i helpu
the little woman was happy to help
"Yf, fy mab, os wyt ti eisiau!"
"Drink, my boy, if you wish it!"
a hi a osododd i lawr y ddau ganiad
and she set down the two cans
Pinocchio yn yfed fel pysgodyn
Pinocchio drank like a fish
Ac wrth iddo sychu ei geg fe fwmbwld:
and as he dried his mouth he mumbled:
"Yr wyf wedi diffodd fy syched"
"I have quenched my thirst"
"Pe bawn i ond yn gallu twyllo fy newyn !"
"If I could only appease my hunger!"
Clywodd y ddynes dda ple Pinocchio
The good woman heard Pinocchio's pleas
ac roedd hi ond yn rhy barod i orfodi
and she was only too willing to oblige
"Helpa fi i gario dŵr y caniau hyn adref"
"help me to carry home these cans of water"
"A rhoddaf i chwi ddarn o fara"
"and I will give you a fine piece of bread"
Edrychodd Pinocchio ar ganiau dŵr

Pinocchio looked at the cans of water
Ac nid atebodd ie, na dim
and he answered neither yes nor no
Ac ychwanegodd y wraig dda fwy at y cynnig
and the good woman added more to the offer
"Yn ogystal â bara, bydd gennych blodfresych"
"As well as bread you shall have cauliflower"
Rhoddodd Pinocchio olwg arall ar y can
Pinocchio gave another look at the can
Ac nid atebodd ie, na dim
and he answered neither yes nor no
"Ac ar ôl y blodfresych bydd mwy"
"And after the cauliflower there will be more"
"Byddaf yn rhoi bonbonon syrup hardd i chi"
"I will give you a beautiful syrup bonbon"
Roedd temtasiwn y tloty olaf hwn yn fawr
The temptation of this last dainty was great
yn olaf gallai Pinocchio wrthsefyll mwyach
finally Pinocchio could resist no longer
Gydag awyr o benderfyniad dywedodd:
with an air of decision he said:
"Mae'n rhaid i mi fod yn amyneddgar!"
"I must have patience!"
"Dw i'n mynd â'r dŵr i'r tŷ"
"I will carry the water to your house"
Roedd y dŵr yn rhy drwm i Pinocchio
The water was too heavy for Pinocchio
Ni allai ei gario gyda'i ddwylo
he could not carry it with his hands
felly roedd yn rhaid iddo gario ar ei ben
so he had to carry it on his head
Nid oedd Pinocchio yn mwynhau gwneud y gwaith
Pinocchio did not enjoy doing the work
ond yn fuan fe gyrhaeddon nhw'r tŷ
but soon they reached the house
a'r wraig fach dda a gynigiodd Pinocchio sedd
and the good little woman offered Pinocchio a seat

Mae'r bwrdd eisoes wedi'i osod
the table had already been laid
A hi a osododd ger ei fron ef y bara
and she placed before him the bread
ac yna cafodd y blodfresych a'r bonbon
and then he got the cauliflower and the bonbon
Ni fwytaodd Pinocchio ei fwyd, a'i ysodd
Pinocchio did not eat his food, he devoured it
Roedd ei stumog fel fflat wag
His stomach was like an empty apartment
fflat a adawyd heb neb yn byw ynddo ers misoedd
an apartment that had been left uninhabited for months
Ond erbyn hyn roedd ei newyn cigfran braidd yn arswydus
but now his ravenous hunger was somewhat appeased
Cododd ei ben i ddiolch i'w fuddiolwr
he raised his head to thank his benefactress
Yna edrychodd yn well ar ei
then he took a better look at her
Rhoddodd hir "Oh!" o syfrdandod
he gave a prolonged "Oh!" of astonishment
a pharhaodd i syllu arni â llygaid agored llydan
and he continued staring at her with wide open eyes
Roedd ei fforch yn yr awyr
his fork was in the air
a'i geg yn llawn o blodfresych
and his mouth was full of cauliflower
Roedd fel petai wedi cael ei fradychu
it was as if he had been bewitched
Roedd y wraig dda yn hwyl iawn
the good woman was quite amused
"Beth sydd wedi eich synnu gymaint?"
"What has surprised you so much?"
"Mae'n..." Ateb y pyped
"It is..." answered the puppet
"Mae'n dim ond eich bod chi fel..."
"it's just that you are like..."
'Dim ond eich bod yn fy atgoffa o rywun'

"it's just that you remind me of someone"
"Ie, ie, yr un llais"
"yes, yes, yes, the same voice"
"Mae gennych chi'r un llygaid a'r gwallt"
"and you have the same eyes and hair"
"Ie, ie, ie. Mae gennych chi wallt glas hefyd"
"yes, yes, yes. you also have blue hair"
"Oh little fairy! Dywedwch wrthyf eich bod chi!"
"Oh, little Fairy! tell me that it is you!"
"Peidiwch â gwneud i mi wylo mwyach!"
"Do not make me cry anymore!"
"Os mai dim ond eich bod yn gwybod cymaint yr wyf wedi crio"
"If only you knew how much I've cried"
'Rydw i wedi dioddef cymaint'
"and I have suffered so much"
A Pinocchio taflu ei hun wrth ei thraed
And Pinocchio threw himself at her feet
ac efe a gofleidiodd liniau y fenyw fach ddirgel
and he embraced the knees of the mysterious little woman
a dechreuodd weiddi yn chwerw
and he began to cry bitterly

Mae Pinocchio yn addo i'r tylwyth teg y bydd yn fachgen da eto
Pinocchio Promises the Fairy he'll be a Good Boy Again

Ar y dechrau chwaraeodd y fenyw fach dda yn ddieuog
At first the good little woman played innocent
dywedodd nad hi oedd y Tylwyth Teg bach gyda gwallt glas
she said she was not the little Fairy with blue hair
ond ni ellid twyllo Pinocchio
but Pinocchio could not be tricked
Roedd hi wedi parhau â'r comedi yn ddigon hir
she had continued the comedy long enough
ac felly daeth i ben drwy wneud ei hun yn hysbys
and so she ended by making herself known
"You naughty little rogue, Pinocchio"
"You naughty little rogue, Pinocchio"
"Sut wnaethoch chi ddarganfod pwy oeddwn i?"
"how did you discover who I was?"
"Fy hoffter mawr i chi a ddywedodd wrthyf"
"It was my great affection for you that told me"
"Ydych chi'n cofio pan wnaethoch chi fy ngadael?"
"Do you remember when you left me?"
"Roeddwn i'n dal i fod yn blentyn ar y pryd"
"I was still a child back then"
"A nawr dw i wedi dod yn fenyw"
"and now I have become a woman"
"Mae menyw bron yn ddigon hen i fod yn fam i chi"
"a woman almost old enough to be your mamma"
"Rwy'n falch o hynny"
"I am delighted at that"
"Ni fyddaf yn eich galw yn chwaer mwyach"
"I will not call you little sister anymore"
"O hyn ymlaen, byddaf yn eich galw yn Mama"
"from now I will call you mamma"
'Mae gan bob bachgen arall fama'
"all the other boys have a mamma"
"A dwi wastad wedi bod eisiau cael mama hefyd"

"and I have always wished to also have a mamma"
"Sut wnaethoch chi lwyddo i dyfu mor gyflym?"
"But how did you manage to grow so fast?"
"Mae hynny'n gyfrinach," meddai'r tylwyth teg
"That is a secret," said the fairy
Roedd Pinocchio eisiau gwybod, "dysgwch eich cyfrinach i mi"
Pinocchio wanted to know, "teach me your secret"
'Hoffwn i dyfu hefyd'
"because I would also like to grow"
"Ydych chi'n gweld pa mor fach ydw i?"
"Don't you see how small I am?"
"Dwi wastad yn aros yn fwy na ninepin"
"I always remain no bigger than a ninepin"
'Ond allwch chi ddim tyfu,' atebodd y Tylwyth Teg
"But you cannot grow," replied the Fairy
"Pam na alla i dyfu?" gofynnodd Pinocchio
"Why can't I grow?" asked Pinocchio
'Am nad yw pypedau byth yn tyfu'
"Because puppets never grow"
"Pan maen nhw'n cael eu geni, pypedau ydyn nhw"
"when they are born they are puppets"
"Maen nhw'n byw eu bywydau fel pypedau"
"and they live their lives as puppets"
"A phan maen nhw'n marw maen nhw'n marw fel pypedau"
"and when they die they die as puppets"
Pinocchio gêm ei hun yn slap
Pinocchio game himself a slap
"O, dwi'n sâl o fod yn byped!"
"Oh, I am sick of being a puppet!"
'Mae'n bryd i mi ddod yn ddyn'
"It is time that I became a man"
"A byddwch yn dod yn ddyn," addawodd y tylwyth teg
"And you will become a man," promised the fairy
"Mae'n rhaid i chi wybod sut i'w haeddu"
"but you must know how to deserve it"
"Ydy hyn yn wir?" gofynnodd Pinocchio

"Is this true?" asked Pinocchio
"Beth alla i ei wneud i haeddu bod yn ddyn?"
"And what can I do to deserve to be a man?"
"Mae'n hawdd iawn haeddu bod yn ddyn"
"it is a very easy thing to deserve to be a man"
"Y cyfan sy'n rhaid i chi ei wneud yw dysgu bod yn fachgen da."
"all you have to do is learn to be a good boy"
"Ydych chi'n meddwl nad ydw i'n fachgen da?"
"And you think I am not a good boy?"
"Rydych chi'n hollol groes i fachgen da"
"You are quite the opposite of a good boy"
"Mae bechgyn da yn ufudd, ac rydych chi'n ...
"Good boys are obedient, and you..."
"A dwi byth yn ufuddhau," cyfaddefodd Pinocchio
"And I never obey," confessed Pinocchio
"Mae bechgyn da yn hoffi dysgu a gweithio, a chi..."
"Good boys like to learn and to work, and you..."
"Ac yn lle hynny rwy'n byw bywyd segur, gwag"
"And I instead lead an idle, vagabond life"
"Mae bechgyn da bob amser yn dweud y gwir"
"Good boys always speak the truth"
"A dw i bob amser yn dweud celwyddau," cyfaddefodd Pinocchio
"And I always tell lies," admitted Pinocchio
'Bechgyn da yn mynd i'r ysgol yn barod'
"Good boys go willingly to school"
"Mae'r ysgol yn rhoi poen i mi ar draws y corff"
"And school gives me pain all over the body"
"Ond o heddiw ymlaen fe newidiaf fy mywyd"
"But from today I will change my life"
"Wyt ti'n addo i mi?" gofynnodd y Tylwyth Teg
"Do you promise me?" asked the Fairy
"Rwy'n addo y byddaf yn fachgen bach da"
"I promise that I will become a good little boy"
"Ac rwy'n addo bod yn gysur fy nhad"
"and I promise be the consolation of my papa"

"Ble mae fy nhad tlawd ar hyn o bryd?"
"Where is my poor papa at this moment?"
Ond nid oedd y tylwyth teg yn gwybod ble roedd ei dad
but the fairy didn't know where his papa was
"A fyddaf byth yn cael y hapusrwydd o weld ef eto?"
"Shall I ever have the happiness of seeing him again?"
"A fyddaf byth yn ei gusanu eto?"
"will I ever kiss him again?"
"Rwy'n credu hynny; Yn wir, rwy'n sicr o hynny"
"I think so; indeed, I am sure of it"
Yn yr ateb hwn roedd Pinocchio wrth ei fodd
At this answer Pinocchio was delighted
cymerodd ddwylo'r tylwyth teg
he took the Fairy's hands
A dechreuodd gusanu ei dwylo â brwdfrydedd mawr.
and he began to kiss her hands with great fervour
Roedd yn ymddangos wrth ei ochr ei hun gyda llawenydd
he seemed beside himself with joy
Yna cododd Pinocchio ei wyneb
Then Pinocchio raised his face
ac edrychodd arni yn gariadus
and he looked at her lovingly
"Dywedwch wrthyf, Mam-gu:"
"Tell me, little mamma:"
"Onid oedd yn wir eich bod wedi marw?"
"then it was not true that you were dead?"
"Mae'n ymddangos nad yw," meddai'r Tylwyth Teg, gwenu
"It seems not," said the Fairy, smiling
"Os mai dim ond y tristwch roeddwn i'n ei deimlo"
"If you only knew the sorrow I felt"
"Allwch chi ddim dychmygu tynhau fy ngwddf"
"you can't imagined the tightening of my throat"
"Roedd darllen yr hyn oedd ar y garreg honno bron â thorri fy nghalon"
"reading what was on that stone almost broke my heart"
"Rwy'n gwybod beth wnaeth hyn i chi"
"I know what it did to you"

"Dyna pam dw i wedi maddau i ti."
"and that is why I have forgiven you"
"Fe'i gwelais o ddidwylledd eich galar"
"I saw it from the sincerity of your grief"
'Gwelais fod gennych galon dda'
"I saw that you have a good heart"
"Nid yw bechgyn sydd â chalonnau da yn cael eu colli"
"boys with good hearts are not lost"
"Mae wastad rhywbeth i obeithio amdano"
"there is always something to hope for"
'Hyd yn oed os ydynt yn gwersylloedd'
"even if they are scamps"
"Hyd yn oed os oes ganddyn nhw arferion drwg"
"and even if they have got bad habits"
"Mae wastad gobaith y byddan nhw'n newid eu ffordd o fyw"
"there is always hope they change their ways"
"Dyna pam dw i wedi dod i chwilio amdanat ti yma"
"That is why I came to look for you here"
'Bydda i'n fam i ti'
"I will be your mamma"
"O, pa mor hyfryd!" gwaeddodd Pinocchio
"Oh, how delightful!" shouted Pinocchio
a'r pyped bach yn neidio am lawenydd
and the little puppet jumped for joy
"Mae'n rhaid i chi ufuddhau i mi, Pinocchio"
"You must obey me, Pinocchio"
"Rhaid i chi wneud popeth dw i'n ei gynnig i chi"
"and you must do everything that I bid you"
"Byddaf yn ufudd i chi"
"I will willingly obey you"
"Byddaf yn gwneud fel y dywedwyd wrthyf!"
"and I will do as I'm told!"
'Dechrau mynd i'r ysgol yfory'
"Tomorrow you will begin to go to school"
Daeth Pinocchio ychydig yn llai llawen ar unwaith
Pinocchio became at once a little less joyful

"Yna mae'n rhaid i chi ddewis masnach i'w ddilyn"
"Then you must choose a trade to follow"
"Mae'r rhan fwyaf ohonoch yn dewis swydd yn ôl eich dymuniad"
"you most choose a job according to your wishes"
Daeth Pinocchio yn fedd iawn yn hyn o beth
Pinocchio became very grave at this
Gofynnodd y Tylwyth Teg iddo mewn llais dig:
the Fairy asked him in an angry voice:
"Beth wyt ti'n torri rhwng dy ddannedd?"
"What are you muttering between your teeth?"
"Roeddwn i'n dweud ..." Torri'r pyped mewn llais isel
"I was saying..." moaned the puppet in a low voice
"Mae'n ymddangos yn rhy hwyr i mi fynd i'r ysgol nawr"
"it seems to me too late for me to go to school now"
"Na, syr, nid yw'n rhy hwyr i chi fynd i'r ysgol"
"No, sir, it is not too late for you to go to school"
"Cofiwch nad yw byth yn rhy hwyr"
"Keep it in mind that it is never too late"
"Rydyn ni bob amser yn gallu dysgu a dysgu ein hunain"
"we can always learn and instruct ourselves"
"Ond dydw i ddim eisiau dilyn y fasnach"
"But I do not wish to follow a trade"
"Pam nad ydych chi am ddilyn crefft?"
"Why do you not wish to follow an trade?"
'Oherwydd ei fod yn flin i mi weithio'
"Because it tires me to work"
"Fy mab," meddai'r tylwyth teg yn gariadus
"My boy," said the Fairy lovingly
"Mae dau fath o bobl yn siarad fel hyn"
"there are two kinds of people who talk like that"
'Y rhai sydd yn y carchar'
"there are those that are in prison"
"Mae yna rai sydd yn yr ysbyty"
"and there are those that are in hospital"
"Gadewch i mi ddweud un peth wrthych chi, Pinocchio;"
"Let me tell you one thing, Pinocchio;"

"Mae pob dyn, boed yn gyfoethog neu'n dlawd, yn gweithio'n orfodol"
"every man, rich or poor, is obliged work"
'Mae'n rhaid iddo ddal ei hun gyda rhywbeth'
"he has to occupy himself with something"
"Gwae'r rhai sy'n byw bywydau slothful"
"Woe to those who lead slothful lives"
"Mae Sloth yn salwch ofnadwy"
"Sloth is a dreadful illness"
"Rhaid ei iacháu ar unwaith, yn ystod plentyndod"
"it must be cured at once, in childhood"
"Oherwydd ni ellir ei wella unwaith y byddwch yn hen"
"because it can never be cured once you are old"
Cyffyrddwyd Pinocchio gan y geiriau hyn
Pinocchio was touched by these words
codi ei ben yn gyflym, meddai wrth y Tylwyth Teg:
lifting his head quickly, he said to the Fairy:

"Byddaf yn astudio ac yn gweithio"
"I will study and I will work"
"Byddaf yn gwneud popeth rydych chi'n ei ddweud wrthyf."
"I will do all that you tell me"
"Oherwydd yn wir rwyf wedi blino bod yn byped"
"for indeed I have become weary of being a puppet"
"Rwy'n dymuno ar unrhyw bris i fod yn fachgen"
"and I wish at any price to become a boy"
"Rydych chi wedi addo i mi fy mod i'n gallu bod yn fachgen, onid oeddech?"
"You promised me that I can become a boy, did you not?"
"Fe wnes i addo y gallwch chi fod yn fachgen"
"I did promise you that you can become a boy"
"Mae p'un a ydych chi'n dod yn fachgen nawr yn dibynnu arnoch chi'ch hun"
"and whether you become a boy now depends upon yourself"

Y Pysgodyn Cŵn Ofnadwy
The Terrible Dog-Fish

Y diwrnod canlynol aeth Pinocchio i'r ysgol
The following day Pinocchio went to school
Gallwch ddychmygu hyfrydwch yr holl twyllodrus bach
you can imagine the delight of all the little rogues
Roedd pyped wedi cerdded i mewn i'w hysgol!
a puppet had walked into their school!
Fe wnaethon nhw osod rhuad o chwerthin na ddaeth i ben byth
They set up a roar of laughter that never ended
Roedden nhw'n chwarae pob math o driciau arno
They played all sorts of tricks on him
Un bachgen yn cario ei gap oddi ar ei gap
One boy carried off his cap
tynnodd bachgen arall siaced Pinocchio drosto
another boy pulled Pinocchio's jacket over him
Ceisiodd un roi pâr o mustachios inc iddo

one tried to give him a pair of inky mustachios
Ceisiodd bachgen arall glymu llinynnau i'w draed a'i ddwylo
another boy attempted to tie strings to his feet and hands
Ac yna ceisiodd wneud iddo ddawnsio
and then he tried to make him dance
Am gyfnod byr roedd Pinocchio yn esgus peidio â gofalu
For a short time Pinocchio pretended not to care
ac fe aeth ymlaen yn yr ysgol ag y gallai
and he got on as well with school as he could
Ond o'r diwedd collodd ei holl amynedd
but at last he lost all his patience
Trodd at y rhai oedd yn ei ddiystyru fwyaf
he turned to those who were teasing him most
'Byddwch, blant!' rhybuddiodd hwy
"Beware, boys!" he warned them
"Dydw i ddim wedi dod yma i fod yn fuchedd i chi"
"I have not come here to be your buffoon"
"Rwy'n parchu eraill," meddai
"I respect others," he said
"A dw i'n bwriadu cael fy mharchu"
"and I intend to be respected"
"Wel meddai, ymffrostio!" gwaeddodd y rascals ifanc
"Well said, boaster!" howled the young rascals
'Rwyt ti wedi siarad fel llyfr!'
"You have spoken like a book!"
ac maent yn convulsed gyda chwerthin gwallgof
and they convulsed with mad laughter
Roedd un bachgen yn fwy amherthnasol na'r lleill
there was one boy more impertinent than the others
ceisiodd atafaelu'r pyped erbyn diwedd ei drwyn
he tried to seize the puppet by the end of his nose
Ond ni allai wneud hynny yn ddigon cyflym
But he could not do so quickly enough
Pinocchio yn sownd ei goes allan o dan y bwrdd
Pinocchio stuck his leg out from under the table
a rhoddodd gic fawr iddo ar ei shins

and he gave him a great kick on his shins
Y bachgen yn rhuo mewn poen
the boy roared in pain
"O, pa draed caled sydd gen ti!"
"Oh, what hard feet you have!"
ac fe rwflodd y brân roedd y pyped wedi ei roi iddo
and he rubbed the bruise the puppet had given him
"A pha benelinoedd sydd gennych?" meddai un arall
"And what elbows you have!" said another
"Maen nhw hyd yn oed yn fwy anodd na'i draed!"
"they are even harder than his feet!"
Roedd y bachgen hwn hefyd wedi chwarae triciau anghwrtais arno
this boy had also played rude tricks on him
ac roedd wedi cael ergyd yn y stumog
and he had received a blow in the stomach
Ond, serch hynny, cafodd y gic a'r ergyd gydymdeimlad
But, nevertheless, the kick and the blow acquired sympathy
ac enillodd Pinocchio barch y bechgyn
and Pinocchio earned the esteem of the boys
Yn fuan, roedd pawb yn gwneud ffrindiau gydag ef
They soon all made friends with him
ac yn fuan roeddent yn ei hoffi yn fawr
and soon they liked him heartily
Ac roedd hyd yn oed y meistr yn ei ganmol
And even the master praised him
oherwydd roedd Pinocchio yn sylwgar yn y dosbarth
because Pinocchio was attentive in class
Roedd yn fyfyriwr dawnus a deallus
he was a studious and intelligent student
Ef oedd y cyntaf erioed i ddod i'r ysgol
and he was always the first to come to school
ac ef oedd yr olaf i adael pan oedd yr ysgol drosodd
and he was always the last to leave when school was over
Ond roedd ganddo un bai; Gwnaeth ormod o ffrindiau
But he had one fault; he made too many friends
ac ymhlith ei ffrindiau roedd sawl rascal

and amongst his friends were several rascals
Roedd y bechgyn hyn yn adnabyddus am eu cas o astudio
these boys were well known for their dislike of study
ac roedden nhw'n arbennig o hoff o achosi drygioni
and they especially loved to cause mischief
Rhybuddiodd y meistr ef bob dydd amdanynt
The master warned him about them every day
ni wnaeth hyd yn oed y Tylwyth Teg da erioed ddweud wrtho:
even the good Fairy never failed to tell him:
Cymerwch ofal, Pinocchio, gyda'ch ffrindiau!
"Take care, Pinocchio, with your friends!"
"Mae'r cymrodyr ysgol drwg hynny o'ch un chi yn drafferth"
"Those bad school-fellows of yours are trouble"
"Maen nhw'n gwneud i chi golli eich cariad at astudio"
"they will make you lose your love of study"
"Efallai y byddan nhw hyd yn oed yn dod â rhywfaint o anffawd mawr arnoch chi."
"they may even bring upon you some great misfortune"
"Does dim ofn o hynny!" atebodd y pyped
"There is no fear of that!" answered the puppet
Ac efe a rwygodd ei ysgwyddau, ac a gyffyrddodd â'i dalcen
and he shrugged his shoulders and touched his forehead
"Mae 'na gymaint o synnwyr yma!"
"There is so much sense here!"

Un diwrnod braf roedd Pinocchio ar ei ffordd i'r ysgol
one fine day Pinocchio was on his way to school
ac fe gyfarfu â nifer o'i gymdeithion arferol
and he met several of his usual companions
Daethant ato, a gofynasant:
coming up to him, they asked:
"Ydych chi wedi clywed y newyddion mawr?"
"Have you heard the great news?"
'Na, dydw i ddim wedi clywed y newyddion mawr'
"No, I have not heard the great news"
"Yn y môr ger yma mae pysgodyn cŵn wedi ymddangos"
"In the sea near here a Dog-Fish has appeared"
'Mae hi mor fawr â mynydd'
"he is as big as a mountain"
"Ydy hyn yn wir?" gofynnodd Pinocchio
"Is it true?" asked Pinocchio
"A all fod yr un pysgodyn cŵn?"
"Can it be the same Dog-Fish?"
"Y Pysgodyn Cŵn a oedd yno pan foddodd fy papa"
"The Dog-Fish that was there when my papa drowned"
"Rydyn ni'n mynd i'r lan i'w weld"
"We are going to the shore to see him"
"A wnewch chi ddod gyda ni?"
"Will you come with us?"
"Na; Nac ydw; "Dw i'n mynd i'r ysgol"
"No; I am going to school"
Pa mor bwysig yw ysgol?
"of what great importance is school?"
"Gallwn fynd i'r ysgol yfory"
"We can go to school tomorrow"
"Nid oes ots am un wers fwy neu lai"
"one lesson more or less doesn't matter"
"Byddwn bob amser yn aros yr un asynnod"
"we shall always remain the same donkeys"
"Ond beth fydd y meistr yn ei ddweud?"
"But what will the master say?"
"Efallai y bydd y meistr yn dweud yr hyn y mae'n ei hoffi"

"The master may say what he likes"
"Mae'n cael ei dalu i grwgnach drwy'r dydd"
"He is paid to grumble all day"
"Beth fydd fy mam yn ei ddweud?"
"And what will my mamma say?"
'Mammas yn gwybod dim,' atebodd y bechgyn bach drwg
"Mammas know nothing," answered the bad little boys
"Ydych chi'n gwybod beth fydda i'n ei wneud?" meddai Pinocchio
"Do you know what I will do?" said Pinocchio
"Mae gen i resymau dros fod eisiau gweld y pysgodyn cŵn"
"I have reasons for wishing to see the Dog-Fish"
"Byddaf yn mynd i'w weld pan fydd yr ysgol drosodd"
"but I will go and see him when school is over"
"Gaeth asyn!" meddai un o'r bechgyn
"Poor donkey!" exclaimed one of the boys
"Ydych chi'n tybio y bydd pysgodyn o'r maint hwnnw yn aros eich hwylustod?"
"Do you suppose a fish of that size will wait your convenience?"
"Pan fydd wedi blino bod yma bydd yn mynd i le arall"
"when he is tired of being here he will go another place"
"Ac yna bydd hi'n rhy hwyr"
"and then it will be too late"
Bu'n rhaid i'r pyped feddwl am hyn
the Puppet had to think about this
"Faint o amser mae'n ei gymryd i gyrraedd y lan?"
"How long does it take to get to the shore?"
"Fe allwn ni fod yno ac yn ôl mewn awr."
"We can be there and back in an hour"
"Yna i ffwrdd â ni!" gwaeddodd Pinocchio
"Then off we go!" shouted Pinocchio
"A'r sawl sy'n rhedeg gyflymaf yw'r gorau!"
"and he who runs fastest is the best!"
a'r bechgyn yn rhuthro i ffwrdd ar draws y caeau
and the boys rushed off across the fields
a Pinocchio oedd y cyntaf erioed

and Pinocchio was always the first
Roedd yn ymddangos bod ganddo adenydd ar ei draed
he seemed to have wings on his feet
O bryd i'w gilydd trodd at jeer at ei gymdeithion
From time to time he turned to jeer at his companions
Yr oeddynt yn eithaf pell y tu ôl
they were some distance behind
gwelodd nhw'n pantio am anadl
he saw them panting for breath
ac fe'u gorchuddiwyd â llwch
and they were covered with dust
a'u tafodau yn hongian allan o'u genau
and their tongues were hanging out of their mouths
a Pinocchio yn chwerthin yn galonnog ar yr olwg
and Pinocchio laughed heartily at the sight
Nid oedd y bachgen anffodus yn gwybod beth oedd i ddod
The unfortunate boy did not know what was to come
y terfysgoedd a'r trychinebau erchyll a oedd yn dod!
the terrors and horrible disasters that were coming!

Pinocchio yn cael ei arestio gan y Gendarmes
Pinocchio is Arrested by the Gendarmes

Pinocchio yn cyrraedd y lan
Pinocchio arrived at the shore
Edrychodd allan i'r môr
and he looked out to sea
ond ni welodd bysgodyn cŵn
but he saw no Dog-Fish
Roedd y môr mor llyfn â drych grisial mawr
The sea was as smooth as a great crystal mirror
"Ble mae'r pysgodyn cŵn?" gofynnodd.
"Where is the Dog-Fish?" he asked
a throdd at ei gymdeithion
and he turned to his companions
Roedd y bechgyn i gyd yn chwerthin gyda'i gilydd

all the boys laughed together
'Rhaid ei fod wedi mynd i frecwast'
"He must have gone to have his breakfast"
"Neu y mae wedi bwrw ei hun i'w gwely"
"Or he has thrown himself on to his bed"
"Ydy, mae'n cael ychydig o demtasiwn"
"yes, he's having a little nap"
Roedden nhw'n chwerthin hyd yn oed yn uwch
and they laughed even louder
Roedd eu hatebion yn ymddangos yn arbennig o hurt
their answers seemed particularly absurd
a'u chwerthin yn wirion iawn
and their laughter was very silly
Edrychodd Pinocchio o gwmpas ar ei ffrindiau
Pinocchio looked around at his friends
Roedd ei gymdeithion yn ymddangos i fod yn gwneud ffwl ohono
his companions seemed to be making a fool of him
Roedden nhw wedi ei ysgogi i gredu stori
they had induced him to believe a tale
Ond doedd dim gwirionedd i'r stori
but there was no truth to the tale
Nid oedd Pinocchio yn cymryd y jôc yn dda
Pinocchio did not take the joke well
Ac efe a lefarodd yn drist gyda'r bechgyn
and he spoke angrily with the boys
"Ac yn awr?" gwaeddodd
"And now??" he shouted
"Fe wnaethoch chi ddweud stori o'r pysgodyn cŵn i mi"
"you told me a story of the Dog-Fish"
"Ond pa hwyl wnaethoch chi ddod o hyd iddo wrth fy nhwyllo?"
"but what fun did you find in deceiving me?"
"O, roedd hi'n llawer o hwyl!" atebodd y crancod bach
"Oh, it was great fun!" answered the little rascals
"A beth oedd yr hwyl yn ei gynnwys?"
"And in what did this fun consist of?"

"Rydym wedi gwneud i chi golli diwrnod ysgol"
"we made you miss a day of school"
"Fe wnaethon ni eich perswadio chi i ddod gyda ni"
"and we persuaded you to come with us"
"Onid ydych yn gywilydd o'ch ymddygiad?"
"Are you not ashamed of your conduct?"
"Rydych chi bob amser mor brydlon i'r ysgol"
"you are always so punctual to school"
"Rydych chi bob amser mor ddiwyd yn y dosbarth"
"and you are always so diligent in class"
"Wyt ti ddim yn teimlo cywilydd o astudio mor galed?"
"Are you not ashamed of studying so hard?"
Beth os ydw i'n astudio'n galed?
"so what if I study hard?"
"Pa bryder sydd gennych chi?"
"what concern is it of yours?"
"Mae'n ein poeni ni'n ormodol"
"It concerns us excessively"
"Oherwydd mae'n gwneud i ni ymddangos mewn goleuni gwael"
"because it makes us appear in a bad light"
Pam mae'n gwneud i chi ymddangos mewn golau drwg?
"Why does it make you appear in a bad light?"
"Mae yna rai ohonom sydd ddim eisiau astudio"
"there are those of us who have no wish to study"
'Does gennym ni ddim awydd dysgu unrhyw beth'
"we have no desire to learn anything"
"Mae bechgyn da yn gwneud i ni ymddangos yn waeth mewn cymhariaeth"
"good boys make us seem worse by comparison"
"Mae hynny'n rhy ddrwg i chi"
"And that is too bad for you"
"Rydyn ni hefyd yn cael ein balchder!"
"We, too, have our pride!"
"A beth sydd raid i mi ei wneud i blesio chi?"
"Then what must I do to please you?"
'Rhaid i chi ddilyn ein hesiampl'

"You must follow our example"
"Mae'n rhaid i chi gasáu'r ysgol fel ni"
"you must hate school like us"
'Rhaid i chi wrthryfela yn y gwersi'
"you must rebel in the lessons"
"Rhaid i ti fod yn anufudd i'r meistr"
"and you must disobey the master"
"Y rhain yw ein tri gelyn mwyaf"
"those are our three greatest enemies"
"Os ydw i'n dymuno parhau â'm hastudiaethau?"
"And if I wish to continue my studies?"
"Yn yr achos hwn, ni fydd gennym unrhyw beth i'w wneud â chi"
"In that case we will have nothing more to do with you"
"Ac ar y cyfle cyntaf byddwn yn gwneud i chi dalu amdano"
"and at the first opportunity we will make you pay for it"
"Really," meddai'r pyped, ysgwyd ei ben
"Really," said the puppet, shaking his head
"Rydych chi'n gwneud i mi chwerthin"
"you make me inclined to laugh"
"Eh, Pinocchio," gwaeddodd y mwyaf o'r bechgyn
"Eh, Pinocchio," shouted the biggest of the boys
ac fe wynebodd Pinocchio yn uniongyrchol
and he confronted Pinocchio directly
"Does dim un o'ch cymwysterau yn gweithio yma"
"None of your superiority works here"
"Peidiwch â dod yma i ruthro drosom"
"don't come here to crow over us"
Os nad ydych yn ofni amdanom ni, nid ydym yn ofni amdanoch chi. "
"if you are not afraid of us, we are not afraid of you"
"Cofiwch eich bod yn un yn erbyn saith"
"Remember that you are one against seven"
"Saith, fel y saith pechod marwol," meddai Pinocchio
"Seven, like the seven deadly sins," said Pinocchio
a gwaeddodd â chwerthin
and he shouted with laughter

Gwrandewch arno! Mae e wedi ein sarhau ni i gyd!"
"Listen to him! He has insulted us all!"
"Fe alwodd ni y saith pechod marwol!"
"He called us the seven deadly sins!"
'Cymerwch hyn i ddechrau,' meddai un o'r bechgyn
"Take that to begin with," said one of the boys
"a'i gadw ar gyfer eich swper heno"
"and keep it for your supper tonight"
Ac, felly, gan ddweud, fe'i bwriodd ar ei ben
And, so saying, he punched him on the head
Ond roedd yn rhodd ac yn cymryd
But it was a give and take
oherwydd bod y pyped yn dychwelyd yr ergyd yn syth
because the puppet immediately returned the blow
Nid oedd hyn yn syndod mawr
this was no big surprise
ac aeth y frwydr yn anobeithiol yn gyflym
and the fight quickly got desperate
mae'n wir bod Pinocchio ar ei ben ei hun
it is true that Pinocchio was alone
ond amddiffynnodd ei hun fel arwr
but he defended himself like a hero
Defnyddiodd ei draed, a oedd o'r pren anoddaf.
He used his feet, which were of the hardest wood
ac efe a gadwodd ei elynion o hirbell
and he kept his enemies at a respectful distance
Lle bynnag y cyffyrddodd ei draed gadawsant gleision
Wherever his feet touched they left a bruise
Gwylltiodd y bechgyn gydag ef
The boys became furious with him
llaw i law ni allent gyfateb i'r pyped
hand to hand they couldn't match the puppet
Felly dyma nhw'n cymryd arfau eraill yn eu dwylo
so they took other weapons into their hands
Mae'r bechgyn yn colli eu sachiau
the boys loosened their satchels
a thaflasant eu llyfrau ysgol ato

and they threw their school-books at him
gramadeg, geiriaduron, a llyfrau sillafu
grammars, dictionaries, and spelling-books
llyfrau daearyddiaeth a gweithiau scholastig eraill
geography books and other scholastic works
Ond roedd Pinocchio yn gyflym i ymateb
But Pinocchio was quick to react
Ac roedd ganddo lygaid craff am y pethau hyn
and he had sharp eyes for these things
Llwyddodd bob amser i hwyaden mewn pryd
he always managed to duck in time
Felly aeth y llyfrau dros ei ben
so the books passed over his head

ac yn lle hynny syrthiodd y llyfrau i'r môr
and instead the books fell into the sea
Dychmygwch syndod y pysgodyn!
Imagine the astonishment of the fish!
Roedden nhw'n meddwl bod y llyfrau yn rhywbeth i'w fwyta
they thought the books were something to eat
Ac roedden nhw i gyd yn cyrraedd mewn heidiau mawr o bysgod
and they all arrived in large shoals of fish
ond fe wnaethon nhw flasu cwpl o'r tudalennau
but they tasted a couple of the pages
ac maen nhw'n poeri y papur yn gyflym eto
and they quickly spat the paper out again
a'r pysgodyn gwneud wynebau wri
and the fish made wry faces
'Nid bwyd yw hwn i ni o gwbl'
"this isn't food for us at all"
"Rydyn ni wedi arfer â rhywbeth llawer gwell!"
"we are accustomed to something much better!"
Mae'r frwydr cyfamser wedi dod yn fwy ffyrnig nag erioed
The battle meantime had become fiercer than ever
Roedd cranc mawr wedi dod allan o'r dŵr
a big crab had come out of the water
ac roedd wedi dringo'n araf i fyny ar y lan
and he had climbed slowly up on the shore
Gwaeddodd mewn llais carbran
he called out in a hoarse voice
mae'n swnio fel trwmped gydag oer gwael
it sounded like a trumpet with a bad cold
"digon o'ch brwydro, chi ruffiaid ifanc"
"enough of your fighting, you young ruffians"
"Am eich bod yn ddim llai na Ruffians!"
"because you are nothing other than ruffians!"
"Anaml y bydd yr ymladd rhwng bechgyn yn gorffen yn dda"
"These fights between boys seldom finish well"

"Mae rhywfaint o drychineb yn sicr o ddigwydd!"
"Some disaster is sure to happen!"
ond dylai'r cranc druan fod wedi achub ei hun y drafferth
but the poor crab should have saved himself the trouble
Efallai ei fod hefyd wedi pregethu i'r gwynt
He might as well have preached to the wind
Hyd yn oed y rasal ifanc hwnnw, Pinocchio, troi o gwmpas
Even that young rascal, Pinocchio, turned around
Edrychodd arno yn watwar a dweud yn arw:
he looked at him mockingly and said rudely:
"Dal dy dafod, ti'n flino cranc!"
"Hold your tongue, you tiresome crab!"
"Roedd yn well i chi sugno rhai lozenges gwirod"
"You had better suck some liquorice lozenges"
"Iacháu'r oerfel yn eich gwddf"
"cure that cold in your throat"
Dim ond wedyn doedd gan y bechgyn ddim mwy o lyfrau
Just then the boys had no more books
O leiaf, nid oedd ganddynt unrhyw lyfrau eu hunain
at least, they had no books of their own
maent yn spied ar bellter bach Pinocchio bag
they spied at a little distance Pinocchio's bag
a chymerasant feddiant o'i bethau
and they took possession of his things
Ymhlith ei lyfrau roedd un wedi'i rwymo mewn cerdyn
Amongst his books there was one bound in card
Roedd yn draethawd ar rifyddeg
It was a Treatise on Arithmetic
Cipiodd un o'r bechgyn y gyfrol hon
One of the boys seized this volume
ac efe a anelwyd y llyfr at ben Pinocchio
and he aimed the book at Pinocchio's head
efe a'i taflodd ef â'i holl nerth
he threw it at him with all his strength
ond ni tharodd y llyfr y pyped
but the book did not hit the puppet
yn hytrach fe darodd y llyfr gydymaith ar y pen

instead the book hit a companion on the head
Trodd y bachgen mor wyn â dalen
the boy turned as white as a sheet
Mam! help, dwi'n marw!"
"Oh, mother! help, I am dying!"
ac efe a syrthiodd ei holl hyd ar y tywod
and he fell his whole length on the sand
Mae'n rhaid bod y bechgyn wedi meddwl ei fod wedi marw
the boys must have thought he was dead
ac fe wnaethant redeg i ffwrdd mor gyflym ag y gallai eu coesau redeg
and they ran off as fast as their legs could run
Mewn ychydig funudau roedden nhw allan o'r golwg
in a few minutes they were out of sight
Ond arhosodd Pinocchio gyda'r bachgen
But Pinocchio remained with the boy
Er y byddai'n well ganddo redeg i ffwrdd hefyd
although he would have rather ran off too
oherwydd yr oedd ei ofn hefyd yn fawr
because his fear was also great
Ond fe redodd drosodd i'r môr
nevertheless, he ran over to the sea
Ac efe a socian ei lawforwyn yn y dŵr
and he soaked his handkerchief in the water
Rhedodd yn ôl i'w gyd-ysgol dlawd
he ran back to his poor school-fellow
a dechreuodd ymdrochi ei dalcen
and he began to bathe his forehead
Gwaeddodd yn chwerw mewn anobaith
he cried bitterly in despair
Ac efe a'i galwodd ef wrth ei enw
and he kept calling him by name
Ac meddai llawer o bethau wrtho:
and he said many things to him:
Eugene! Egene druan!"
"Eugene! my poor Eugene!"
Agorwch eich llygaid ac edrychwch arnaf!

"Open your eyes and look at me!"
"Pam nad ydych chi'n ymateb?"
"Why do you not answer?"
"Nid wyf wedi ei wneud i chi"
"I did not do it to you"
"Nid fi oedd yn brifo hynny!"
"it was not I that hurt you so!"
"Credwch fi, nid fi oedd e!"
"believe me, it was not me!"
Agor dy lygaid, Eugene
"Open your eyes, Eugene"
"Os cedwi dy lygaid ar gau, byddaf finnau farw hefyd."
"If you keep your eyes shut I shall die, too"
"O! Beth ddylwn i ei wneud?"
"Oh! what shall I do?"
"Sut ydw i'n mynd adref?"
"how shall I ever return home?"
"Sut alla i fyth gael y dewrder i fynd yn ôl at fy mama da?"
"How can I ever have the courage to go back to my good mamma?"
"Beth fydd yn digwydd i mi?"
"What will become of me?"
"Ble alla i hedfan?"
"Where can I fly to?"
"Dw i jyst wedi mynd i'r ysgol!"
"had I only gone to school!"
Pam wnes i wrando ar fy nghymdeithion?"
"Why did I listen to my companions?"
'Maen nhw wedi bod yn fy nifylchau i'
"they have been my ruin"
'Dywedodd y meistr wrtha i'
"The master said it to me"
"Ac mae fy mam-gu yn ei ailadrodd yn aml"
"and my mamma repeated it often"
'Byddwch yn wyliadwrus o gyfeillion drwg!'
'Beware of bad companions!'
"O, annwyl! Beth fydd yn digwydd i mi?"

"Oh, dear! what will become of me?"
A dechreuodd Pinocchio grio a sob
And Pinocchio began to cry and sob
ac efe a drawodd ei ben gyda'i ddyrnau
and he struck his head with his fists
Yn sydyn clywodd sŵn ôl troed
Suddenly he heard the sound of footsteps
Trodd a gweld dau filwr
He turned and saw two soldiers
"Beth wyt ti'n wneud yno?"
"What are you doing there?"
"Pam wyt ti'n gorwedd ar lawr?"
"why are you lying on the ground?"
"Rydw i'n helpu fy nghyd-ddisgybl ysgol"
"I am helping my school-fellow"
"Oedd e'n brifo?"
"Has he been hurt?"
"Mae'n ymddangos ei fod wedi brifo"
"It seems he has been hurt"
'Hwyl fawr!' meddai un ohonyn nhw
"Hurt indeed!" said one of them
a safodd i lawr i archwilio Eugene yn agos
and he stooped down to examine Eugene closely
"Mae'r bachgen wedi cael ei anafu ar ei ben"
"This boy has been wounded on the head"
"Pwy sydd wedi ei anafu?" gofynasant i Pinocchio
"Who wounded him?" they asked Pinocchio
"Nid fi," stammered y pyped yn ddi-anadl
"Not I," stammered the puppet breathlessly
Os nad chi ydyw, pwy a'i gwnaeth?
"If it was not you, who then did it?"
"Nid fi," ailadroddodd Pinocchio
"Not I," repeated Pinocchio
"A beth gafodd ei anafu?"
"And with what was he wounded?"
"Cafodd ei hanafu gyda'r llyfr hwn"
"he was hurt with this book"

A chododd y pyped o'r llawr ei lyfr
And the puppet picked up from the ground his book
Y Traethawd ar Rhifyddeg
the Treatise on Arithmetic
Ac fe ddangosodd y llyfr i'r milwr
and he showed the book to the soldier
"I bwy mae hyn yn perthyn?"
"And to whom does this belong?"
"Mae'n perthyn i mi," atebodd Pinocchio, yn onest
"It belongs to me," answered Pinocchio, honestly
"Mae hynny'n ddigon, does dim eisiau mwy"
"That is enough, nothing more is wanted"
"Codwch a dewch gyda ni ar unwaith"
"Get up and come with us at once"
"Ond dwi'n ..." Pinocchio yn ceisio gwrthwynebu
"But I..." Pinocchio tried to object
"Tyrd gyda ni!" medden nhw, "Tyrd gyda ni!" medden nhw.
"Come along with us!" they insisted
"Ond dw i'n ddieuog" medda
"But I am innocent" he pleaded
Ond doedden nhw ddim yn gwrando. Dewch gyda ni!"
but they didn't listen. "Come along with us!"
Cyn iddyn nhw adael, roedd y milwyr yn galw pysgotwyr oedd yn mynd heibio
Before they left, the soldiers called a passing fishermen
"Rydyn ni'n rhoi'r bachgen clwyfedig hwn i chi"
"We give you this wounded boy"
"Rydyn ni'n ei adael yn eich gofal"
"we leave him in your care"
"Tyrd ag ef i'th dŷ a'i fagu."
"Carry him to your house and nurse him"
"Yfory byddwn yn dod i'w weld"
"Tomorrow we will come and see him"
Yna fe wnaethant droi at Pinocchio
They then turned to Pinocchio
"Ymlaen! 'Cerddwch yn gyflym'
"Forward! and walk quickly"

"Neu fe fydd yn waeth i chi"
"or it will be the worse for you"
Nid oedd angen dweud wrth Pinocchio ddwywaith
Pinocchio did not need to be told twice
Mae'r pyped ar hyd y ffordd sy'n arwain at y pentref
the puppet set out along the road leading to the village
Ond go brin fod y Diafol bach tlawd yn gwybod lle roedd yn
But the poor little Devil hardly knew where he was
Roedd yn meddwl bod yn rhaid iddo fod yn breuddwydio
He thought he must be dreaming
A dyna oedd breuddwyd ofnadwy!
and what a dreadful dream it was!
Gwelodd ddwbl ac ysgydwodd ei goesau
He saw double and his legs shook
glynodd ei dafod ar do ei geg
his tongue clung to the roof of his mouth
ac ni allai ddywedyd gair
and he could not utter a word
Ac eto, yng nghanol ei ddewrder a'i ddifaterwch
And yet, in the midst of his stupefaction and apathy
trywanwyd ei galon gan ddraenen greulon
his heart was pierced by a cruel thorn
Roedd yn gwybod lle roedd yn rhaid iddo gerdded heibio
he knew where he had to walk past
o dan ffenestri'r tŷ tylwyth teg da
under the windows of the good Fairy's house
Ac roedd hi'n mynd i'w weld gyda'r milwyr
and she was going see him with the soldiers
Byddai'n well ganddo farw
He would rather have died
Yn fuan iawn cyrhaeddon nhw'r pentref
soon they reached the village
chwythodd hyrddod o wynt gap Pinocchio oddi ar ei ben
a gust of wind blew Pinocchio's cap off his head
"A wnewch chi ganiatáu i mi?" meddai'r pyped wrth y milwyr

"Will you permit me?" said the puppet to the soldiers
"A allaf fynd i gael fy nhalcen?"
"can I go and get my cap?"
"Ewch, felly; Ond byddwch yn gyflym am y peth"
"Go, then; but be quick about it"
Aeth y pyped a chodi ei gap
The puppet went and picked up his cap
Ond ni roddodd y cap ar ei ben
but he didn't put the cap on his head
Rhoddodd y cap rhwng ei ddannedd
he put the cap between his teeth
a dechreuodd redeg mor gyflym ag y gallai
and began to run as fast as he could
Roedd yn rhedeg yn ôl tuag at lan y môr!
he was running back towards the seashore!
Roedd y milwyr yn meddwl y byddai'n anodd ei goddiweddyd
The soldiers thought it would be difficult to overtake him
Felly dyma nhw'n anfon mastiff mawr ar ei ôl
so they sent after him a large mastiff
Roedd wedi ennill y gwobrau cyntaf ym mhob un o'r rasys cŵn
he had won the first prizes at all the dog races
Rhedodd Pinocchio, ond rhedodd y ci yn gyflymach
Pinocchio ran, but the dog ran faster
Daeth pobl i'w ffenestri
The people came to their windows
ac maent yn goryrru i'r stryd
and they crowded into the street
roedden nhw eisiau gweld diwedd y ras enbyd
they wanted to see the end of the desperate race

Mae Pinocchio yn rhedeg y perygl o gael ei ffrio mewn sosban fel pysgodyn
Pinocchio Runs the Danger of being Fried in a Pan like a Fish

doedd y ras ddim yn mynd yn dda i'r pyped
the race was not going well for the puppet
a Pinocchio yn meddwl ei fod wedi colli
and Pinocchio thought he had lost
Alidoro, y mastiff, wedi rhedeg yn gyflym
Alidoro, the mastiff, had run swiftly
a bron iddo ddal i fyny gydag ef
and he had nearly caught up with him
Roedd y bwystfil ofnadwy yn agos iawn y tu ôl iddo
the dreadful beast was very close behind him
Roedd yn gallu clywed panting y ci
he could hear the panting of the dog
nid oedd dim llaw rhyngddynt
there was not a hand's breadth between them
Gallai hyd yn oed deimlo anadl boeth y ci
he could even feel the dog's hot breath
Yn ffodus roedd y traeth yn agos
Fortunately the shore was close
Ac roedd y môr ychydig o risiau i ffwrdd
and the sea was but a few steps off
cyn bo hir cyrhaeddasant dywod y traeth
soon they reached the sands of the beach
Maent yn cyrraedd yno bron ar yr un pryd
they got there almost at the same time
ond gwnaeth y pyped naid hyfryd
but the puppet made a wonderful leap
Ni allai broga fod wedi gwneud yn well
a frog could have done no better
Ac efe a syrthiodd i mewn i'r dŵr
and he plunged into the water
Alidoro, i'r gwrthwyneb, yn dymuno atal ei hun
Alidoro, on the contrary, wished to stop himself
ond fe'i dygwyd ymaith gan ysgogiad y ras

but he was carried away by the impetus of the race
Aeth i'r môr hefyd.
he also went into the sea
Ni allai'r ci anffodus nofio
The unfortunate dog could not swim
Ond gwnaeth ymdrech fawr i gadw ei hun ar y dŵr
but he made great efforts to keep himself afloat
ac efe a dyngodd gystal ag a fedrai gyda'i pawennau
and he swam as well as he could with his paws
Ond po fwyaf y bu'n ei chael hi'n anodd y pellaf a suddodd
but the more he struggled the farther he sank
ac yn fuan roedd ei ben o dan y dŵr
and soon his head was under the water
Cododd ei ben uwchben y dŵr am ennyd
his head rose above the water for a moment
a'i lygaid yn crynu â dychryn
and his eyes were rolling with terror
a'r ci tlawd yn cilio:
and the poor dog barked out:
"Dw i'n boddi! Dwi'n boddi!"
"I am drowning! I am drowning!"
"Bodd!" gwaeddodd Pinocchio o bellter
"Drown!" shouted Pinocchio from a distance
gwyddai nad oedd mewn perygl mwyach
he knew that he was in no more danger
"Helpwch fi, Annwyl Pinocchio!"
"Help me, dear Pinocchio!"
Achub fi rhag marwolaeth!"
"Save me from death!"
mewn gwirionedd roedd gan Pinocchio galon ardderchog
in reality Pinocchio had an excellent heart
Clywodd y gri gythryblus gan y ci
he heard the agonizing cry from the dog
a symudwyd y pyped gyda thosturi
and the puppet was moved with compassion
Trodd at y ci, a dweud:
he turned to the dog, and said:

"Byddaf yn eich achub," meddai Pinocchio
"I will save you," said Pinocchio
"Ond a ydych yn addo peidio â rhoi unrhyw niwsans pellach i mi?"
"but do you promise to give me no further annoyance?"
"Rwy'n addo! Rwy'n addo!" cyfarthodd y ci
"I promise! I promise!" barked the dog
'Byddwch yn gyflym, er mwyn trugaredd'
"Be quick, for pity's sake"
"Os wyt ti'n oedi am hanner munud arall, bydda i wedi marw."
"if you delay another half-minute I shall be dead"
Pinocchio yn betruso am eiliad
Pinocchio hesitated for a moment
ond yna cofiodd beth oedd ei dad wedi ei ddweud wrtho yn aml
but then he remembered what his father had often told him
'Gweithred dda byth yn cael ei golli'
"a good action is never lost"
yn gyflym iawn fe wnaeth hi groesi i Alidoro
he quickly swam over to Alidoro
a gafaelodd yn ei gynffon â'i ddwy law
and he took hold of his tail with both hands
yn fuan iawn roedden nhw ar dir sych eto
soon they were on dry land again
Roedd Alidoro yn ddiogel ac yn gadarn
and Alidoro was safe and sound
Ni allai'r ci tlawd sefyll
The poor dog could not stand
Roedd wedi yfed llawer o ddŵr hallt
He had drunk a lot of salt water
Ac yn awr yr oedd fel balŵn
and now he was like a balloon
Fodd bynnag, nid oedd y pyped yn ymddiried ynddo yn llwyr
The puppet, however, didn't entirely trust him
Roedd yn credu ei bod yn fwy synhwyrol i neidio eto i'r dŵr

he thought it more prudent to jump again into the water
Lusgodd ychydig bellter i mewn i'r dŵr
he swam a little distance into the water
a galwodd allan at ei ffrind ei fod wedi achub
and he called out to his friend he had rescued
"Hwyl fawr, Alidoro; Taith dda i chi"
"Good-bye, Alidoro; a good journey to you"
"A chymerwch fy nghanmoliaeth i bawb gartref"
"and take my compliments to all at home"
"Hwyl fawr, Pinocchio," atebodd y ci
"Good-bye, Pinocchio," answered the dog
"mil o ddiolch am achub fy mywyd"
"a thousand thanks for having saved my life"
"Rydych chi wedi gwneud gwasanaeth gwych i mi"
"You have done me a great service"
"Ac yn y byd hwn y dychwelir yr hyn a roddir"
"and in this world what is given is returned"
"Os bydd achlysur yn cynnig, ni fyddaf yn ei anghofio"
"If an occasion offers I shall not forget it"
Pinocchio yn nofio ar hyd y lan
Pinocchio swam along the shore
O'r diwedd roedd yn meddwl ei fod wedi cyrraedd lle diogel
At last he thought he had reached a safe place
Felly edrychodd ar y lan
so he gave a look along the shore
gwelodd ymhlith y creigiau rhyw fath o ogof
he saw amongst the rocks a kind of cave
o'r ogof yr oedd cwmwl o fwg
from the cave there was a cloud of smoke
"Yn yr ogof mae'n rhaid cael tân"
"In that cave there must be a fire"
"Gymaint gwell," meddyliodd Pinocchio
"So much the better," thought Pinocchio
"Byddaf yn mynd yn sych ac yn gynnes fy hun"
"I will go and dry and warm myself"
"Ac yna?" Pinocchio meddwl
"and then?" Pinocchio wondered

"Ac yna gawn ni weld," daeth i'r casgliad
"and then we shall see," he concluded
Ar ôl cymryd y penderfyniad fe nofiodd tuag at dir
Having taken the resolution he swam landwards
Roedd ar fin dringo'r creigiau
he was was about to climb up the rocks
Ond roedd yn teimlo rhywbeth o dan y dŵr
but he felt something under the water
Beth bynnag a godwyd yn uwch ac yn uwch
whatever it was rose higher and higher
a'i gario i'r awyr
and it carried him into the air
Ceisiodd ddianc rhag
He tried to escape from it
Ond roedd hi'n rhy hwyr i ddianc
but it was too late to get away
Roedd yn synnu'n fawr pan welodd beth oedd
he was extremely surprised when he saw what it was
cafodd ei hun wedi'i amgáu mewn rhwyd fawr
he found himself enclosed in a great net
Roedd gyda haid o bysgod o bob maint a siâp
he was with a swarm of fish of every size and shape
Roedden nhw'n ffraeo ac yn brwydro o gwmpas
they were flapping and struggling around
fel haid o eneidiau anobaith
like a swarm of despairing souls
Ar yr un pryd daeth pysgotwr allan o'r ogof
At the same moment a fisherman came out of the cave
Roedd y pysgotwr yn ofnadwy o hyll
the fisherman was horribly ugly
Ac roedd yn edrych fel anghenfil môr
and he looked like a sea monster
Nid oedd ei ben wedi'i orchuddio â gwallt
his head was not covered in hair
yn hytrach roedd ganddo lwyni trwchus o laswellt gwyrdd
instead he had a thick bush of green grass
Roedd ei groen yn wyrdd a'i lygaid yn wyrdd

his skin was green and his eyes were green
a daeth ei farf hir i lawr i'r llawr
and his long beard came down to the ground
ac wrth gwrs roedd ei farf hefyd yn wyrdd
and of course his beard was also green
Roedd ganddo ymddangosiad madfall enfawr
He had the appearance of an immense lizard
madfall yn sefyll ar ei hind-pawennau
a lizard standing on its hind-paws

Tynnodd y pysgotwr ei rhwyd allan o'r môr
the fisherman pulled his net out of the sea
"Diolch yn fawr!" meddai'n falch iawn
"Thank Heaven!" he exclaimed greatly satisfied
"Unwaith eto heddiw byddaf yn cael gwledd ysblennydd o bysgod!"
"Again today I shall have a splendid feast of fish!"
Pinocchio yn meddwl iddo'i hun am eiliad
Pinocchio thought to himself for a moment

"Am drugaredd nad wyf yn bysgodyn!"
"What a mercy that I am not a fish!"
ac fe adferodd ychydig o ddewrder
and he regained a little courage
Dygwyd y rhwyd o bysgod i'r ogof
The netful of fish was carried into the cave
a'r ogof yn dywyll ac yn myglyd
and the cave was dark and smoky
Yng nghanol yr ogof roedd padell ffrio-fawr
In the middle of the cave was a large frying-pan
a'r badell ffrio yn llawn o olew
and the frying-pan was full of oil
roedd arogl myglyd o fadarch
there was a suffocating smell of mushrooms
Ond roedd y pysgotwr yn gyffrous iawn
but the fisherman was very excited
"Gawn ni weld pa bysgod rydyn ni wedi'u cymryd!"
"Now we will see what fish we have taken!"
Ac efe a roddodd yn y rhwyd law fawr
and he put into the net an enormous hand
Roedd gan ei law cyfrannau rhaw pobydd
his hand had the proportions of a baker's shovel
ac fe dynnodd ychydig o bysgod allan
and he pulled out a handful of fish
"Mae'r pysgod hyn yn dda!" meddai
"These fish are good!" he said
ac aroglodd y pysgod yn hunanfodlon
and he smelled the fish complacently
Ac yna taflodd y pysgod i mewn i badell heb ddŵr
And then he threw the fish into a pan without water
Ailadroddodd yr un llawdriniaeth sawl gwaith
He repeated the same operation many times
ac wrth iddo dynnu allan y pysgodyn, dyfrhaodd ei geg
and as he drew out the fish his mouth watered
a'r pysgotwr yn chwerthin iddo'i hun
and the Fisherman chuckled to himself
"Pa sardinau gwych rydw i wedi'u dal!"

"What exquisite sardines I've caught!"
"Mae'r mecryll yma yn mynd i fod yn flasus!"
"These mackerel are going to be delicious!"
"A bydd y crancod hyn yn ardderchog!"
"And these crabs will be excellent!"
"Pa fath o anchovies bach annwyl ydyn nhw!"
"What dear little anchovies they are!"
Yr olaf i aros yn rhwyd y pysgotwr oedd Pinocchio
The last to remain in the fisher's net was Pinocchio
Agorodd ei lygaid gwyrdd mawr gyda syndod
his big green eyes opened with astonishment
"Pa fath o bysgod yw hwn?"
"What species of fish is this??"
"Pysgod o'r math yma dwi ddim yn cofio eu bwyta"
"Fish of this kind I don't remember to have eaten"
Edrychodd arno eto yn astud
And he looked at him again attentively
Ac efe a'i harchwiliodd ef yn dda ar hyd a lled
and he examined him well all over
"Rwy'n gwybod: mae'n rhaid iddo fod yn bysgodyn crai"
"I know: he must be a craw-fish"
Morteiddiwyd Pinocchio ar ôl cael ei gamgymryd am bysgodyn craw.
Pinocchio was mortified at being mistaken for a craw-fish
"A wyt yn fy nghymryd i am bysgodyn?"
"Do you take me for a craw-fish?"
"Nid dyna'r ffordd i drin eich gwesteion!"
"that's no way to treat your guests!"
"Gadewch imi ddweud wrthych fy mod yn byped"
"Let me tell you that I am a puppet"
'Neidr?' atebodd y pysgotwr
"A puppet?" replied the fisherman
'Mae'n rhaid i mi ddweud y gwir wrthych'
"then I must tell you the truth"
"Mae pyped yn bysgodyn eithaf newydd i mi"
"a puppet is quite a new fish to me"
"Ond mae hynny hyd yn oed yn well!"

"but that is even better!"
'Fe'ch bwytâf chwi â mwy o foddhad'
"I shall eat you with greater pleasure"
"Gallwch chi fwyta popeth rydych chi ei eisiau i mi"
"you can eat me all you want"
"A ydych yn deall nad wyf yn bysgodyn?"
"but will you understand that I am not a fish?"
"Wyt ti ddim yn clywed fy mod i'n siarad?"
"Do you not hear that I talk?"
"Wyt ti ddim yn gallu gweld fy rhesymu i fel rwyt ti'n ei wneud?"
"can you not see that I reason as you do?"
"Mae hynny'n wir," meddai'r pysgotwr
"That is quite true," said the fisherman
"Rydych yn wir pysgodyn gyda'r ddawn o siarad"
"you are indeed a fish with the talent of talking"
"Rydych chi'n bysgod a all resymu fel rydw i'n ei wneud"
"and you are a fish that can reason as I do"
"Rhaid i mi roi sylw priodol i chi"
"I must treat you with appropriate attention"
"A beth fyddai'r sylw hwnnw?"
"And what would this attention be?"
"Gadewch i mi roi arwydd o fy gyfeillgarwch i chi"
"let me give you a token of my friendship"
"A gadewch i mi ddangos fy sylw arbennig"
"and let me show my particular regard"
"Byddaf yn gadael i chi ddewis sut yr hoffech chi gael eich coginio"
"I will let you choose how you would like to be cooked"
"Hoffech chi gael eich ffrio yn y badell ffrio?
"Would you like to be fried in the frying-pan?
"Neu a fyddai'n well gennych gael eich stiwio â saws tomato?"
"or would you prefer to be stewed with tomato sauce?"
"Gadewch i mi ddweud y gwir wrthych," atebodd Pinocchio
"let me tell you the truth," answered Pinocchio
"Pe bai'n rhaid i mi ddewis, hoffwn gael fy rhyddhau"

"if I had to choose, I would like to be set free"
"Rydych chi'n joio!" chwarddodd y pysgotwr
"You are joking!" laughed the fisherman
"Pam fyddwn i'n colli'r cyfle i flasu pysgodyn mor brin?"
"why would I lose the opportunity to taste such a rare fish?"
"Gallaf eich sicrhau bod pysgod pypedau yn brin yma"
"I can assure you puppet fish are rare here"
"Nid yw un yn dal pysgodyn pypedau bob dydd"
"one does not catch a puppet fish every day"
"Gadewch i mi wneud y dewis i chi"
"Let me make the choice for you"
"Byddwch gyda'r pysgodyn arall"
"you will be with the other fish"
"Byddaf yn eich ffrio yn y badell ffrio"
"I will fry you in the frying-pan"
"Byddwch yn fodlon iawn"
"and you will be quite satisfied"
"Mae bob amser yn gysur i gael ei ffrio mewn cwmni"
"It is always consolation to be fried in company"
Yn yr araith hon dechreuodd y Pinocchio anhapus grio
At this speech the unhappy Pinocchio began to cry
gwaeddodd ac ymbil am drugaredd
he screamed and implored for mercy
"Faint gwell fyddai wedi bod pe bawn i wedi mynd i'r ysgol!"
"How much better it would have been if I had gone to school!"
"Ddylwn i ddim bod wedi gwrando ar fy nghymydogion"
"I shouldn't have listened to my companions"
"A nawr rwy'n talu amdano"
"and now I am paying for it"
Ac efe a ddryllodd fel clust
And he wriggled like an eel
a gwnaeth ymdrechion anhraethadwy i lithro allan
and he made indescribable efforts to slip out
ond roedd yn dynn o grafangau y pysgotwr gwyrdd
but he was tight in clutches of the green fisherman
a holl ymdrechion Pinocchio yn ddiwerth

and all of Pinocchio's efforts were useless
Cymerodd y pysgotwr stribed hir o ruthro
the fisherman took a long strip of rush
Ac efe a rwymodd y pypedau ddwylo a thraed
and he bound the puppets hands and feet
Roedd Pinocchio druan wedi'i glymu fel selsig
Poor Pinocchio was tied up like a sausage
Ac efe a'i taflodd ef i'r badell gyda'r pysgodyn arall
and he threw him into the pan with the other fish
Yna, cafodd bowlen bren yn llawn blawd
He then fetched a wooden bowl full of flour
Ac un wrth un dechreuodd blawd pob pysgodyn
and one by one he began to flour each fish
Yn fuan roedd yr holl bysgod bach yn barod
soon all the little fish were ready
Ac efe a'u taflodd hwynt i'r badell ffrio
and he threw them into the frying-pan
Y cyntaf i ddawnsio yn yr olew berwedig oedd y sibrwd druan
The first to dance in the boiling oil were the poor whitings
Roedd y crancod wrth ymyl y ddawns
the crabs were next to follow the dance
ac yna daeth y sardinau hefyd
and then the sardines came too
Ac yn olaf taflwyd yr anchovies i mewn
and finally the anchovies were thrown in
o'r diwedd roedd wedi dod i dro Pinocchio
at last it had come to Pinocchio's turn
gwelodd y farwolaeth erchyll yn aros amdano
he saw the horrible death waiting for him
a gallwch ddychmygu pa mor ofnus oedd
and you can imagine how frightened he was
Dychrynodd yn ffyrnig a chydag ymdrech fawr
he trembled violently and with great effort
ac nid oedd ganddo lais nac anadl ar ôl i ymbil pellach.
and he had neither voice nor breath left for further entreaties
Ond ymbiliodd y bachgen tlawd â'i lygaid!

But the poor boy implored with his eyes!
Fodd bynnag, nid oedd y pysgotwr gwyrdd yn poeni lleiaf
The green fisherman, however, didn't care the least
ac fe blymiodd ef bum neu chwe gwaith yn y blawd
and he plunged him five or six times in the flour
O'r diwedd roedd yn wyn o ben i droed
finally he was white from head to foot
ac roedd yn edrych fel pyped wedi ei wneud o blastr
and he looked like a puppet made of plaster

Pinocchio yn dychwelyd i dŷ tylwyth teg
Pinocchio Returns to the Fairy's House

Roedd Pinocchio yn pysgota dros y badell ffrio
Pinocchio was dangling over the frying pan
Roedd y pysgotwr ar fin ei daflu i mewn
the fisherman was just about to throw him in
ond wedyn ci mawr yn mynd i mewn i'r ogof
but then a large dog entered the cave
Roedd y ci wedi arogli'r arogl sawrus o bysgod wedi'u ffrio
the dog had smelled the savoury odour of fried fish
ac yr oedd wedi ei hudo i mewn i'r ogof
and he had been enticed into the cave
'Ewch allan!' gwaeddodd y pysgotwr
"Get out!" shouted the fisherman
Roedd yn dal y pyped blawd mewn un llaw
he was holding the floured puppet in one hand
ac fe bygythiodd y ci â'r llaw arall
and he threatened the dog with the other hand
Ond roedd y ci druan mor llwglyd â blaidd
But the poor dog was as hungry as a wolf
ac efe a chwibanodd ac a siglodd ei gynffon
and he whined and wagged his tail
Pe bai wedi gallu siarad, byddai wedi dweud:
if he could have talked he would have said:
"Rho imi ychydig bysgod a byddaf yn eich gadael mewn

heddwch."
"Give me some fish and I will leave you in peace"
'Ewch allan, rwy'n dweud wrthych!' ailadroddodd y pysgotwr
"Get out, I tell you!" repeated the fisherman
ac estynnodd ei goes i roi cic iddo
and he stretched out his leg to give him a kick
Ond ni fyddai'r ci yn sefyll yn trifling
But the dog would not stand trifling
Roedd yn rhy newynog i gael gwrthod y bwyd
he was too hungry to be denied the food
Dechreuodd dyfu yn y pysgotwr
he started growling at the fisherman
a dangosodd ei ddannedd ofnadwy
and he showed his terrible teeth
Ar y pryd, llais bach gwan yn galw allan
At that moment a little feeble voice called out
"Achub fi, Alidoro, os gwelwch yn dda!"
"Save me, Alidoro, please!"
"Os na fyddwch yn fy achub byddaf yn cael fy ffrio!"
"If you do not save me I shall be fried!"
Roedd y ci yn adnabod llais Pinocchio
The dog recognized Pinocchio's voice
Y cyfan a welodd oedd y bwndel blawd yn llaw'r pysgotwr
all he saw was the floured bundle in the fisherman's hand
rhaid mai dyna lle roedd y llais wedi dod o
that must be where the voice had come from
Felly beth ydych chi'n meddwl wnaeth e?
So what do you think he did?
Alidoro yn neidio i fyny i'r pysgotwr
Alidoro sprung up to the fisherman
Ac efe a ddaliodd y bwndel yn ei enau
and he seized the bundle in his mouth
Daliodd y bwndel yn ysgafn yn ei ddannedd
he held the bundle gently in his teeth
a rhuthrodd allan o'r ogof eto
and he rushed out of the cave again

Ac yna roedd wedi mynd fel fflach o fellten
and then he was gone like a flash of lightning
Roedd y pysgotwr yn ddig
The fisherman was furious
Roedd y pysgodyn pypedau prin wedi cael eu cipio oddi arno
the rare puppet fish had been snatched from him
a rhedodd ar ôl y ci
and he ran after the dog
Ceisiodd gael ei bysgod yn ôl
he tried to get his fish back
Ond nid oedd y pysgotwr yn rhedeg yn bell
but the fisherman did not run far
am ei fod wedi cael ei gymryd gan ffit o beswch
because he had been taken by a fit of coughing

Alidoro yn rhedeg bron i'r pentref
Alidoro ran almost to the village
Ar ôl cyrraedd y ffordd fe stopiodd
when he got to the path he stopped
rhoddodd ei ffrind Pinocchio yn ysgafn ar y ddaear
he put his friend Pinocchio gently on the ground
'Faint sydd raid i mi ddiolch i chi amdano!' meddai'r pyped
"How much I have to thank you for!" said the puppet
'Does dim angen,' atebodd y ci
"There is no necessity," replied the dog
"Rydych chi wedi fy achub ac rydw i wedi ei ddychwelyd nawr"
"You saved me and I have now returned it"
"Rydych chi'n gwybod bod yn rhaid i ni i gyd helpu ein gilydd yn y byd hwn."
"You know that we must all help each other in this world"
Roedd Pinocchio yn hapus i fod wedi achub Alidoro
Pinocchio was happy to have saved Alidoro
"Sut wnaethoch chi fynd i mewn i'r ogof?"
"But how did you get into the cave?"
"Roeddwn i'n gorwedd ar y lan yn fwy marw nag yn fyw"
"I was lying on the shore more dead than alive"
"Yna daeth y gwynt ag arogl pysgod wedi'u ffrio ataf"
"then the wind brought to me the smell of fried fish"
"Mae'r arogl wedi cyffroi fy archwaeth"
"The smell excited my appetite"
"Ac fe wnes i ddilyn fy nhrwyn i"
"and I followed my nose"
"Pe bawn i wedi cyrraedd yr ail dro ar ôl tro..."
"If I had arrived a second later..."
"Peidiwch â sôn amdano!" sighedodd Pinocchio
"Do not mention it!" sighed Pinocchio
Roedd yn dal i grynu gyda dychryn
he was still trembling with fright
"Byddwn i'n byped wedi'i ffrio erbyn hyn"
"I would be a fried puppet by now"
"Mae'n gwneud i mi sgrechian dim ond i feddwl am y peth!"

"It makes me shudder just to think of it!"
Alidoro yn chwerthin ychydig ar y syniad
Alidoro laughed a little at the idea
ond estynnodd ei fraich dde i'r pyped
but he extended his right paw to the puppet
Ysgydwodd Pinocchio ei baw yn galonnog
Pinocchio shook his paw heartily
ac yna aethant ar eu ffyrdd neilltuol
and then they went their separate ways
Mae'r ci wedi mynd â'r ffordd adref
The dog took the road home
ac aeth Pinocchio i fwthyn heb fod ymhell i ffwrdd
and Pinocchio went to a cottage not far off
Roedd yna hen ddyn yn cynhesu ei hun yn yr haul
there was a little old man warming himself in the sun
Pinocchio yn siarad â'r hen ddyn bach
Pinocchio spoke to the little old man
"Dywedwch wrthyf, dyn da," dechreuodd
"Tell me, good man," he started
Ydych chi'n gwybod unrhyw beth am fachgen tlawd o'r enw Eugene?
"do you know anything of a poor boy called Eugene?"
"Cafodd ei anafu yn ei ben"
"he was wounded in the head"
"Daethpwyd â'r bachgen gan rai pysgotwyr i'r bwthyn hwn"
"The boy was brought by some fishermen to this cottage"
"A nawr dw i ddim yn gwybod beth ddigwyddodd iddo."
"and now I do not know what happened to him"
"A nawr mae wedi marw!" torri ar draws Pinocchio gyda thristwch mawr
"And now he is dead!" interrupted Pinocchio with great sorrow
"Na, mae'n fyw," torrodd y pysgotwr
"No, he is alive," interrupted the fisherman
"Mae wedi dychwelyd i'w gartref"
"and he has been returned to his home"
"A yw'n wir?" gwaeddodd y pyped

"Is it true?" cried the puppet
a Pinocchio yn dawnsio gyda hyfrydwch
and Pinocchio danced with delight
"A oedd y clwyf yn ddifrifol?"
"Then the wound was not serious?"
atebodd yr hen ddyn Pinocchio
the little old man answered Pinocchio
'**Gallai fod wedi bod yn ddifrifol**'
"It might have been very serious"
'**Gallai fod wedi bod yn angheuol**'
"it could even have been fatal"
"Maen nhw'n taflu llyfr trwchus ar ei ben"
"they threw a thick book at his head"
"Pwy a'i taflodd ato?"
"And who threw it at him?"
"Un o'i gymrodyr ysgol, o'r enw Pinocchio"
"One of his school-fellows, by the name of Pinocchio"
"A phwy yw'r Pinocchio yma?" gofynnodd y pyped
"And who is this Pinocchio?" asked the puppet
ac esgus ei anwybodaeth orau y gallai
and he pretended his ignorance as best he could
'**Maen nhw'n dweud ei fod yn fachgen drwg**'
"They say that he is a bad boy"
"vagabond, yn rheolaidd da am ddim"
"a vagabond, a regular good-for-nothing"
Calumnies! Pob cyngerdd!"
"Calumnies! all calumnies!"
"Ydych chi'n gwybod y pinocchio hwn?"
"Do you know this Pinocchio?"
'**Wrth olwg!**' **atebodd y pyped**
"By sight!" answered the puppet
"A beth yw eich barn chi amdano?" gofynnodd y dyn bach
"And what is your opinion of him?" asked the little man
"Mae'n ymddangos i mi fod yn fachgen da iawn"
"He seems to me to be a very good boy"
"Mae'n awyddus i ddysgu," ychwanegodd Pinocchio
"he is anxious to learn," added Pinocchio

"Y mae'n ufudd ac yn annwyl i'w dad a'i deulu."
"and he is obedient and affectionate to his father and family"
Mae'r pyped wedi tanio criw o gelwyddau
the puppet fired off a bunch of lies
ond yna cofiodd cyffwrdd â'i drwyn
but then he remembered to touch his nose
Roedd yn ymddangos bod ei drwyn wedi tyfu gan fwy na llaw
his nose seemed to have grown by more than a hand
Roedd yn ddychrynllyd iawn iddo ddechrau crio:
Very much alarmed he began to cry:
"Peidiwch â'm credu, dyn da"
"Don't believe me, good man"
"Roedd yr hyn a ddywedais i gyd yn gelwyddog"
"what I said were all lies"
"Dwi'n nabod Pinocchio yn dda iawn"
"I know Pinocchio very well"
"A gallaf eich sicrhau ei fod yn fachgen drwg iawn"
"and I can assure you that he is a very bad boy"
"Mae e'n anufudd ac yn ddiog"
"he is disobedient and idle"
"Yn lle mynd i'r ysgol, mae'n rhedeg i ffwrdd gyda'i gymar"
"instead of going to school, he runs off with his companions"
Go brin iddo orffen siarad pan aeth ei drwyn yn fyrrach
He had hardly finished speaking when his nose became shorter
ac yn olaf dychwelodd ei drwyn i'r hen faint
and finally his nose returned to the old size
sylwodd yr hen ddyn ar liw'r bechgyn
the little old man noticed the boys' colour
"A pham yr ydych i gyd yn gwisgo gwyn?"
"And why are you all covered with white?"
"Byddaf yn dweud wrthych pam," meddai Pinocchio
"I will tell you why," said Pinocchio
"Heb sylwi arno, rwy'n rhwbio fy hun yn erbyn wal"
"Without observing it I rubbed myself against a wall"
"Ychydig a wyddwn fod y wal wedi ei gwyngalchu'n ffres"

"little did I know that the wall had been freshly whitewashed"
Roedd yn gywilydd cyfaddef y gwir
he was ashamed to confess the truth
Yn wir, roedd wedi cael ei fflangellu fel pysgodyn
in fact he had been floured like a fish
"A beth ydych chi wedi'i wneud â'ch siaced?"
"And what have you done with your jacket?"
"Ble mae'ch trowsus a'ch cap?"
"where are your trousers, and your cap?"
"Fe wnes i gwrdd â rhai lladron ar fy nhaith"
"I met some robbers on my journey"
a chymerasant fy holl bethau oddi arnaf"
"and they took all my things from me"
"Hen ddyn da, mae gen i ffafr i ofyn"
"Good old man, I have a favour to ask"
"Allwch chi roi dillad i mi ddychwelyd adref ynddyn nhw?"
"could you perhaps give me some clothes to return home in?"
"Bachgen, hoffwn eich helpu chi"
"My boy, I would like to help you"
"Ond does gen i ddim byd ond sach fach"
"but I have nothing but a little sack"
"dim ond sach lle dwi'n cadw ffa"
"it is but a sack in which I keep beans"
"Ond os oes ei angen arnoch, cymerwch hi"
"but if you have need of it, take it"
Nid oedd Pinocchio yn aros i gael ei ofyn ddwywaith
Pinocchio did not wait to be asked twice
Cymerodd y sach ar unwaith
He took the sack at once
ac fe fenthycodd bâr o siswrn
and he borrowed a pair of scissors
a thorrodd dwll ar ddiwedd y sach
and he cut a hole at the end of the sack
Ar bob ochr, torrodd dyllau bach allan am ei freichiau
at each side, he cut out small holes for his arms
ac efe a osododd y sach ar fel crys
and he put the sack on like a shirt

A gyda'i ddillad newydd fe gychwynnodd ar gyfer y pentref
And with his new clothing he set off for the village
Ond wrth iddo fynd nid oedd yn teimlo'n gyfforddus o gwbl
But as he went he did not feel at all comfortable
Ar gyfer pob cam ymlaen cymerodd gam arall yn ôl
for each step forward he took another step backwards
"Sut fydda i byth yn cyflwyno fy hun i'm Tylwyth Teg bach da?"
"How shall I ever present myself to my good little Fairy?"
"Beth fydd hi'n ei ddweud pan fydd hi'n fy ngweld?"
"What will she say when she sees me?"
"A fydd hi'n maddau i mi yr ail ddihangfa?"
"Will she forgive me this second escapade?"
"Dw i'n siwr na fydd hi'n maddau i mi!"
"Oh, I am sure that she will not forgive me!"
"Ac mae'n fy ngwasanaethu'n iawn, oherwydd fy mod i'n rasol"
"And it serves me right, because I am a rascal"
"Rwyf bob amser yn addo cywiro fy hun"
"I am always promising to correct myself"
"Ond dwi byth yn cadw fy ngair i!"
"but I never keep my word!"
Pan gyrhaeddodd y pentref roedd hi'n noson
When he reached the village it was night
Ac roedd yn dywyll iawn
and it had gotten very dark
Roedd storm wedi dod i mewn o'r lan
A storm had come in from the shore
a'r glaw yn disgyn mewn llifeiriant
and the rain was coming down in torrents
aeth yn syth i dŷ'r tylwyth teg
he went straight to the Fairy's house
Penderfynwyd curo wrth y drws
he was resolved to knock at the door
Ond pan oedd yno fe fethodd ei ddewrder ag ef
But when he was there his courage failed him
Yn hytrach na chnocio rhedodd i ffwrdd rhyw ugain cam

instead of knocking he ran away some twenty paces
Dychwelodd i'r drws yr ail waith.
He returned to the door a second time
Ac efe a ddaliodd y drws yn ei law
and he held the door knocker in his hand
Dychrynodd, rhoddodd ychydig o gnoc wrth y drws
trembling, he gave a little knock at the door
Arhosodd ac aros i'w fam agor y drws
He waited and waited for his mother to open the door
Rhaid i Pinocchio fod wedi aros dim llai na hanner awr
Pinocchio must have waited no less than half an hour
O'r diwedd agorwyd ffenestr ar y llawr uchaf
At last a window on the top floor was opened
Roedd y tŷ yn bedair stori'n uchel
the house was four stories high
a Pinocchio welodd falwen fawr
and Pinocchio saw a big Snail
Roedd ganddi gannwyll ysgafn ar ei phen i edrych allan
it had a lighted candle on her head to look out
"Pwy sydd yna ar yr awr hon?"
"Who is there at this hour?"
"Ydy'r Tylwyth Teg gartref?" gofynnodd y pyped
"Is the Fairy at home?" asked the puppet
"Mae'r Tylwyth Teg yn cysgu," atebodd y falwen
"The Fairy is asleep," answered the snail
"Ni ddylai hi ddeffro"
"and she must not be awakened"
'Ond pwy wyt ti?' gofynnodd y Barnwr
"but who are you?" asked the Snail
'Myfi ydyw,' atebodd Pinocchio
"It is I," answered Pinocchio
"Pwy ydw i?" gofynnodd y Barnwr
"Who is I?" asked the Snail
"Mae'n fi, Pinocchio," atebodd Pinocchio
"It is I, Pinocchio," answered Pinocchio
"A phwy yw Pinocchio?" gofynnodd y falwen
"And who is Pinocchio?" asked the Snail

"Y pyped sy'n byw yn nhŷ'r Tylwyth Teg"
"The puppet who lives in the Fairy's house"
"O, dwi'n deall!" meddai'r Falwen
"Ah, I understand!" said the Snail
"Aros fi yno"
"Wait for me there"
"Byddaf yn dod i lawr ac yn agor y drws"
"I will come down and open the door"
'Byddwch yn gyflym, er mwyn trugaredd'
"Be quick, for pity's sake"
'Dw i'n marw o oerfel'
"because I am dying of cold"
'Mam, rwy'n falfigen'
"My boy, I am a snail"
"Ac nid yw malwod byth ar frys"
"and snails are never in a hurry"
Aeth awr heibio, ac yna aeth dau
An hour passed, and then two
Nid yw'r drws wedi ei agor eto
and the door was still not opened
Roedd Pinocchio yn wlyb drwyddi a thrwy
Pinocchio was wet through and through
ac yr oedd yn crynu rhag oer ac ofn
and he was trembling from cold and fear
O'r diwedd cafodd y dewrder i guro eto
at last he had the courage to knock again
Y tro hwn fe gurodd yn uwch nag o'r blaen
this time he knocked louder than before
Yn yr ail guro, agorodd ffenestr ar y stori isaf
At this second knock a window on the lower story opened
a'r un falwen yn ymddangos wrth y ffenestr
and the same Snail appeared at the window
"Falwen fach hardd," gwaeddodd Pinocchio
"Beautiful little Snail," cried Pinocchio
"Dw i wedi bod yn aros am ddwy awr!"
"I have been waiting for two hours!"
"Mae dwy awr ar noson o'r fath yn ymddangos yn hirach na

dwy flynedd"
"two hours on such a night seems longer than two years"
'Byddwch yn gyflym, er mwyn trugaredd'
"Be quick, for pity's sake"
'Fy mab,' atebodd yr anifail bach tawel
"My boy," answered the calm little animal
"Rydych chi'n gwybod fy mod i'n faleis"
"you know that I am a snail"
"Ac nid yw malwod byth ar frys"
"and snails are never in a hurry"
Ac roedd y ffenestr ar gau eto
And the window was shut again
Yn fuan wedyn hanner nos yn taro
Shortly afterwards midnight struck
yna un o'r gloch, yna dau o'r gloch
then one o'clock, then two o'clock
Ac mae'r drws yn dal heb ei agor
and the door still remained unopened
Pinocchio colli pob amynedd o'r diwedd
Pinocchio finally lost all patience
gafaelodd yn y cnocer drws mewn cynddaredd
he seized the door knocker in a rage
Roedd yn bwriadu taro'r drws mor galed ag y gallai
he intended bang the door as hard as he could
ergyd a fyddai'n chwythu drwy'r tŷ
a blow that would resound through the house
Roedd y cnocer drws wedi'i wneud o haearn
the door knocker was made from iron
ond yn sydyn trodd yn glust
but suddenly it turned into an eel
a llithrodd y glust o law Pinocchio
and the eel slipped out of Pinocchio's hand
I lawr y stryd roedd llif o ddŵr
down the street was a stream of water
a diflannodd y glust i lawr y nant
and the eel disappeared down the stream
Roedd Pinocchio wedi'i dallu â chynddaredd

Pinocchio was blinded with rage
"O! Ai dyna'r ffordd y mae?"
"Ah! so that's the way it is?"
"Yna byddaf yn cicio gyda'm holl nerth"
"then I will kick with all my might"
Cymerodd Pinocchio ychydig o rediad i fyny at y drws
Pinocchio took a little run up to the door
ac efe a gicio'r drws gyda'i holl allu
and he kicked the door with all his might
Yn wir roedd yn gic gref gref
it was indeed a mighty strong kick
a'i droed yn mynd trwy'r drws
and his foot went through the door
Pinocchio yn ceisio tynnu ei droed allan
Pinocchio tried to pull his foot out
Ond yna sylweddolodd ei fod yn ei rwystredigaeth
but then he realized his predicament
yr oedd fel pe bai ei droed wedi ei hoelio i lawr
it was as if his foot had been nailed down
Meddyliwch am sefyllfa Pinocchio druan!
Think of poor Pinocchio's situation!
Bu'n rhaid iddo dreulio gweddill y nos ar un droed
He had to spend the rest of the night on one foot
Ac roedd y droed arall yn yr awyr
and the other foot was in the air
Ar ôl oriau lawer daeth Daybreak o'r diwedd
after many hours daybreak finally came
Ac o'r diwedd agorwyd y drws
and at last the door was opened
dim ond naw awr oedd wedi cymryd y falwen
it had only taken the Snail nine hours
Roedd wedi dod yr holl ffordd o'r bedwaredd stori
he had come all the way from the fourth story
Mae'n amlwg bod ei hymdrech wedi bod yn wych
It is evident that her exertions must have been great
ond roedd hi'r un mor ddryslyd gan Pinocchio
but she was equally confused by Pinocchio

"Beth ydych chi'n ei wneud â'ch troed yn y drws?"
"What are you doing with your foot in the door?"
"Roedd yn ddamwain," atebodd y pyped
"It was an accident," answered the puppet
"Oh malwod hardd, helpwch fi os gwelwch yn dda"
"oh beautiful snail, please help me"
'Ceisiwch gael fy nhroed allan o'r drws'
"try and get my foot out the door"
"Fy machgen, gwaith saer coed yw hynny""
"My boy, that is the work of a carpenter""
"A dydw i erioed wedi bod yn saer"
"and I have never been a carpenter"
"Yn yr achos yna plîs mynnwch y Tylwyth Teg i mi!"
"in that case please get the Fairy for me!"
"Mae'r Tylwyth Teg yn dal i gysgu"
"The Fairy is still asleep"
"Ni ddylai hi ddeffro"
"and she must not be awakened"
"Ond beth alla i ei wneud gyda mi droed yn sownd yn y drws?"
"But what can I do with me foot stuck in the door?"
"Mae yna lawer o gewri yn yr ardal hon"
"there are many ants in this area"
"Diddanwch eich hun trwy gyfrif yr holl forgrug bach"
"Amuse yourself by counting all the little ants"
'Rhowch o leiaf rywbeth i'w fwyta i mi'
"Bring me at least something to eat"
"Oherwydd fy mod yn flinedig ac yn llwglyd"
"because I am quite exhausted and hungry"
"Ar unwaith," meddai'r Falwen
"At once," said the Snail
Roedd hi bron mor gyflym ag yr oedd hi wedi dweud
it was in fact almost as fast as she had said
Ar ôl tair awr dychwelodd i Pinocchio
after three hours she returned to Pinocchio
ac ar ei phen yr oedd hambwrdd arian
and on her head was a silver tray

Roedd yr hambwrdd yn cynnwys torth o fara
The tray contained a loaf of bread
ac roedd cyw iâr rhost
and there was a roast chicken
ac roedd pedwar bricyll aeddfed
and there were four ripe apricots
"Dyma'r brecwast mae'r tylwyth teg wedi ei anfon atoch chi"
"Here is the breakfast that the Fairy has sent you"
Roedd y rhain i gyd yn bethau yr oedd Pinocchio yn hoffi bwyta
these were all things Pinocchio liked to eat
Roedd y pyped yn teimlo'n gysurus iawn ar yr olwg
The puppet felt very much comforted at the sight
Yna dechreuodd fwyta'r bwyd
But then he began to eat the food
ac roedd yn fwyaf ffiaidd gan y blas
and he was most disgusted by the taste
darganfu fod y bara yn blastr
he discovered that the bread was plaster
Gwnaed y cyw iâr o gardbord
the chicken was made of cardboard
A'r pedwar bricyll oedd Alanbaster
and the four apricots were alabaster
Pinocchio druan eisiau crio
Poor Pinocchio wanted to cry
Yn ei anobaith ceisiodd daflu'r hambwrdd
In his desperation he tried to throw away the tray
Efallai mai oherwydd ei alar
perhaps it was because of his grief
neu gallai fod wedi bod yn flinedig
or it could have been that he was exhausted
a llewygodd y pyped bach o'r ymdrech
and the little puppet fainted from the effort
Yn y diwedd fe wnaeth adennill ymwybyddiaeth
eventually he regained consciousness
a gwelodd ei fod yn gorwedd ar soffa
and he found that he was lying on a sofa

ac yr oedd y Tylwyth Teg da wrth ei ochr
and the good Fairy was beside him
"Byddaf yn maddau i chi unwaith eto," meddai'r tylwyth teg
"I will pardon you once more," the Fairy said
Ond gwae chi os ydych chi'n ymddwyn yn ddrwg y drydedd waith!
"but woe to you if you behave badly a third time!"
Addawodd Pinocchio a thyngu y byddai'n astudio
Pinocchio promised and swore that he would study
Ac efe a dyngodd y byddai bob amser yn ymddwyn yn dda
and he swore he would always conduct himself well
Ac efe a gadwodd ei air ef am weddill y flwyddyn
And he kept his word for the remainder of the year
Cafodd Pinocchio raddau da iawn yn yr ysgol
Pinocchio got very good grades at school
Cafodd yr anrhydedd o fod y myfyriwr gorau
and he had the honour of being the best student
Roedd ei ymddygiad yn gyffredinol yn ganmoladwy iawn
his behaviour in general was very praiseworthy
ac roedd y Tylwyth Teg yn falch iawn ohono
and the Fairy was very much pleased with him
"Yfory bydd eich dymuniad yn cael ei foddhau"
"Tomorrow your wish shall be gratified"
"Pa ddymuniad oedd hynny?" gofynnodd Pinocchio
"what wish was that?" asked Pinocchio
"Yfory byddwch chi'n rhoi'r gorau i fod yn byped pren."
"Tomorrow you shall cease to be a wooden puppet"
"O'r diwedd byddi di'n fachgen"
"and you shall finally become a boy"
ni allech fod wedi dychmygu llawenydd Pinocchio
you could not have imagined Pinocchio's joy
a chaniatawyd i Pinocchio gael parti
and Pinocchio was allowed to have a party
Roedd pob un o'i gymrodyr ysgol i gael eu gwahodd
All his school-fellows were to be invited
byddai brecwast mawreddog yn nhŷ'r tylwyth teg
there would be a grand breakfast at the Fairy's house

Gyda'i gilydd byddent yn dathlu'r digwyddiad gwych
together they would celebrate the great event
Roedd y Tylwyth Teg wedi paratoi dau gant o gwpanau o goffi a llaeth
The Fairy had prepared two hundred cups of coffee and milk
A thorrwyd pedwar cant o rholiau bara
and four hundred rolls of bread were cut
A'r bara i gyd yn cael ei roi ar bob ochr
and all the bread was buttered on each side
Mae'r diwrnod yn addo i fod yn hapus ac yn hapus
The day promised to be most happy and delightful
ond...
but...
Yn anffodus ym mywydau pypedau mae yna bob amser "ond" sy'n difetha popeth
Unfortunately in the lives of puppets there is always a "but" that spoils everything

Gwlad yr Adar Boobie
The Land of the Boobie Birds

Wrth gwrs gofynnodd Pinocchio ganiatâd y Tylwyth Teg
Of course Pinocchio asked the Fairy's permission
"A gaf i fynd o gwmpas y dref i roi'r gwahoddiadau allan?"
"may I go round the town to give out the invitations?"
A dywedodd y tylwyth teg wrtho:
and the Fairy said to him:
"Ewch, os ydych yn dymuno, mae gennych fy nghaniatâd"
"Go, if you like, you have my permission"
"Gwahoddwch eich ffrindiau i frecwast yfory"
"invite your companions for the breakfast tomorrow"
"Cofiwch ddychwelyd adref cyn iddi dywyllu"
"but remember to return home before dark"
"Wyt ti'n deall?" meddech chi
"Have you understood?" she checked
"Dw i'n addo bod yn ôl mewn awr"

"I promise to be back in an hour"
"Cymerwch ofal, Pinocchio!" rhybuddiodd ef
"Take care, Pinocchio!" she cautioned him
"Mae bechgyn bob amser yn barod iawn i addo"
"Boys are always very ready to promise"
"Ond yn gyffredinol mae bechgyn yn ei chael hi'n anodd cadw eu gair"
"but generally boys struggle to keep their word"
"Dydw i ddim fel bechgyn eraill"
"But I am not like other boys"
"Pan fyddaf yn dweud rhywbeth, yr wyf yn ei wneud"
"When I say a thing, I do it"
"Fe gawn ni weld a fyddwch chi'n cadw eich addewid."
"We shall see if you will keep your promise"
"Os wyt ti'n anufudd, y gwaethaf i ti."
"If you are disobedient, so much the worse for you"
"Pam y byddai'n gymaint gwaeth i mi?"
"Why would it be so much the worse for me?"
"Mae yna fechgyn sydd ddim yn gwrando ar y cyngor"
"there are boys who do not listen to the advice"
'Cyngor gan bobl sy'n gwybod mwy na nhw'
"advice from people who know more than them"
"Maen nhw bob amser yn cwrdd â rhywfaint o anffawd neu'i gilydd"
"and they always meet with some misfortune or other"
"Rwyf wedi profi hynny," meddai Pinocchio
"I have experienced that," said Pinocchio
"Fydda i byth yn gwneud y camgymeriad yna eto"
"but I shall never make that mistake again"
"Gawn ni weld os yw hyn yn wir"
"We shall see if that is true"
a chymerodd y pyped ganiatâd o'i dylwyth teg da
and the puppet took leave of his good Fairy
roedd y Tylwyth Teg da bellach fel mama iddo
the good Fairy was now like a mamma to him
Ac efe a aeth allan o'r tŷ yn canu ac yn dawnsio
and he went out of the house singing and dancing

Mewn llai nag awr gwahoddwyd ei holl ffrindiau
In less than an hour all his friends were invited
Mae rhai yn derbyn ar unwaith yn galonnog
Some accepted at once heartily
Ar y dechrau roedd angen rhywfaint o argyhoeddi eraill
others at first required some convincing
ond yna clywsant y byddai coffi
but then they heard that there would be coffee
ac roedd y bara yn mynd i gael ei fenyn ar y ddwy ochr
and the bread was going to be buttered on both sides
"Byddwn ni hefyd yn dod i wneud pleser."
"We will come also, to do you a pleasure"

Nawr mae'n rhaid i mi ddweud wrthych fod gan Pinocchio lawer o ffrindiau
Now I must tell you that Pinocchio had many friends

ac yr oedd llawer o blant a aeth i'r ysgol gyda
and there were many boys he went to school with

Ond roedd un bachgen yr oedd yn ei hoffi yn arbennig
but there was one boy he especially liked

Enw'r bachgen hwn oedd Romeo
This boy's name was Romeo

Ond roedd bob amser yn mynd wrth ei lysenw
but he always went by his nickname

roedd y bechgyn i gyd yn ei alw'n Canwyll-Gwic
all the boys called him Candle-wick

am ei fod mor denau, yn syth ac yn llachar
because he was so thin, straight and bright

fel y wic newydd o ychydig o olau nos
like the new wick of a little nightlight

Canwyll-Gwic oedd y diogaf o'r bechgyn
Candle-wick was the laziest of the boys

ac yr oedd yn naughach na'r bechgyn eraill hefyd
and he was naughtier than the other boys too

ond cysegrwyd Pinocchio iddo
but Pinocchio was devoted to him

yr oedd wedi mynd i dŷ Canwyll-Gwic o flaen y lleill
he had gone to Candle-wick's house before the others

Ond ni chafodd hyd iddo
but he had not found him

Dychwelodd eilwaith, ond nid oedd Canwyll-Gwic yno
He returned a second time, but Candle-wick was not there

Aeth y trydydd tro, ond ofer oedd hi
He went a third time, but it was in vain

Lle gallai chwilio amdano?
Where could he search for him?

Edrychodd yma, yno, ac ym mhob man
He looked here, there, and everywhere

ac o'r diwedd daeth o hyd i'w ffrind Canwyll-Gwic
and at last he found his friend Candle-wick

roedd yn cuddio ar gyntedd bwthyn heddychwr
he was hiding on the porch of a peasant's cottage
"Beth wyt ti'n wneud yno?" gofynnodd Pinocchio
"What are you doing there?" asked Pinocchio
"Dw i'n aros am hanner nos"
"I am waiting for midnight"
"Dw i'n mynd i redeg i ffwrdd"
"I am going to run away"
"Ble wyt ti'n mynd?"
"And where are you going?"
"Dw i'n mynd i fyw mewn gwlad arall"
"I am going to live in another country"
"y wlad fwyaf hyfryd yn y byd"
"the most delightful country in the world"
"Tir go iawn o melysion!"
"a real land of sweetmeats!"
"Beth yw'r enw arno?"
"And what is it called?"
"Mae'n cael ei alw'n Wlad y Boobies"
"It is called the Land of Boobies"
"Pam na ddoi di hefyd?"
"Why do you not come, too?"
"I? Hyd yn oed os oeddwn i eisiau!"
"I? No, even if I wanted to!"
"Rydych chi'n anghywir, Pinocchio"
"You are wrong, Pinocchio"
"Os na ddoi di fe fyddi di'n edifarhau."
"If you do not come you will repent it"
"Ble allwch chi ddod o hyd i wlad well i fechgyn?"
"Where could you find a better country for boys?"
'Dim ysgol yno'
"There are no schools there"
"Nid oes unrhyw gymwysterau yno"
"there are no masters there"
'Does dim llyfrau yno'
"and there are no books there"
"Yn y wlad hyfryd honno does neb byth yn astudio"

"In that delightful land nobody ever studies"
'Ar ddydd Sadwrn nid oes ysgol byth yn bodoli'
"On Saturday there is never school"
"Mae pob wythnos yn cynnwys 6 dydd Sadwrn"
"every week consists of six Saturdays"
"A gweddill yr wythnos yw dydd Sul"
"and the remainder of the week are Sundays"
"Meddyliwch am yr holl amser y bydd yn rhaid i chi chwarae"
"think of all the time there is to play"
"Mae gwyliau'r hydref yn dechrau ar y cyntaf o Ionawr"
"the autumn holidays begin on the first of January"
"Maen nhw'n gorffen ar ddiwrnod olaf mis Rhagfyr"
"and they finish on the last day of December"
Dyna'r wlad i mi!"
"That is the country for me!"
"Dyna sut ddylai pob gwlad wâr fod fel!"
"That is what all civilized countries should be like!"
Ond sut y mae'r dyddiau a dreulir yng ngwlad Boobies?
"But how are the days spent in the Land of Boobies?"
"Mae'r dyddiau'n cael eu treulio mewn chwarae a difyrrwch"
"The days are spent in play and amusement"
"Rydych chi'n mwynhau'ch hun o fore tan nos"
"you enjoy yourself from morning till night"
"Pan ddaw'r nos, ewch i'r gwely"
"and when night comes you go to bed"
"Ac yna rydych chi'n ailgychwyn yr hwyl y diwrnod nesaf"
"and then you recommence the fun the next day"
"Beth ydych chi'n feddwl ohono?"
"What do you think of it?"
"Hum!" meddai Pinocchio yn feddylgar
"Hum!" said Pinocchio thoughtfully
ac ysgydwodd ei ben ychydig
and he shook his head slightly
Ymddengys fod yr ystum yn dweud rhywbeth
the gesture did seem to say something
"Mae'n fywyd y byddwn i hefyd yn ei arwain yn barod"

"That is a life that I also would willingly lead"
Ond doedd e ddim wedi derbyn y gwahoddiad eto
but he had not accepted the invitation yet
"Ydych chi'n mynd gyda mi?"
"Well, will you go with me?"
"Ydw, neu na? Datrys yn gyflym"
"Yes or no? Resolve quickly"
"Na, na, nac eto"
"No, no, no, and no again"
"Fe wnes i addo i'm Tylwyth Teg da fod yn fachgen da."
"I promised my good Fairy to be good boy"
"Byddaf yn cadw fy ngair i"
"and I will keep my word"
"Bydd yr haul yn machlud yn fuan"
"the sun will soon be setting"
"Mae'n rhaid i mi eich gadael chi a rhedeg i ffwrdd"
"so I must leave you and run away"
"Hwyl fawr, a thaith bleserus i chi"
"Good-bye, and a pleasant journey to you"
"Ble wyt ti'n rhuthro i mewn mor gyflym?"
"Where are you rushing off to in such a hurry?"
"Dw i'n mynd adref," meddai Pinocchio
"I am going home," said Pinocchio
"Mae fy Tylwyth Teg da yn dymuno i mi fod yn ôl cyn iddi dywyllu"
"My good Fairy wishes me to be back before dark"
'Aros am ddau funud arall'
"Wait another two minutes"
'Mi fydd hi'n rhy hwyr'
"It will make me too late"
"Dim ond dau funud," plediodd Canwyll-Gwic
"Only two minutes," Candle-wick pleaded
"Ac os yw'r Tylwyth Teg yn fy mhoeni?"
"And if the Fairy scolds me?"
"Gadewch iddi hi eich caethiwo," meddai
"Let her scold you," he suggested
Roedd cannwyll wic yn rasal eithaf perswadiol

Candle-wick was quite a persuasive rascal

"Pan fydd hi wedi tacluso'n dda, bydd hi'n dal ei thafod"
"When she has scolded well she will hold her tongue"

"Beth ydych chi'n mynd i'w wneud?"
"And what are you going to do?"

"Ydych chi'n mynd ar eich pen eich hun neu gyda chydweithwyr?"
"Are you going alone or with companions?"

"Peidiwch â phoeni am hynny Pinocchio"
"oh don't worry about that Pinocchio"

"Ni fyddaf ar fy mhen fy hun yng ngwlad Boobies"
"I will not be alone in the Land of Boobies"

"Bydd mwy na chant o blant"
"there will be more than a hundred boys"

"Ydych chi'n gwneud y daith ar droed?"
"And do you make the journey on foot?"

"Bydd hyfforddwr yn pasio heibio yn fuan"
"A coach will pass by shortly"

"Bydd y cerbyd yn mynd â fi i'r wlad hapus honno"
"the carriage will take me to that happy country"

"Beth fyddwn i ddim yn ei roi i'r hyfforddwr basio erbyn hyn!"
"What would I not give for the coach to pass by now!"

"Pam ydych chi am i'r hyfforddwr ddod heibio mor ddrwg?"
"Why do you want the coach to come by so badly?"

"Fel y gallaf eich gweld chi i gyd yn mynd gyda'ch gilydd"
"so that I can see you all go together"

"Arhoswch yma ychydig yn hirach, Pinocchio"
"Stay here a little longer, Pinocchio"

"Arhoswch ychydig yn hirach, a byddwch yn ein gweld ni"
"stay a little longer and you will see us"

'Na, mae'n rhaid i mi fynd adref'
"No, no, I must go home"

'Aros am 2 funud arall'
"just wait another two minutes"

'Rwyf wedi bod yn rhy hir'
"I have already delayed too long"

"Bydd y Tylwyth Teg yn poeni amdana i"
"The Fairy will be anxious about me"

"Ydy hi'n ofn y bydd y ystlumod yn eich bwyta chi?"
"Is she afraid that the bats will eat you?"

Roedd Pinocchio wedi tyfu ychydig yn rhyfedd
Pinocchio had grown a little curious

"Wyt ti'n siwr nad oes yna ysgolion?"
"are you certain that there are no schools?"

"Nid oes hyd yn oed gysgod ysgol"
"there is not even the shadow of a school"

"Ac onid oes meistri hefyd?"
"And are there no masters either?"

"Mae Gwlad y Boobies yn rhydd o feistri"
"the Land of the Boobies is free of masters"

"A oes unrhyw un yn cael ei wneud i astudio?"
"And no one is ever made to study?"

"Na, byth, a byth eto!"
"Never, never, and never again!"

Ceg Pinocchio wedi'i ddyfrio at y syniad
Pinocchio's mouth watered at the idea

"Am wlad hyfryd!" meddai Pinocchio
"What a delightful country!" said Pinocchio

"Dydw i erioed wedi bod yno," meddai Canwyll-Gwic
"I have never been there," said Candle-wick

"Gallaf ei ddychmygu'n berffaith"
"but I can imagine it perfectly well"

"Pam na wnewch chi ddod hefyd?"
"Why will you not come also?"

"Mae'n ddiwerth fy nhemtio i"
"It is useless to tempt me"

"Fe wnes i addewid i'm tylwyth teg da"
"I made a promise to my good Fairy"

'Mi fydda i'n fachgen call'
"I will become a sensible boy"

"Ni fyddaf yn torri fy ngair"
"and I will not break my word"

"Hwyl fawr, felly," meddai Canwyll-Gwic

"Good-bye, then," said Candle-wick
"Llongyfarchiadau i bob bachgen yn yr ysgol"
"give my compliments to all the boys at school"
"Good-bye, Canwyll-Gwic; Taith bleserus i chi"
"Good-bye, Candle-wick; a pleasant journey to you"
'Difyrru eich hun yn y wlad hyfryd hon'
"amuse yourself in this pleasant land"
"Meddyliwch weithiau am eich ffrindiau"
"and think sometimes of your friends"
Gan ddweud hynny, gwnaeth y pyped ddau gam i fynd
Thus saying, the puppet made two steps to go
ond yna stopiodd hanner ffordd yn ei drac
but then he stopped halfway in his track
A chan droi at ei gyfaill, gofynnodd iddo:
and, turning to his friend, he inquired:
"Ond ydych chi'n hollol siŵr am hyn i gyd?"
"But are you quite certain about all this?"
"Yn y wlad honno mae'r wythnosau i gyd yn cynnwys chwe dydd Sadwrn?"
"in that country all the weeks consist of six Saturdays?"
A gweddill yr wythnos yn cynnwys dydd Sul?
"and the rest of the week consists of Sundays?"
"Holl ddyddiau'r wythnos yn sicr yn cynnwys chwe dydd Sadwrn"
"all the weekdays most certainly consist of six Saturdays"
"A gweddill y dyddiau yn wir Sul"
"and the rest of the days are indeed Sundays"
"Ydych chi'n hollol siŵr am y penwythnos?"
"and are you quite sure about the holidays?"
"Mae'r gwyliau yn bendant yn dechrau ar y cyntaf o Ionawr?"
"the holidays definitely begin on the first of January?"
"A chi'n siŵr bod y gwyliau yn gorffen ar ddiwrnod olaf mis Rhagfyr?"
"and you're sure the holidays finish on the last day of December?"
"Rwy'n siŵr mai dyma sut y mae"

"I am assuredly certain that this is how it is"
"Am wlad hyfryd!" ailadroddodd Pinocchio
"What a delightful country!" repeated Pinocchio
ac yr oedd yn rhyfeddu at yr hyn oll a glywsai efe
and he was enchanted by all that he had heard
y tro hwn Pinocchio siarad yn fwy penderfynol
this time Pinocchio spoke more resolute
'Y tro hwn yn hwyl fawr'
"This time really good-bye"
'Rwy'n dymuno i chi daith a bywyd pleserus'
"I wish you pleasant journey and life"
"Hwyl fawr, gyfaill," ymgrymodd Canwyll-Gwic
"Good-bye, my friend," bowed Candle-wick
"Pryd wyt ti'n dechrau?" gofynnodd Pinocchio
"When do you start?" inquired Pinocchio
"Mi fydda i'n gadael yn fuan iawn"
"I will be leaving very soon"
"Am drueni bod rhaid i chi adael mor fuan!"
"What a pity that you must leave so soon!"
"Byddwn bron yn cael fy nhemtio i ddisgwyl"
"I would almost be tempted to wait"
"A'r Tylwyth Teg?" gofynnodd Canwyll-Gwic
"And the Fairy?" asked Candle-wick
"Mae eisoes yn hwyr," cadarnhaodd Pinocchio
"It is already late," confirmed Pinocchio
"Gallaf ddychwelyd adref am awr yn gynt"
"I can return home an hour sooner"
"Dw i'n gallu mynd adref am awr yn ddiweddarach"
"or I can return home an hour later"
"Bydd y cyfan yr un peth"
"really it will be all the same"
"Ond beth os yw'r Tylwyth Teg yn eich gwylltio?"
"but what if the Fairy scolds you?"
"Mae'n rhaid i mi fod yn amyneddgar!"
"I must have patience!"
"Dw i'n mynd i adael iddi fy nghysuro"
"I will let her scold me"

"Pan fydd hi wedi tacluso'n dda, bydd hi'n dal ei thafod"
"When she has scolded well she will hold her tongue"
Yn y cyfamser roedd y noson wedi dod
In the meantime night had come on
ac erbyn hyn roedd yn eithaf tywyll
and by now it had gotten quite dark
Yn sydyn gwelon nhw yn y pellter ychydig o olau yn symud
Suddenly they saw in the distance a small light moving

Clywsant sŵn yn siarad
they heard a noise of talking
ac yr oedd sain utgorn
and there was the sound of a trumpet
ond roedd y sain yn dal yn fach ac yn wanllyd
but the sound was still small and feeble
felly mae'r sain yn dal i debyg i hiwmor mosgito

so the sound still resembled the hum of a mosquito
"Dyma hi!" gwaeddodd Canwyll-Gwic, neidio i'w draed
"Here it is!" shouted Candle-wick, jumping to his feet
"Beth ydy e?" gofynnodd Pinocchio mewn sibrwd
"What is it?" asked Pinocchio in a whisper
"Mae'r cerbyd yn dod i fynd â fi"
"It is the carriage coming to take me"
"A fyddi di'n dod, ie neu na?"
"so will you come, yes or no?"
"Ond a yw'n wir mewn gwirionedd?" gofynnodd y pyped
"But is it really true?" asked the puppet
"Yn y wlad honno does dim rhaid i fechgyn astudio?"
"in that country boys are never obliged to study?"
"Na, byth, a byth eto!"
"Never, never, and never again!"
"Am wlad hyfryd!"
"What a delightful country!"

Pinocchio yn mwynhau 6 mis o hapusrwydd
Pinocchio Enjoys Six Months of Happiness

O'r diwedd cyrhaeddodd y wagen
At last the wagon finally arrived
a chyrhaeddodd heb wneud y sŵn lleiaf
and it arrived without making the slightest noise
Oherwydd bod ei olwynion wedi'u rhwymo â llin a charpiau
because its wheels were bound with flax and rags
Cafodd ei dynnu gan ddeuddeg pâr o asynnod
It was drawn by twelve pairs of donkeys
Roedd pob un o'r asynnod yr un maint
all the donkeys were the same size
ond roedd pob asyn yn lliw gwahanol
but each donkey was a different colour
Roedd rhai o'r asynnod yn llwyd
Some of the donkeys were gray
ac roedd rhai o'r asynnod yn wyn

and some of the donkeys were white
A rhai asynnod a fwriwyd fel pupur a halen.
and some donkeys were brindled like pepper and salt
ac roedd gan asynnod eraill streipiau mawr o felyn a glas
and other donkeys had large stripes of yellow and blue
Ond roedd rhywbeth mwyaf rhyfeddol amdanyn nhw
But there was something most extraordinary about them
Nid oeddent yn cael eu twyllo fel bwystfilod eraill o faich
they were not shod like other beasts of burden
Ar eu traed roedd gan yr asynnod esgidiau dynion
on their feet the donkeys had men's boots
"A'r hyfforddwr?" efallai y byddwch yn gofyn
"And the coachman?" you may ask
Llun i chi'ch hun dyn bach yn ehangach na hir
Picture to yourself a little man broader than long
flabby a greasy fel lwmp o fenyn
flabby and greasy like a lump of butter
gyda wyneb crwn bach fel oren
with a small round face like an orange
Ychydig o geg sydd bob amser yn chwerthin
a little mouth that was always laughing
a llais meddal, caressing o gath
and a soft, caressing voice of a cat
Roedd pob un o'r bechgyn yn brwydro am eu lle yn y bws
All the boys fought for their place in the coach
Roedden nhw i gyd eisiau cael eu harwain i Wlad y Boobies
they all wanted to be conducted to the Land of Boobies
Roedd y cerbyd, mewn gwirionedd, yn eithaf llawn bechgyn
The carriage was, in fact, quite full of boys
A'r bechgyn oll oeddynt rhwng wyth a phedair blynedd ar ddeg.
and all the boys were between eight and fourteen years
Cafodd y bechgyn eu hanafu'i gilydd
the boys were heaped one upon another
Yn union fel penwaig yn cael eu gwasgu i mewn i gasgen
just like herrings are squeezed into a barrel
Roedden nhw'n anghyfforddus ac yn llawn dop gyda'i

gilydd
They were uncomfortable and packed closely together
a phrin y gallent anadlu
and they could hardly breathe
Ond nid oedd un o'r bechgyn yn meddwl am grwgnach
but not one of the boys thought of grumbling
fe'u cysurwyd gan addewidion eu cyrchfan
they were consoled by the promises of their destination
lle heb lyfrau, dim ysgol, a dim meistri
a place with no books, no schools, and no masters
Roedd yn eu gwneud mor hapus ac ymddiswyddo
it made them so happy and resigned
ac nid oeddent yn teimlo blinder nac anghyfleustra
and they felt neither fatigue nor inconvenience
Nid yw newyn na syched, nac eisiau cysgu
neither hunger, nor thirst, nor want of sleep
cyn bo hir roedd y wagen wedi cyrraedd nhw
soon the wagon had reached them
trodd y dyn bach yn syth i Canwyll-Gwic
the little man turned straight to Candle-wick
Roedd ganddo fil o smirks a grimaces
he had a thousand smirks and grimaces
"Dywedwch wrthyf, fy mab?""
"Tell me, my fine boy;"
"Hoffech chi fynd i'r wlad ffodus hefyd?"
"would you also like to go to the fortunate country?"
"Yn sicr, rydw i eisiau mynd"
"I certainly wish to go"
'Ond mae'n rhaid i mi eich rhybuddio, fy mhlentyn annwyl'
"But I must warn you, my dear child"
"Does dim lle ar ôl yn y wagon"
"there is not a place left in the wagon"
"Gallwch weld drosoch eich hun ei fod yn llawn"
"You can see for yourself that it is quite full"
"Dim ots," atebodd Canwyll-Gwic
"No matter," replied Candle-wick
"Does dim rhaid i mi eistedd yn y wag"

"I do not need to sit in the wagon"
"Eisteddaf ar fwa'r olwyn"
"I will sit on the arch of the wheel"
A chyda naid eisteddodd uwchben yr olwyn
And with a leap he sat above the wheel
"A ti, fy nghariad!" meddai'r dyn bach
"And you, my love!" said the little man
a throdd mewn modd gwastad i Pinocchio
and he turned in a flattering manner to Pinocchio
"Beth ydych chi'n bwriadu ei wneud?"
"what do you intend to do?"
"A ydych yn dod gyda ni?
"Are you coming with us?
"Neu wyt ti'n mynd i aros ar ôl?"
"or are you going to remain behind?"
"Byddaf yn aros y tu ôl," atebodd Pinocchio
"I will remain behind," answered Pinocchio
"Dw i'n mynd adref," atebodd yn falch iawn
"I am going home," he answered proudly
"Rwy'n bwriadu astudio, fel y mae pob plentyn yn ei wneud yn dda"
"I intend to study, as all well conducted boys do"
"Mae'n dda gwneud i chi!"
"Much good may it do you!"
"Pinocchio!" gwaeddodd Canwyll-Gwic allan
"Pinocchio!" called out Candle-wick
"Dewch gyda ni a byddwn yn cael cymaint o hwyl"
"come with us and we shall have such fun"
"Na, na, na eto!" atebodd Pinocchio
"No, no, and no again!" answered Pinocchio
gwaeddodd corws o gannoedd o leisiau gan yr hyfforddwr
a chorus of hundred voices shouted from the the coach
"Dewch gyda ni a byddwn yn cael cymaint o hwyl"
"Come with us and we shall have so much fun"
Ond doedd y pyped ddim yn siŵr o gwbl
but the puppet was not at all sure
"Os dof gyda thi, beth a ddywed fy Tylwyth Teg?"

"if I come with you, what will my good Fairy say?"
ac yr oedd yn dechrau esgor
and he was beginning to yield
"Peidiwch â thrafferthu'ch pen â meddyliau melancholy"
"Do not trouble your head with melancholy thoughts"
"Meddyliwch pa mor hyfryd fydd hi"
"consider only how delightful it will be"
"Rydyn ni'n mynd i Wlad y Boobies"
"we are going to the Land of the Boobies"
"Trwy'r dydd byddwn yn rhydd i redeg terfysg."
"all day we shall be at liberty to run riot"
Nid atebodd Pinocchio, ond ochneidiodd
Pinocchio did not answer, but he sighed
Ochneidiodd eto, ac yna griddfan am y trydydd tro
he sighed again, and then sighed for the third time
O'r diwedd Pinocchio wnaeth ei feddwl
finally Pinocchio made up his mind
'Gwneud ychydig o le i mi'
"Make a little room for me"
'Oherwydd yr wyf am ddod hefyd'
"because I would like to come, too"
'Mae'r lleoedd i gyd yn llawn,' atebodd y dyn bach
"The places are all full," replied the little man
"Ond gadewch i mi ddangos i chi pa mor groeso ydych chi"
"but, let me show you how welcome you are"
"Dw i'n gadael i ti gael fy sedd ar y bocs"
"I will let you have my seat on the box"
"Ble wyt ti'n mynd i eistedd?"
"And where will you sit?"
"O, dw i'n mynd ar droed"
"Oh, I will go on foot"
"Na, mewn gwirionedd, allwn i ddim caniatáu hynny"
"No, indeed, I could not allow that"
"Byddai'n well gen i osod un o'r asynnod hyn"
"I would rather mount one of these donkeys"
Felly aeth Pinocchio i fyny'r asyn cyntaf
so Pinocchio went up the the first donkey

Ac efe a geisiodd mount yr anifail
and he attempted to mount the animal
ond trodd yr asyn bach arno
but the little donkey turned on him
a rhoddodd yr asyn ergyd fawr iddo yn y stumog
and the donkey gave him a great blow in the stomach
a'i rholio drosodd gyda'i goesau yn yr awyr
and it rolled him over with his legs in the air
Roedd y plant i gyd wedi bod yn gwylio hyn
all the boys had been watching this
felly gallwch chi ddychmygu'r chwerthin o'r wagen
so you can imagine the laughter from the wagon
Ond dydy'r dyn bach ddim yn chwerthin
But the little man did not laugh
Aeth at yr asyn gwrthryfelgar
He approached the rebellious donkey
ac ar y dechrau roedd yn esgus ei gusanu
and at first he pretended to kiss him
ond yna fe ddrylliodd hanner ei glust
but then he bit off half of his ear
Roedd Pinocchio yn y cyfamser wedi codi o'r ddaear
Pinocchio in the meantime had gotten up from the ground
Yr oedd yn dal yn agos iawn gyda'r anifail
he was still very cross with the animal
ond gyda ffynnon fe neidiodd arno
but with a spring he jumped onto him
Ac efe a eisteddodd ei hun ar gefn yr anifail tlawd
and he seated himself on the poor animal's back
Ac fe gododd mor dda nes i'r bechgyn roi'r gorau i chwerthin
And he sprang so well that the boys stopped laughing
A dyma nhw'n dechrau gweiddi, "Hurra, Pinocchio!"
and they began to shout: "Hurrah, Pinocchio!"
A hwy a lynasant eu dwylo, ac a'i canmolasant ef.
and they clapped their hands and applauded him
yn fuan roedd yr asynnod yn carlamu i lawr y trac
soon the donkeys were galloping down the track

Ac yr oedd y wagen yn rhuo dros y cerrig
and the wagon was rattling over the stones
ond roedd y pyped yn meddwl ei fod wedi clywed llais isel
but the puppet thought that he heard a low voice
"Ffwl tlawd! Fe ddylech fod wedi dilyn eich ffordd eich hun."
"Poor fool! you should have followed your own way"
Ond byddwch yn edifarhau ar ôl dod. "
"but but you will repent having come!"
Roedd Pinocchio ychydig yn ofnus gan yr hyn yr oedd wedi'i glywed
Pinocchio was a little frightened by what he had heard
Edrychodd o ochr i ochr i weld beth oedd
he looked from side to side to see what it was
Ceisiodd weld o ble y gallai'r geiriau hyn fod wedi dod
he tried to see where these words could have come from
ond ni waeth ble roedd yn edrych, ni welodd neb
but regardless of of where he looked he saw nobody
Gwaeddodd yr asynnod a chwythodd y wagen
The donkeys galloped and the wagon rattled
A thrwy'r amser y mae'r bechgyn y tu mewn yn cysgu
and all the while the boys inside slept
Cannwyll wic snored fel pathew
Candle-wick snored like a dormouse
a'r dyn bach yn eistedd ar y bocs
and the little man seated himself on the box
Ac roedd yn canu caneuon rhwng ei ddannedd
and he sang songs between his teeth
'Yn ystod y nos i gyd yn cysgu'
"During the night all sleep"
"Dydw i ddim yn cysgu byth"
"But I sleep never"
Yn fuan iawn roedden nhw wedi mynd filltir arall
soon they had gone another mile
Pinocchio yn clywed yr un llais isel eto
Pinocchio heard the same little low voice again
"Cadwch mewn cof, Simpleton!"

"Bear it in mind, simpleton!"
'Bechgyn sy'n gwrthod astudio'
"there are boys who refuse to study"
"Maen nhw'n troi eu cefnau ar lyfrau"
"they turn their backs upon books"
"Maen nhw'n meddwl eu bod nhw'n rhy dda i fynd i'r ysgol
"they think they're too good to go to school
"ac nid ydynt yn ufuddhau i'w meistri"
"and they don't obey their masters"
"Maen nhw'n treulio'u hamser yn chwarae ac yn mwynhau"
"they pass their time in play and amusement"
"Ond yn hwyr neu'n hwyrach maen nhw'n dod i ben gwael"
"but sooner or later they come to a bad end"
"Rwy'n gwybod hyn o'm profiad"
"I know it from my experience"
"Gallaf ddweud wrthych sut mae bob amser yn gorffen"
"and I can tell you how it always ends"
"Daw diwrnod pan fyddwch yn wylo"
"A day will come when you will weep"
"Byddwch yn wylo yn union fel yr wyf yn wylo nawr"
"you will weep just as I am weeping now"
"Ond yna bydd hi'n rhy hwyr!"
"but then it will be too late!"
Roedd y geiriau wedi cael eu sibrwd iawn
the words had been whispered very softly
ond gallai Pinocchio fod yn sicr o'r hyn yr oedd wedi ei glywed
but Pinocchio could be sure of what he had heard
Roedd y pyped yn fwy ofnus nag erioed
the puppet was more frightened than ever
Disgynnodd o gefn ei asyn
he sprang down from the back of his donkey
Ac efe a aeth, ac a ymaflodd yng ngenau yr asyn.
and he went and took hold of the donkey's mouth
gallwch ddychmygu syndod Pinocchio am yr hyn a welodd
you can imagine Pinocchio's surprise at what he saw
Roedd yr asyn yn crio yn union fel bachgen!

the donkey was crying just like a boy!
"O! Syr Coachman, "gwaeddodd Pinocchio
"Eh! Sir Coachman," cried Pinocchio
"Mae hyn yn beth rhyfeddol!"
"here is an extraordinary thing!"
"Mae'r asyn hwn yn crio"
"This donkey is crying"
"Gadewch iddo grio," meddai'r hyfforddwr
"Let him cry," said the coachman
"Bydd yn chwerthin pan fydd yn briodferch"
"he will laugh when he is a bridegroom"
"Ond wyt ti wedi dysgu iddo siarad ar hap?"
"But have you by chance taught him to talk?"
"Na; Nac ydw; Ond treuliodd dair blynedd gyda chŵn dysgedig."
"No; but he spent three years with learned dogs"
"Fe ddysgodd i dawelu ychydig eiriau"
"and he learned to mutter a few words"
"Bwystfil gwael!" ychwanegodd y coetsmon
"Poor beast!" added the coachman
'**Ond peidiwch â phoeni,' meddai'r dyn bach**
"but don't you worry," said the little man
"Peidiwch â gadael i ni wastraffu amser wrth weld asyn yn crio"
"don't let us waste time in seeing a donkey cry"
"Gadewch i ni fynd yn ei flaen"
"Mount him and let us go on"
"Mae'r nos yn oer a'r ffordd yn hir"
"the night is cold and the road is long"
Pinocchio yn ufudd heb air arall
Pinocchio obeyed without another word

Yn y bore am doriad dydd fe gyrhaeddon nhw
In the morning about daybreak they arrived
yr oeddent yn awr yn ddiogel yng ngwlad Boobie Birds
they were now safely in the Land of Boobie Birds
Roedd hi'n wlad wahanol i unrhyw wlad arall yn y byd
It was a country unlike any other country in the world
Roedd y boblogaeth yn cynnwys bechgyn yn gyfan gwbl
The population was composed entirely of boys
Yr hynaf o'r bechgyn oedd 14 oed
The oldest of the boys were fourteen
a'r ieuengaf yn brin yn wyth mlwydd oed
and the youngest were scarcely eight years old
Ar y strydoedd roedd yna drugareddau mawr
In the streets there was great merriment
roedd ei weld yn ddigon i droi pen unrhyw un
the sight of it was enough to turn anybody's head
Roedd milwyr o fechgyn ym mhob man

There were troops of boys everywhere
Roedd rhai yn chwarae gyda chnau roedden nhw wedi'u darganfod
Some were playing with nuts they had found
Roedd rhai yn chwarae gemau gyda battledores
some were playing games with battledores
Roedd llawer o fechgyn yn chwarae pêl-droed
lots of boys were playing football
Rhai felocipedes crwydrol, ceffylau pren eraill
Some rode velocipedes, others wooden horses
Roedd parti o fechgyn yn chwarae cuddio ac yn ceisio
A party of boys were playing hide and seek
Roedd rhai o'r bechgyn yn erlid ei gilydd
a few boys were chasing each other
Roedd rhai'n adrodd ac yn canu caneuon
Some were reciting and singing songs
Roedd eraill yn neidio i'r awyr yn unig
others were just leaping into the air
Roedd rhai yn mwynhau eu hunain wrth gerdded ar eu dwylo
Some amused themselves with walking on their hands
Roedd eraill yn baglu ar hyd y ffordd
others were trundling hoops along the road
ac roedd rhai yn strytio am wisgo fel cadfridogion
and some were strutting about dressed as generals
Roedden nhw'n gwisgo helmedau wedi'u gwneud o ddail
they were wearing helmets made from leaves
ac roedden nhw'n gorchymyn sgwadron o filwyr cardbord
and they were commanding a squadron of cardboard soldiers
Rhai yn chwerthin a rhai yn gweiddi
Some were laughing and some shouting
ac roedd rhai yn galw pethau gwirion allan
and some were calling out silly things
eraill yn clapio eu dwylo, neu'n chwibanu
others clapped their hands, or whistled
rhai wedi eu clicio fel iâr sydd newydd ddodwy wy
some clucked like a hen who has just laid an egg

Ym mhob sgwâr, roedd theatrau cynfas wedi'u codi
In every square, canvas theatres had been erected
Ac roedden nhw'n llawn bechgyn drwy'r dydd
and they were crowded with boys all day long
Ar waliau'r tai roedd arysgrifau
On the walls of the houses there were inscriptions
'Hir byw y pethau chwarae'
"Long live the playthings"
'Dim mwy o ysgolion'
"we will have no more schools"
'Lawr y toiled gyda rhifyddeg
"down the toilet with arithmetic"
a theimladau cain tebyg yn cael eu hysgrifennu
and similar other fine sentiments were written
Wrth gwrs roedd yr holl sloganau mewn sillafu gwael
of course all the slogans were in bad spelling
Aeth Pinocchio, Canwyll-Gwic a'r bechgyn eraill i'r dref
Pinocchio, Candle-wick and the other boys went to the town
Roedden nhw yn nhrychu'r cynnwrf
they were in the thick of the tumult
Nid oes angen i mi ddweud wrthych pa mor hwyl oedd hi
and I need not tell you how fun it was
O fewn munudau maent yn adnabod eu hunain gyda phawb
within minutes they acquainted themselves with everybody
Lle y gellid dod o hyd i fechgyn hapusach neu fwy bodlon?
Where could happier or more contented boys be found?
Oriau, diwrnodau ac wythnosau pasio fel mellt
the hours, days and weeks passed like lightning
Mae amser yn hedfan pan fyddwch chi'n cael hwyl
time flies when you're having fun
"O, am fywyd hyfryd!" meddai Pinocchio
"Oh, what a delightful life!" said Pinocchio
'Edrychwch, felly, onid oeddwn yn iawn?' atebodd Canwyll-Gwic
"See, then, was I not right?" replied Candle-wick
"Ac i feddwl nad oeddech chi eisiau dod!"
"And to think that you did not want to come!"

"Dychmygwch eich bod wedi dychwelyd adref i'ch tylwyth teg"
"imagine you had returned home to your Fairy"
"Rydych chi eisiau colli eich amser yn astudio!"
"you wanted to lose your time in studying!"
"Nawr eich bod yn rhydd o drafferth llyfrau"
"now you are free from the bother of books"
"Mae'n rhaid i chi gydnabod eich bod yn ddyledus i mi"
"you must acknowledge that you owe it to me"
"Dim ond ffrindiau sy'n gwybod sut i ddarparu gwasanaethau mor wych"
"only friends know how to render such great services"
"Mae'n wir, Canwyll-Gwic!" cadarnhawyd Pinocchio
"It is true, Candle-wick!" confirmed Pinocchio
"Os ydw i'n fachgen hapus nawr, eich gwaith chi yw'r cyfan."
"If I am now a happy boy, it is all your doing"
"Ond ydych chi'n gwybod beth oedd y meistr yn ei ddweud?"
"But do you know what the master used to say?"
"Peidiwch â chysylltu â'r Canwyll-Gwic rascal hwnnw"
"Do not associate with that rascal Candle-wick"
"Oherwydd ei fod yn gydymaith drwg i chi"
"because he is a bad companion for you"
"A bydd e'n eich arwain chi i mewn i ddrygioni!"
"and he will only lead you into mischief!"
'Meistr!' atebodd y llall, gan ysgwyd ei ben
"Poor master!" replied the other, shaking his head
"Rwy'n gwybod yn rhy dda ei fod yn fy hoffi"
"I know only too well that he disliked me"
"Ac roedd yn diddanu ei hun trwy wneud fy mywyd yn galed"
"and he amused himself by making my life hard"
Ond yr wyf yn hael, ac yr wyf yn maddau iddo. "
"but I am generous, and I forgive him!"
"Rydych chi'n enaid bonheddig!" meddai Pinocchio
"you are a noble soul!" said Pinocchio

ac fe gofleidiodd ei gyfaill yn annwyl
and he embraced his friend affectionately
a'i cusanu rhwng ei lygaid
and he kissed him between the eyes
Mae'r bywyd hyfryd hwn wedi mynd ymlaen ers pum mis
This delightful life had gone on for five months
Treuliwyd y dyddiau'n gyfan gwbl mewn chwarae a difyrrwch
The days had been entirely spent in play and amusement
Ni chafodd unrhyw syniad ei wario ar lyfrau neu ysgol
not a thought was spent on books or school
ond un bore fe ddeffrodd Pinocchio i syndod mwyaf anghytuno.
but one morning Pinocchio awoke to a most disagreeable surprise
roedd yr hyn a welodd yn ei roi mewn hiwmor drwg iawn
what he saw put him into a very bad humour

Pinocchio yn troi'n rhoddwr
Pinocchio Turns into a Donkey

pan ddeffrodd Pinocchio fe grafu ei ben
when Pinocchio awoke he scratched his head
Wrth grafu ei ben fe ddarganfu rywbeth...
when scratching his head he discovered something...
Roedd ei glustiau wedi tyfu mwy na llaw!
his ears had grown more than a hand!
Gallwch ddychmygu ei syndod
You can imagine his surprise
am ei fod bob amser wedi cael clustiau bach iawn
because he had always had very small ears
Aeth ar unwaith i chwilio am ddrych
He went at once in search of a mirror
Roedd yn rhaid iddo edrych yn well arno'i hun
he had to have a better look at himself
ond nid oedd yn gallu dod o hyd i unrhyw fath o ddrych

but he was not able to find any kind of mirror
felly llanwodd y basn â dŵr
so he filled the basin with water
a gwelodd adlewyrchiad nad oedd erioed eisiau ei weld
and he saw a reflection he never wished to see
Roedd pâr gwych o glustiau asyn yn addurno ei ben!
a magnificent pair of donkey's ears embellished his head!
meddyliwch am dristwch, cywilydd ac anobaith Pinocchio druan!
think of poor Pinocchio's sorrow, shame and despair!
Dechreuodd grio a rhuo
He began to cry and roar
ac efe a gurodd ei ben yn erbyn y mur
and he beat his head against the wall
Ond po fwyaf y gwaeddodd po hiraf y tyfodd ei glustiau
but the more he cried the longer his ears grew
a'i glustiau'n tyfu, ac yn tyfu, ac yn tyfu
and his ears grew, and grew, and grew
a daeth ei glustiau'n flewog tuag at y pwyntiau
and his ears became hairy towards the points
clywodd Marmot bach lefain uchel Pinocchio
a little Marmot heard Pinocchio's loud cries
Wrth weld y pyped mewn galar o'r fath gofynnodd o ddifrif:
Seeing the puppet in such grief she asked earnestly:
"Beth sydd wedi digwydd i ti, fy mrawd annwyl?"
"What has happened to you, my dear fellow-lodger?"
"Rwy'n sâl, fy annwyl Marmot"
"I am ill, my dear little Marmot"
"sâl iawn, ac mae fy salwch yn codi ofn arna i"
"very ill, and my illness frightens me"
"Ydych chi'n deall cyfrif pwl?"
"Do you understand counting a pulse?"
'Ychydig iawn' wedi'i sobbed Pinocchio
"A little," sobbed Pinocchio
"Yna teimlwch a gweld a ydw i wedi cael twymyn ar hap"
"Then feel and see if by chance I have got fever"
Cododd y Marmot bach ei blaen dde

The little Marmot raised her right fore-paw
a'r Marmot bach yn teimlo curiad Pinocchio
and the little Marmot felt Pinocchio's pulse
A hi a ddywedodd wrtho ef, gan ochneidio:
and she said to him, sighing:
'Fy ffrind, mae'n fy nhrin yn fawr iawn'
"My friend, it grieves me very much"
Ond mae'n rhaid i mi roi newyddion drwg i chi! "
"but I am obliged to give you bad news!"
"Beth sy'n bod?" gofynnodd Pinocchio
"What is it?" asked Pinocchio
"Rydych chi wedi cael twymyn gwael iawn!"
"You have got a very bad fever!"
"Pa frâs yw e?"
"What fever is it?"
"Mae gennych chi achos o ddolur rhydd"
"you have a case of donkey fever"
"Mae hwn yn wres nad wyf yn deall"
"That is a fever that I do not understand"
Ond roedd yn deall ei fod yn rhy dda
but he understood it only too well
"Yna byddaf yn ei egluro i chi," meddai'r Marmot
"Then I will explain it to you," said the Marmot
"Yn fuan ni fyddwch yn bysellwr mwyach"
"soon you will no longer be a puppet"
"Ni fydd yn cymryd mwy na dwy neu dair awr"
"it won't take longer than two or three hours"
"Fyddwch chi ddim yn fachgen"
"nor will you be a boy either"
"Felly beth fyddwn i?"
"Then what shall I be?"
"Byddwch yn dda ac yn wir yn asyn bach."
"you will well and truly be a little donkey"
"asyn fel y rhai sy'n tynnu'r certiau"
"a donkey like those that draw the carts"
"asyn sy'n cario bresych i'r farchnad"
"a donkey that carries cabbages to market"

'O, pa mor anffodus ydw i!' gwaeddodd Pinocchio
"Oh, how unfortunate I am!" cried Pinocchio
Ac efe a gymerth ei ddwy glust a'i ddwylo
and he seized his two ears with his hands
Ac efe a dynnodd ac a rwygodd wrth ei glustiau yn gandryll
and he pulled and tore at his ears furiously
tynnodd fel pe baent wedi bod yn glustiau rhywun arall
he pulled as if they had been someone else's ears
'Fy maban annwyl,' meddai'r Marmot
"My dear boy," said the Marmot
Ac fe wnaeth ei gorau i'w gysuro
and she did her best to console him
"Allwch chi ddim gwneud dim am y peth"
"you can do nothing about it"
"Mae'n eich tynged i fod yn asyn"
"It is your destiny to become a donkey"
"Y mae wedi ei ysgrifennu yn neddfau doethineb"
"It is written in the decrees of wisdom"
"Mae'n digwydd i bob bachgen sy'n ddiog"
"it happens to all boys who are lazy"
"Mae'n digwydd i'r bechgyn sy'n casáu llyfrau"
"it happens to the boys that dislike books"
"Mae'n digwydd i'r bechgyn sydd ddim yn mynd i'r ysgol"
"it happens to the boys that don't go to schools"
"Ac mae'n digwydd i fechgyn sy'n anufudd i'w meistri"
"and it happens to boys who disobey their masters"
'Pob bachgen sy'n treulio'u hamser mewn llawenydd'
"all boys who pass their time in amusement"
"Mae'r holl fechgyn sy'n chwarae gemau drwy'r dydd"
"all the boys who play games all day"
"Bechgyn sy'n tynnu sylw eu hunain gyda dargyfeiriadau"
"boys who distract themselves with diversions"
"Mae'r un ffawd yn aros am yr holl fechgyn hynny"
"the same fate awaits all those boys"
"Yn hwyr neu'n hwyrach maen nhw'n troi'n asynnod bach"
"sooner or later they become little donkeys"
"Ond ydy e wir felly?" gofynnodd y pyped, gan sobio

"But is it really so?" asked the puppet, sobbing
"Yn wir, dim ond yn rhy wir!"
"It is indeed only too true!"
"Ac mae dagrau'n ddiwerth nawr"
"And tears are now useless"
"Fe ddylech chi fod wedi meddwl amdano yn gynt!"
"You should have thought of it sooner!"
"Ond nid fi oedd ar fai; Credwch fi, Marmot bach"
"But it was not my fault; believe me, little Marmot"
"roedd y bai i gyd yn Canwyll-Gwic!"
"the fault was all Candle-wick's!"
"A phwy yw'r Canwyll-Gwic hwn?"
"And who is this Candle-wick?"
"Mae Canwyll-Gwic yn un o fy nghymrodyr ysgol"
"Candle-wick is one of my school-fellows"
"Roeddwn i eisiau mynd adref a bod yn ufudd"
"I wanted to return home and be obedient"
"Roeddwn i eisiau astudio a bod yn fachgen da"
"I wished to study and be a good boy"
"ond fe wnaeth Canwyll-Gwic fy argyhoeddi fel arall"
"but Candle-wick convinced me otherwise"
'Pam ddylech chi drafferthu eich hun trwy astudio?'
'Why should you bother yourself by studying?'
Pam mynd i'r ysgol?
'Why should you go to school?'
'Dewch gyda ni yn lle hynny i Wlad yr Adar Boobies'
'Come with us instead to the Land of Boobies Birds'
'Ni fydd yn rhaid i'r un ohonom ddysgu yno'
'there we shall none of us have to learn'
'Byddwn yn difyrru ein hunain o fore i nos'
'we will amuse ourselves from morning to night'
'A byddwn bob amser yn llawen'
'and we shall always be merry'
"Roedd y ffrind yna yn gelwyddog"
"that friend of yours was false"
Pam wyt ti wedi dilyn dy gyngor di?"
"why did you follow his advice?"

"Oherwydd, fy annwyl Marmot bach, rwy'n byped"
"Because, my dear little Marmot, I am a puppet"
"Does gen i ddim synnwyr a dim calon"
"I have no sense and no heart"
"Pe bawn i wedi cael calon fyddwn i byth wedi gadael"
"if I had had a heart I would never have left"
"Gadewais fy Tylwyth Teg da a oedd yn fy ngharu fel mama"
"I left my good Fairy who loved me like a mamma"
"Y Tylwyth Teg da a oedd wedi gwneud cymaint i mi!"
"the good Fairy who had done so much for me!"
"Ac roeddwn i'n mynd i fod yn byped ddim mwy"
"And I was going to be a puppet no longer"
"Byddwn i wedi dod yn fachgen bach erbyn hyn"
"I would by this time have become a little boy"
"Mi fyddwn i fel y bechgyn eraill"
"and I would be like the other boys"
"Ond os ydw i'n cwrdd â Canwyll-Gwic, gwae fo!"
"But if I meet Candle-wick, woe to him!"
"Bydd e'n clywed beth dw i'n feddwl ohono!"
"He shall hear what I think of him!"
Ac fe drodd i fynd allan
And he turned to go out
Ond yna cofiodd fod ganddo glustiau asyn
But then he remembered he had donkey's ears
wrth gwrs roedd ganddo gywilydd o ddangos ei glustiau yn gyhoeddus
of course he was ashamed to show his ears in public
Felly beth ydych chi'n meddwl wnaeth e?
so what do you think he did?
Cymerodd het cotwm fawr
He took a big cotton hat
a rhoddodd yr het cotwm ar ei ben
and he put the cotton hat on his head
ac fe dynnodd yr het ymhell i lawr dros ei drwyn
and he pulled the hat well down over his nose
Yna aeth allan i chwilio am Canwyll-Gwic

He then set out in search of Candle-wick
Roedd yn chwilio amdano ar y strydoedd
He looked for him in the streets
a bu'n chwilio amdano yn y theatrau bach
and he looked for him in the little theatres
Edrychodd ym mhob lle posibl
he looked in every possible place
ond ni allai ddod o hyd iddo lle bynnag yr oedd yn edrych
but he could not find him wherever he looked
Gofynnodd iddo am bawb a gyfarfu
He inquired for him of everybody he met
Ond doedd neb yn ei weld e
but no one seemed to have seen him
Yna aeth i chwilio amdano yn ei dŷ.
He then went to seek him at his house
Ac wedi iddo gyrraedd y drws, efe a gurodd
and, having reached the door, he knocked
"Pwy sydd yno?" gofynnodd Canwyll-Gwic o'r tu mewn
"Who is there?" asked Candle-wick from within
"Mae'n fi!" atebodd y pyped
"It is I!" answered the puppet
"Aros am eiliad a byddaf yn gadael i chi i mewn"
"Wait a moment and I will let you in"
Ar ôl hanner awr, agorwyd y drws
After half an hour the door was opened
Nawr gallwch ddychmygu teimlad Pinocchio ar yr hyn a welodd
now you can imagine Pinocchio's feeling at what he saw
Roedd gan ei ffrind het cotwm fawr ar ei ben hefyd.
his friend also had a big cotton hat on his head
Ar olwg y cap roedd Pinocchio yn teimlo bron yn gysurus
At the sight of the cap Pinocchio felt almost consoled
a Pinocchio yn meddwl iddo'i hun:
and Pinocchio thought to himself:
"Ydy fy ffrind wedi cael yr un salwch sydd gen i?"
"Has my friend got the same illness that I have?"
"Ydy e hefyd yn dioddef o dwymyn asyn?"

"Is he also suffering from donkey fever?"
ond ar y dechrau roedd Pinocchio yn esgus nad oedd wedi sylwi
but at first Pinocchio pretended not to have noticed
Gofynnodd gwestiwn iddo yn achlysurol, gan wenu:
he just casually asked him a question, smiling:
"Sut wyt ti, fy annwyl Canwyll-Gwic?"
"How are you, my dear Candle-wick?"
"yn ogystal â llygoden mewn caws Parmesan"
"as well as a mouse in a Parmesan cheese"
"Wyt ti'n dweud hynny o ddifrif?"
"Are you saying that seriously?"
"Pam ddylwn i ddweud celwydd wrthych chi?"
"Why should I tell you a lie?"
"Ond pam, felly, wyt ti'n gwisgo het gotwm?"
"but why, then, do you wear a cotton hat?"
"Mae'n gorchuddio'ch clustiau i gyd"
"is covers up all of your ears"
"Mae'r meddyg wedi gorchymyn i mi ei wisgo"
"The doctor ordered me to wear it"
"Oherwydd fy mod wedi brifo'r pen-glin hwn"
"because I have hurt this knee"
"A chi, pyped annwyl," gofynnodd Canwyll-Gwic
"And you, dear puppet," asked Candle-wick
"Pam wyt ti wedi tynnu'r het gotwm yna wedi pasio dy drwyn?"
"why have you pulled that cotton hat passed your nose?"
"Fe wnaeth y meddyg ei ragnodi oherwydd fy mod wedi pori fy nhroed"
"The doctor prescribed it because I have grazed my foot"
"O, Pinocchio druan!" - **"Oh, poor Canwyll-Gwic!"**
"Oh, poor Pinocchio!" - "Oh, poor Candle-wick!"
Wedi'r geiriau hyn dilynodd distawrwydd hir
After these words a long silence followed
Wnaeth y ddau ffrind ddim byd ond edrych yn ffug ar ei gilydd
the two friends did nothing but look mockingly at each other

O'r diwedd dywedodd y pyped mewn llais meddal wrth ei gydymaith:
At last the puppet said in a soft voice to his companion:
"Bodlonwch fy chwilfrydedd, fy annwyl Canwyll-Gwic"
"Satisfy my curiosity, my dear Candle-wick"
"Ydych chi erioed wedi dioddef o glefyd y clustiau?"
"have you ever suffered from disease of the ears?"
"Dydw i erioed wedi dioddef o glefyd y clustiau!"
"I have never suffered from disease of the ears!"
"A ti, Pinocchio?" gofynnodd Canwyll-Gwic
"And you, Pinocchio?" asked Candle-wick
"Ydych chi erioed wedi dioddef o glefyd y clustiau?"
"have you ever suffered from disease of the ears?"
"Dydw i erioed wedi dioddef o'r clefyd hwnnw chwaith"
"I have never suffered from that disease either"
"Dim ond ers y bore 'ma mae un o'm clustiau i'n dod"
"Only since this morning one of my ears aches"
"Mae fy nghlust hefyd yn fy mhoeni"
"my ear is also paining me"
"A pha un o'ch clustiau sy'n eich brifo?"
"And which of your ears hurts you?"
"Mae'r ddau glust yn brifo
"Both of my ears happen to hurt"
"A beth amdanat ti?"
"And what about you?"
"Mae'r ddau glust yn brifo hefyd"
"Both of my ears happen to hurt too"
Allwn ni fod wedi cael yr un salwch?"
Can we have got the same illness?"
"Rwy'n ofni y gallem fod wedi dal twymyn"
"I fear we might have caught a fever"
"A wnewch chi garedigrwydd i mi, Canwyll-Gwic?"
"Will you do me a kindness, Candle-wick?"
"Yn barod! â'm holl galon."
"Willingly! With all my heart"
"A wnewch chi adael i mi weld eich clustiau?"
"Will you let me see your ears?"

Pam y byddwn yn gwrthod eich cais?
"Why would I deny your request?"
"Ond yn gyntaf, fy annwyl Pinocchio, dylwn i weld eich un chi"
"But first, my dear Pinocchio, I should like to see yours"
"Na: mae'n rhaid i chi ei wneud yn gyntaf"
"No: you must do so first"
"Na, annwyl. Yn gyntaf oll, ac yna i mi! "
"No, dear. First you and then I!"
'Wel,' meddai'r pyped
"Well," said the puppet
"Gadewch i ni ddod i gytundeb fel ffrindiau da"
"let us come to an agreement like good friends"
"Gadewch i mi glywed beth yw'r cytundeb hwn"
"Let me hear what this agreement is"
"Bydd y ddau ohonon ni'n tynnu ein hetiau oddi ar yr un pryd."
"We will both take off our hats at the same moment"
"Ydych chi'n cytuno i wneud hynny?"
"Do you agree to do it?"
"Rwy'n cytuno, ac mae gennych fy ngair i"
"I agree, and you have my word"
A dechreuodd Pinocchio gyfrif â llais uchel:
And Pinocchio began to count in a loud voice:
'Un, dau, tri!' cyfrifodd
"One, two, three!" he counted
Yn 'Three!' tynnodd y ddau fachgen eu hetiau oddi ar eu hetiau
At "Three!" the two boys took off their hats
a thaflasant eu hetiau i'r awyr
and they threw their hats into the air
a dylech fod wedi gweld yr olygfa a ddilynodd
and you should have seen the scene that followed
Byddai'n ymddangos yn anhygoel pe na bai hynny'n wir
it would seem incredible if it were not true
Roedden nhw'n gweld bod y ddau wedi eu taro gan yr un anffawd

they saw they were both struck by the same misfortune
ond nid oeddent yn teimlo marwolaeth na galar
but they felt neither mortification nor grief
yn hytrach dechreusant bigo eu clustiau di-ffael
instead they began to prick their ungainly ears
a dechreusant wneud mil o antics
and they began to make a thousand antics
Gorffennon nhw drwy fynd i mewn i fwrlwm o chwerthin
they ended by going into bursts of laughter
Roedden nhw'n chwerthin ac yn chwerthin,
And they laughed, and laughed, and laughed
nes bod yn rhaid iddynt ddal eu hunain gyda'i gilydd
until they had to hold themselves together

Ond yng nghanol eu trugaredd digwyddodd rhywbeth
But in the midst of their merriment something happened
Stopiodd cannwyll wic chwerthin yn sydyn a cellwair
Candle-wick suddenly stopped laughing and joking

Roedd yn symud o gwmpas ac yn newid lliw
he staggered around and changed colour
"Help, help, Pinocchio!" gwaeddodd
"Help, help, Pinocchio!" he cried
"Beth sy'n bod arnat ti?"
"What is the matter with you?"
"Wow, ni allaf sefyll yn unionsyth"
"Alas, I cannot any longer stand upright"
"Ni allaf i chwaith," meddai Pinocchio
"Neither can I," exclaimed Pinocchio
a dechreuodd watwar a llefain
and he began to totter and cry
Ac wrth iddyn nhw siarad, dyblodd y ddau ohonyn nhw i fyny
And whilst they were talking, they both doubled up
A hwy a ddechreuasant redeg o amgylch yr ystafell ar eu dwylo a'u traed.
and they began to run round the room on their hands and feet
Ac wrth iddyn nhw redeg, daeth eu dwylo'n hoofs
And as they ran, their hands became hoofs
Roedd eu hwynebau'n ymestyn i mewn i fwclynnau
their faces lengthened into muzzles
a daeth eu cefnau wedi'u gorchuddio â blew llwyd golau
and their backs became covered with a light gray hairs
a'u gwallt yn cael ei daenellu â du
and their hair was sprinkled with black
Ond ydych chi'n gwybod beth oedd y cyfnod anoddaf?
But do you know what was the worst moment?
Roedd un foment yn waeth na'r lleill i gyd
one moment was worse than all the others
Tyfodd y ddau fachgen gynffonnau asyn
both of the boys grew donkey tails
Roedd y bechgyn yn cael eu difetha gan gywilydd a gofid
the boys were vanquished by shame and sorrow
ac wylofain a galaru am eu tynged
and they wept and lamented their fate
Petaen nhw wedi bod yn ddoethach na hynny!

Oh, if they had but been wiser!
ond doedden nhw ddim yn gallu galaru am eu tynged
but they couldn't lament their fate
oherwydd eu bod yn gallu dim ond bray fel asynnod
because they could only bray like asses
A dyma nhw'n brecio'n uchel mewn corws: "Hee-ho!"
and they brayed loudly in chorus: "Hee-haw!"
Tra roedd hyn yn digwydd roedd rhywun yn curo wrth y drws
Whilst this was going on someone knocked at the door
Ac roedd llais ar y tu allan a ddywedodd:
and there was a voice on the outside that said:
Agorwch y drws! "Fi yw'r dyn bach"
"Open the door! I am the little man"
"Myfi yw'r dyn a ddaeth â chi i'r wlad hon."
"I am the coachman who brought you to this country"
"Ar agor ar unwaith, neu bydd yn waeth i chi!"
"Open at once, or it will be the worse for you!"

Pinocchio yn cael ei hyfforddi ar gyfer y syrcas
Pinocchio gets Trained for the Circus

Ni fydd y drws yn agor wrth ei orchymyn
the door wouldn't open at his command
felly rhoddodd y dyn bach gic dreisgar i'r drws
so the little man gave the door a violent kick
a'r hyfforddwr yn byrstio i mewn i'r ystafell
and the coachman burst into the room
Siaradodd gyda'i chwerthin bach arferol:
he spoke with his usual little laugh:
Da iawn, blant! Rydych chi'n ymddwyn yn dda"
"Well done, boys! You brayed well"
"Yr wyf yn eich cydnabod gan eich lleisiau"
"and I recognized you by your voices"
'Dyna pam rydw i yma'
"That is why I am here"

Roedd y ddau asen bach yn eithaf supefied
the two little donkeys were quite stupefied
Safasant â'u pennau i lawr
they stood with their heads down
Roedd eu clustiau'n gostwng
they had their ears lowered
ac yr oedd ganddynt eu cynffonnau rhwng eu coesau
and they had their tails between their legs
Ar y dechrau, fe wnaeth y dyn bach eu taro a'u cario
At first the little man stroked and caressed them
Yna tynnodd allan cyrrycomb
then he took out a currycomb
ac efe a gyrrugodd yr asynnod yn dda
and he currycombed the donkeys well
Erbyn y broses hon roedd wedi eu gwasgu
by this process he had polished them
a'r ddwy asyn yn disgleirio fel dau ddrych
and the two donkeys shone like two mirrors
Rhoddodd halter o amgylch eu gwddf
he put a halter around their necks
Ac efe a'u dug hwynt i'r farchnad-lle
and he led them to the market-place

Yr oedd yn gobeithio eu gwerthu
he was in hopes of selling them
Roedd yn meddwl y gallai gael elw da
he thought he could get a good profit
Ac yn wir roedd prynwyr i'r asynnod
And indeed there were buyers for the donkeys
Prynwyd cannwyll wic gan heddychwr
Candle-wick was bought by a peasant
Bu farw ei asyn y diwrnod cynt
his donkey had died the previous day
Gwerthwyd Pinocchio i gyfarwyddwr cwmni
Pinocchio was sold to the director of a company
Roedden nhw'n gwmni o buffoons a dawnswyr rhaff tynn
they were a company of buffoons and tight-rope dancers
fe'i prynodd er mwyn iddo ddysgu iddo ddawnsio
he bought him so that he might teach him to dance
Gallai ddawnsio gydag anifeiliaid eraill y syrcas
he could dance with the other circus animals
Ac yn awr, fy narllenwyr bach, rydych chi'n deall
And now, my little readers, you understand
Dim ond dyn busnes oedd y dyn bach
the little man was just a businessman
ac yr oedd yn fusnes proffidiol a arweiniodd
and it was a profitable business that he led
Yr anghenfil bach drygionus gydag wyneb llaeth a mêl
The wicked little monster with a face of milk and honey
Gwnaeth deithiau aml o gwmpas y byd
he made frequent journeys round the world
Addawodd ac ymhyfrydu lle bynnag yr oedd yn mynd.
he promised and flattered wherever he went
ac efe a gasglodd yr holl fechgyn segur
and he collected all the idle boys
ac roedd llawer o fechgyn segur i'w casglu
and there were many idle boys to collect
yr holl fechgyn a oedd wedi casáu llyfrau
all the boys who had taken a dislike to books
a'r holl fechgyn nad oeddent yn hoff o'r ysgol

and all the boys who weren't fond of school
Bob tro llanwodd ei wagen gyda'r bechgyn hyn
each time his wagon filled up with these boys
ac aeth â nhw i gyd i wlad Boobie Birds
and he took them all to the Land of Boobie Birds
Dyma nhw'n treulio'u hamser yn chwarae gemau
here they passed their time playing games
ac yr oedd cynnwrf a llawer o ddifyrrwch
and there was uproar and much amusement
Ond yr un ffawd yn disgwyl yr holl fechgyn didwyll
but the same fate awaited all the deluded boys
gormod o chwarae a dim astudiaeth yn eu troi yn asynnod
too much play and no study turned them into donkeys
Yna gafaelodd yn eu meddiant â llawenydd mawr
then he took possession of them with great delight
Ac efe a'u dug hwynt i'r ffeiriau a'r marchnadoedd.
and he carried them off to the fairs and markets
Ac yn y modd hwn gwnaeth bentwr o arian
And in this way he made heaps of money
Beth ddaeth o Canwyll-Gwic wn i ddim
What became of Candle-wick I do not know
ond yr wyf yn gwybod beth ddigwyddodd i Pinocchio druan
but I do know what happened to poor Pinocchio
o'r diwrnod cyntaf fe gafodd fywyd caled iawn
from the very first day he endured a very hard life
Rhoddwyd Pinocchio yn ei stondin
Pinocchio was put into his stall
a'i feistr yn llenwi'r preseb â gwellt
and his master filled the manger with straw
ond doedd Pinocchio ddim yn hoffi bwyta gwellt o gwbl
but Pinocchio didn't like eating straw at all
a'r asyn bach yn pigo'r gwellt allan eto
and the little donkey spat the straw out again
Yna ei feistr, yn grwgnach, llenwi'r preseb â gwair
Then his master, grumbling, filled the manger with hay
ond ni blesiodd gwair Pinocchio chwaith
but hay did not please Pinocchio either

"Ah!" ceryddodd ei feistr mewn angerdd
"Ah!" exclaimed his master in a passion
"Onid yw hi'n dda i ti chwaith?"
"Does not hay please you either?"
"Gadewch hi i mi, fy asyn melys"
"Leave it to me, my fine donkey"
"Rwy'n gweld eich bod yn llawn o brisiau"
"I see you are full of caprices"
"Ond peidiwch â phoeni, byddaf yn dod o hyd i ffordd i'ch iacháu!"
"but worry not, I will find a way to cure you!"
Ac efe a drawodd goesau'r asyn gyda'i chwip
And he struck the donkey's legs with his whip
Dechreuodd Pinocchio grio a bray gyda phoen
Pinocchio began to cry and bray with pain
"Hei-ho! Ni allaf ganmol y gwellt!"
"Hee-haw! I cannot digest straw!"
"Yna bwyta gwair!" meddai ei feistr
"Then eat hay!" said his master
Roedd yn deall yn berffaith dafodiaith Asinine
he understood perfectly the asinine dialect
"Hei-ho! Mae gwair yn rhoi poen i mi yn fy stumog"
"Hee-haw! hay gives me a pain in my stomach"
'Dwi'n gweld sut mae'n aderyn bach'
"I see how it is little donkey"
"Hoffech chi gael eich bwydo â capons mewn jeli."
"you would like to be fed with capons in jelly"
Ac efe a aeth yn fwy a mwy blin
and he got more and more angry
ac fe chwipio Pinocchio druan eto
and he whipped poor Pinocchio again
yr ail dro i Pinocchio ddal ei dafod
the second time Pinocchio held his tongue
Ac efe a ddysgodd ddywedyd dim mwy
and he learned to say nothing more
Yna caewyd y stabl
The stable was then shut

a gadawyd Pinocchio ar ei ben ei hun
and Pinocchio was left alone
Nid oedd wedi bwyta am oriau
He had not eaten for many hours
a dechreuodd i yawn o newyn
and he began to yawn from hunger
Roedd ei gywion yn ymddangos mor eang â ffwrn
his yawns seemed as wide as an oven
Ond ni ddaeth o hyd i ddim arall i'w fwyta
but he found nothing else to eat
felly ymddiswyddodd ei hun i'w dynged
so he resigned himself to his fate
ac efe a roddodd i mewn ac a gnoodd ychydig o wair
and he gave in and chewed a little hay
efe a gnoodd y gwair yn dda, am ei fod yn sych
he chewed the hay well, because it was dry
Caeodd ei lygaid a'i lyncu
and he shut his eyes and swallowed it
"Nid yw'r clefyd hwn yn ddrwg," meddai wrtho'i hun
"This hay is not bad," he said to himself
"Byddai'n well pe bawn i wedi astudio!"
"but better would have been if I had studied!"
"Yn lle gwair gallwn i fod yn bwyta bara nawr"
"Instead of hay I could now be eating bread"
"Ac efallai y byddwn i wedi bod yn bwyta selsig da"
"and perhaps I would have been eating fine sausages"
"Ond mae'n rhaid i mi fod yn amyneddgar!"
"But I must have patience!"
Y bore wedyn fe ddeffrodd eto
The next morning he woke up again
Edrychodd yn y preseb am ychydig mwy o wair
he looked in the manger for a little more hay
ond doedd dim mwy o wair i'w gael
but there was no more hay to be found
Oherwydd yr oedd wedi bwyta'r holl wair liw nos
for he had eaten all the hay during the night
Yna cymerodd geg o wellt wedi'i dorri

Then he took a mouthful of chopped straw
ond bu'n rhaid iddo gydnabod y blas erchyll
but he had to acknowledge the horrible taste
nid oedd yn blasu yn y lleiaf fel macaroni neu pastai
it tasted not in the least like macaroni or pie
"Rwy'n gobeithio y bydd bechgyn drwg eraill yn dysgu o fy ngwers"
"I hope other naughty boys learn from my lesson"
"Ond mae'n rhaid i mi fod yn amyneddgar!"
"But I must have patience!"
a'r asyn bach yn cnoi'r gwellt
and the little donkey kept chewing the straw
"Amynedd yn wir!" gwaeddodd ei feistr
"Patience indeed!" shouted his master
Yr oedd wedi dod i mewn i'r stabl ar y pryd
he had come at that moment into the stable
"Ond peidiwch â bod yn rhy gyffyrddus, fy asyn bach"
"but don't get too comfortable, my little donkey"
"Wnes i ddim eich prynu chi i roi bwyd a diod i chi"
"I didn't buy you to give you food and drink"
"Rwyf wedi eich prynu i wneud i chi weithio"
"I bought you to make you work"
"Rwyf wedi prynu chi fel eich bod yn ennill arian i mi"
"I bought you so that you earn me money"
"Yna rydych chi'n ei gael ar unwaith!"
"Up you get, then, at once!"
"Mae'n rhaid i chi ddod gyda mi i'r syrcas"
"you must come with me into the circus"
"Yno byddaf yn eich dysgu i neidio trwy gylchoedd"
"there I will teach you to jump through hoops"
"Byddwch yn dysgu sefyll yn unionsyth ar eich coesau ôl"
"you will learn to stand upright on your hind legs"
"A byddwch yn dysgu dawnsio waltzes a polkas"
"and you will learn to dance waltzes and polkas"
Roedd yn rhaid i Pinocchio druan ddysgu'r holl bethau cain hyn
Poor Pinocchio had to learn all these fine things

Alla i ddim dweud ei bod hi'n hawdd dysgu
and I can't say it was easy to learn
Cymerodd dri mis iddo ddysgu'r triciau
it took him three months to learn the tricks
cafodd lawer o chwipio a oedd bron â thynnu ei groen
he got many a whipping that nearly took off his skin
O'r diwedd gwnaeth ei feistr y cyhoeddiad
At last his master made the announcement
llawer o blacardiau lliw yn sownd ar gorneli'r stryd
many coloured placards stuck on the street corners
"Cynrychiolaeth Gwisg Lawn Fawr"
"Great Full Dress Representation"
"Bydd TONIGHT yn digwydd y campau a'r syrpreisys arferol"
"TONIGHT will Take Place the Usual Feats and Surprises"
"Perfformiadau gan yr holl artistiaid a cheffylau"
"Performances Executed by All the Artists and horses"
"Ac ar ben hynny; The Famous LITTLE DONKEY PINOCCHIO"
"and moreover; The Famous LITTLE DONKEY PINOCCHIO"
'SEREN Y DAWNS'
"THE STAR OF THE DANCE"
"Bydd y theatr yn cael ei goleuo'n wych"
"the theatre will be brilliantly illuminated"
Gallwch ddychmygu pa mor gaeth oedd y theatr
you can imagine how crammed the theatre was
Roedd y syrcas yn llawn plant o bob oed
The circus was full of children of all ages
daeth y cyfan i weld yr asyn bach enwog Pinocchio dawns
all came to see the famous little donkey Pinocchio dance
Roedd rhan gyntaf y perfformiad drosodd
the first part of the performance was over
Cyflwynodd cyfarwyddwr y cwmni ei hun i'r cyhoedd
the director of the company presented himself to the public
Cafodd ei wisgo mewn côt ddu a brethyn gwyn
he was dressed in a black coat and white breeches
ac esgidiau lledr mawr a ddaeth uwch ei bengliniau

and big leather boots that came above his knees
Gwnaeth fwa dwys i'r dorf
he made a profound bow to the crowd
Dechreuodd gyda llawer o ddifrifoldeb araith hurt:
he began with much solemnity a ridiculous speech:
"Parchus cyhoeddus, boneddigesau a boneddigesau!"
"Respectable public, ladies and gentlemen!"
"Mae'n anrhydedd ac yn bleser mawr"
"it is with great honour and pleasure"
"Rwy'n sefyll yma o flaen y gynulleidfa nodedig hon"
"I stand here before this distinguished audience"
"Ac yr wyf yn cyflwyno i chi yr asyn bach enwog"
"and I present to you the celebrated little donkey"
"yr asyn bach sydd eisoes wedi cael yr anrhydedd"
"the little donkey who has already had the honour"
"anrhydedd dawnsio ym mhresenoldeb Ei Fawrhydi"
"the honour of dancing in the presence of His Majesty"
"A diolch i chi, erfyniaf arnoch i'n helpu"
"And, thanking you, I beg of you to help us"
"Helpwch ni gyda'ch presenoldeb ysbrydoledig"
"help us with your inspiring presence"
"Ac os gwelwch yn dda, gynulleidfa uchel ei pharch, byddwch yn fodlon i ni"
"and please, esteemed audience, be indulgent to us"
Derbyniwyd yr araith hon gyda llawer o chwerthin a chymeradwyaeth
This speech was received with much laughter and applause
Ond buan iawn roedd y gymeradwyaeth hyd yn oed yn uwch nag o'r blaen
but the applause soon was even louder than before
gwnaeth yr asyn bach Pinocchio ei ymddangosiad
the little donkey Pinocchio made his appearance
Ac efe a safodd yng nghanol y syrcas
and he stood in the middle of the circus
Roedd wedi ei ddiffodd ar gyfer yr achlysur
He was decked out for the occasion
Roedd ganddo geffyl newydd o ledr caboledig

He had a new bridle of polished leather
ac roedd yn gwisgo byclau pres a stydiau
and he was wearing brass buckles and studs
ac roedd ganddo ddau camellias gwyn yn ei glustiau
and he had two white camellias in his ears
Rhannwyd ei mane a'i guradu
His mane was divided and curled
ac roedd pob cyrl wedi'i glymu â bwâu o ruban lliw
and each curl was tied with bows of coloured ribbon
Roedd ganddo girth o aur ac arian o amgylch ei gorff
He had a girth of gold and silver round his body
Plaited ei gynffon ag amaranth a rhubanau melfed glas
his tail was plaited with amaranth and blue velvet ribbons
Mewn gwirionedd, roedd yn asyn bach i syrthio mewn cariad ag ef!
He was, in fact, a little donkey to fall in love with!
Ychwanegodd y cyfarwyddwr yr ychydig eiriau hyn:
The director added these few words:
"Fy archwilwyr parchus!"
"My respectable auditors!"
"Dydw i ddim yma i ddweud celwyddau wrthych"
"I am not here to tell you falsehoods"
"Roedd 'na anawsterau mawr roedd rhaid i mi eu goresgyn"
"there were great difficulties I had to overcome"
"Roeddwn i'n deall ac yn bychanu'r mamiffer hon"
"I understood and subjugated this mammifer"
"Yr oedd yn pori yn rhydd ymysg y mynyddoedd"
"he was grazing at liberty amongst the mountains"
"Roedd e'n byw yn gwastatir y Torri Zone"
"he lived in the plains of the torrid zone"
"Yr wyf yn erfyn i chi arsylwi ar y rholio gwyllt ei lygaid"
"I beg you will observe the wild rolling of his eyes"
"Roedd pob dull wedi cael ei roi ar brawf yn ofer i'w ddofio"
"Every means had been tried in vain to tame him"
"Rwyf wedi ei gyfarwyddo â bywyd pedrawd domestig"
"I have accustomed him to the life of domestic quadrupeds"
"ac arbedais iddo ddadl argyhoeddiadol y chwip"

"and I spared him the convincing argument of the whip"
"Ond dim ond cynyddu ei greulondeb wnaeth fy holl ddaioni."
"But all my goodness only increased his viciousness"
"Fodd bynnag, darganfyddais yn ei craniwm cartilag esgyrnog"
"However, I discovered in his cranium a bony cartilage"
"Cefais ei arolygu gan y Gyfadran Meddygaeth Paris"
"I had him inspected by the Faculty of Medicine of Paris"
"Doeddwn i ddim yn arbed unrhyw gost am driniaeth fy asyn bach"
"I spared no cost for my little donkey's treatment"
"Ynddo ef daeth y meddygon o hyd i cortecs adfywio dawns"
"in him the doctors found the regenerating cortex of dance"
"Dyna pam dw i nid yn unig wedi dysgu iddo ddawnsio."
"For this reason I have not only taught him to dance"
"Ond dysgais iddo hefyd neidio trwy gylchoedd"
"but I also taught him to jump through hoops"
"Edmygwch ef, ac yna pasio eich barn arno!"
"Admire him, and then pass your opinion on him!"
Ond cyn i mi gymryd fy ngwyliau oddi wrthych, caniatewch hyn i mi."
"But before taking my leave of you, permit me this;"
"Merched a boneddigesau, aelodau uchel eu parch o'r dorf"
"ladies and gentlemen, esteemed members of the crowd"
"Rwy'n eich gwahodd i berfformiad dyddiol yfory"
"I invite you to tomorrow's daily performance"
Yma gwnaeth y cyfarwyddwr fwa dwys arall
Here the director made another profound bow
ac, yna troi at Pinocchio, dywedodd:
and, then turning to Pinocchio, he said:
Dewrder, Pinocchio! Cyn i chi ddechrau:"
"Courage, Pinocchio! But before you begin:"
'Ymgrymu i'r gynulleidfa nodedig hon'
"bow to this distinguished audience"
Ufuddhaodd Pinocchio i orchmynion ei feistr
Pinocchio obeyed his master's commands

Ac efe a blygodd ei ddau liniau nes iddynt gyffwrdd â'r llawr.
and he bent both his knees till they touched the ground
Fe wnaeth y cyfarwyddwr gracio ei chwip a gweiddi:
the director cracked his whip and shouted:
"Ar gyflymder troed, Pinocchio!"
"At a foot's pace, Pinocchio!"
Yna cododd yr asyn bach ei hun ar ei bedair coes
Then the little donkey raised himself on his four legs
Dechreuodd gerdded o amgylch y theatr
and he began to walk round the theatre
a'r holl amser y cadwodd ar gyflymder troed
and the whole time he kept at a foot's pace
Ar ôl ychydig o amser gwaeddodd y cyfarwyddwr eto:
After a little time the director shouted again:
"Trot!" a Pinocchio, ufuddhaodd i'r gorchymyn
"Trot!" and Pinocchio, obeyed the order
a newidiodd ei gyflymder i drot
and he changed his pace to a trot
"Gallop!" a Pinocchio yn torri i mewn i galop
"Gallop!" and Pinocchio broke into a gallop
"Gallop llawn!" a Pinocchio aeth carw llawn
"Full gallop!" and Pinocchio went full gallop
roedd yn rhedeg o gwmpas y syrcas fel ceffyl rasio
he was running round the circus like a racehorse
Ond yna taniodd y cyfarwyddwr pistol
but then the director fired off a pistol
ar gyflymder llawn fe syrthiodd i'r llawr
at full speed he fell to the floor
a'r asyn bach yn esgus cael ei hanafu
and the little donkey pretended to be wounded
Cododd o'r llawr yng nghanol allfa o gymeradwyaeth
he got up from the ground amidst an outburst of applause
Roedd gweiddi a chlapio dwylo
there were shouts and clapping of hands
ac yn naturiol cododd ei ben ac edrych i fyny
and he naturally raised his head and looked up

a gwelodd yn un o'r blychau wraig hardd
and he saw in one of the boxes a beautiful lady
gwisgai rownd ei gwddf cadwyn aur trwchus
she wore round her neck a thick gold chain
ac o'r gadwyn hongian medaliwn
and from the chain hung a medallion
Ar y fedyddfaen peintiwyd y portread o byped
On the medallion was painted the portrait of a puppet
"Dyna fy llun i!" sylweddolodd Pinocchio
"That is my portrait!" realized Pinocchio
"Y wraig honno yw'r Tylwyth Teg!" meddai Pinocchio wrtho'i hun
"That lady is the Fairy!" said Pinocchio to himself
Roedd Pinocchio wedi ei hadnabod yn syth
Pinocchio had recognized her immediately
a, goresgyn gyda hyfrydwch, ceisiodd alw hi
and, overcome with delight, he tried to call her
"Oh my little fairy! O, fy ngair bach i!"
"Oh, my little Fairy! Oh, my little Fairy!"
Ond yn lle'r geiriau hyn daeth brai o'i wddf
But instead of these words a bray came from his throat
Dewrder mor hir nes bod yr holl wylwyr yn chwerthin
a bray so prolonged that all the spectators laughed
a'r holl blant yn y theatr yn chwerthin yn arbennig
and all the children in the theatre especially laughed
Yna rhoddodd y cyfarwyddwr wers iddo
Then the director gave him a lesson
Nid yw'n moesau da i bray o flaen y cyhoedd
it is not good manners to bray before the public
gyda handlen ei chwip fe darodd drwyn yr asyn
with the handle of his whip he smacked the donkey's nose
Mae'r asyn bach tlawd yn rhoi ei dafod allan fodfedd
The poor little donkey put his tongue out an inch
a llyfu ei drwyn am o leiaf bum munud
and he licked his nose for at least five minutes
Roedd yn meddwl efallai y byddai'n lleddfu'r poen
he thought perhaps that it would ease the pain

Ond sut yr oedd yn anobeithio wrth edrych i fyny eilwaith
But how he despaired when looking up a second time
gwelodd fod y sedd yn wag
he saw that the seat was empty
Roedd y Tylwyth Teg da iddo wedi diflannu!
the good Fairy of his had disappeared!
Roedd yn meddwl y byddai'n marw
He thought he was going to die
Roedd ei lygaid yn llawn dagrau a dechreuodd wylo
his eyes filled with tears and he began to weep
Fodd bynnag, ni sylwodd neb ar ei ddagrau
Nobody, however, noticed his tears
"Dewrder, Pinocchio!" gwaeddodd y cyfarwyddwr
"Courage, Pinocchio!" shouted the director
"Dangoswch i'r gynulleidfa pa mor osgeiddig y gallwch neidio drwy'r cylchoedd"
"show the audience how gracefully you can jump through the hoops"
Ceisiodd Pinocchio ddwy neu dair gwaith
Pinocchio tried two or three times
ond nid yw mynd trwy'r cylchyn yn hawdd i asyn
but going through the hoop is not easy for a donkey
ac roedd yn ei chael hi'n haws mynd o dan y cylch
and he found it easier to go under the hoop
O'r diwedd gwnaeth naid ac aeth trwy'r cylch
At last he made a leap and went through the hoop
ond ei goes dde yn anffodus yn cael ei ddal yn y cylchdaith
but his right leg unfortunately caught in the hoop
a dyna achosodd iddo syrthio i'r llawr
and that caused him to fall to the ground
Cafodd ei ddyblu mewn tomen ar yr ochr arall
he was doubled up in a heap on the other side
Pan gododd roedd yn gloff
When he got up he was lame
Dim ond gydag anhawster mawr y dychwelodd i'r stabl
only with great difficulty did he return to the stable
"Dewch â Pinocchio allan!" gwaeddodd yr holl fechgyn

"Bring out Pinocchio!" shouted all the boys
"Rydyn ni eisiau'r asyn bach!" rhuodd y theatr
"We want the little donkey!" roared the theatre
Cawsant eu cyffwrdd ac mae'n ddrwg ganddynt am y ddamwain drist
they were touched and sorry for the sad accident
Ond ni welwyd yr asyn bach y noson honno mwyach.
But the little donkey was seen no more that evening
Y bore canlynol, talodd y milfeddyg ymweliad iddo
The following morning the veterinary paid him a visit
Mae'r milfeddygon yn feddygon i'r anifeiliaid
the vets are doctors to the animals
a datganodd y byddai'n aros yn gloff am oes
and he declared that he would remain lame for life
Yna dywedodd y cyfarwyddwr wrth y stabl-bachgen:
The director then said to the stable-boy:
"Beth ydych chi'n meddwl y gallaf ei wneud ag asyn cloff?"
"What do you suppose I can do with a lame donkey?"
"Bydd yn bwyta bwyd heb ei ennill"
"He will eat food without earning it"
"Ewch ag ef i'r farchnad a'i werthu"
"Take him to the market and sell him"
Pan fyddant yn cyrraedd y farchnad, daethpwyd o hyd i brynwr ar unwaith
When they reached the market a purchaser was found at once
Gofynnodd i'r cwnstabl:
He asked the stable-boy:
"Faint ydych chi ei eisiau ar gyfer yr asyn cloff hwnnw?"
"How much do you want for that lame donkey?"
"Ugain doler a byddaf yn ei werthu i chi"
"Twenty dollars and I'll sell him to you"
"Rwy'n rhoi dwy geiniog i chi"
"I will give you two dollars"
"Ond peidiwch â meddwl y byddaf yn ei ddefnyddio"
"but don't suppose that I will make use of him"
"Rwy'n ei brynu ar gyfer ei groen yn unig"
"I am buying him solely for his skin"

"Rwy'n gweld bod ei groen yn galed iawn"
"I see that his skin is very hard"
"Rwy'n bwriadu gwneud argraff gydag ef"
"I intend to make a drum with him"
Clywodd ei fod i fod i fod i fod yn drwm!
he heard that he was destined to become a drum!
gallwch ddychmygu teimladau Pinocchio gwael
you can imagine poor Pinocchio's feelings
Trosglwyddwyd y ddwy geiniog
the two dollars were handed over
a rhoddwyd i'r dyn ei asyn
and the man was given his donkey
efe a dywysodd yr asyn bychan i lan y môr.
he led the little donkey to the seashore
Yna rhoddodd garreg rownd ei wddf
he then put a stone round his neck
a rhoddodd iddo ymyriad sydyn i'r dŵr
and he gave him a sudden push into the water
Cafodd Pinocchio ei phwysoli i lawr gan y garreg
Pinocchio was weighted down by the stone
ac aeth yn syth i waelod y môr
and he went straight to the bottom of the sea
Cadwodd ei berchennog afael dynn ar y llinyn
his owner kept tight hold of the cord
eisteddodd yn dawel ar ddarn o graig
he sat down quietly on a piece of rock
Ac efe a arhosodd nes i'r asyn bach gael ei foddi
and he waited until the little donkey was drowned
ac yna roedd yn bwriadu ei sgubo
and then he intended to skin him

Pinocchio yn cael ei frechu gan y Cŵn-Pysgod
Pinocchio gets Swallowed by the Dog-Fish

Roedd Pinocchio wedi bod hanner can munud dan y dŵr
Pinocchio had been fifty minutes under the water
Dywedodd ei brynwr yn uchel wrtho'i hun:
his purchaser said aloud to himself:
"Mae'n rhaid boddi fy asyn cloff bach erbyn hyn"
"My little lame donkey must by now be quite drowned"
"Tynnaf ef allan o'r dŵr"
"I will therefore pull him out of the water"
"A bydda i'n gwneud drwm o'i groen yn dda"
"and I will make a fine drum of his skin"
A dechreuodd dynnu yn y rhaff
And he began to haul in the rope
y rhaff yr oedd wedi ei glymu i goes yr asyn
the rope he had tied to the donkey's leg
Ac efe a dynnodd, ac a dynnodd, ac a dynnodd
and he hauled, and hauled, and hauled
Lusgodd tan o'r diwedd...
he hauled until at last...
Beth sy'n ymddangos uwchben y dŵr?
what do you think appeared above the water?
Ni thynnodd asyn marw i dir
he did not pull a dead donkey to land
yn lle hynny gwelodd byped bach byw
instead he saw a living little puppet

ac roedd y pyped bach yma yn gwingo fel ewl!
and this little puppet was wriggling like an eel!
Roedd y dyn tlawd yn meddwl ei fod yn breuddwydio
the poor man thought he was dreaming
ac fe'i trawyd yn fud gyda syndod
and he was struck dumb with astonishment
Yn y pen draw fe adferodd o'i stupefaction
he eventually recovered from his stupefaction
a gofynnodd i'r pyped mewn llais cwery:
and he asked the puppet in a quavering voice:
"Ble mae'r asyn bach wnes i daflu i'r môr?"
"where is the little donkey I threw into the sea?"
"Fi yw'r asyn bach!" meddai Pinocchio
"I am the little donkey!" said Pinocchio
a Pinocchio yn chwerthin am fod yn byped eto
and Pinocchio laughed at being a puppet again

"Sut allwch chi fod yn asyn?"
"How can you be the little donkey??"
"Fi oedd yr asyn bach," atebodd Pinocchio
"I was the little donkey," answered Pinocchio
"A nawr dw i'n fach eto"
"and now I'm a little puppet again"
"Oh scamp ifanc yw beth ydych chi!"
"Ah, a young scamp is what you are!!"
"Wyt ti'n meiddio gwneud hwyl gyda fi?"
"Do you dare to make fun of me?"
"I wneud hwyl gyda chi?" gofynnodd Pinocchio
"To make fun of you?" asked Pinocchio
"I'r gwrthwyneb, fy meistr annwyl?"
"Quite the contrary, my dear master?"
"Rwy'n siarad â chi o ddifrif"
"I am speaking seriously with you"
"Byr amser yn ôl, roeddech chi'n asyn bach"
"a short time ago you were a little donkey"
"Sut allwch chi fod wedi dod yn bysellwr pren?"
"how can you have become a wooden puppet?"
"Nid yw cael eich gadael yn y dŵr yn gwneud hynny i asyn."
"being left in the water does not do that to a donkey!"
"Mae'n rhaid ei fod wedi cael effaith dŵr môr"
"It must have been the effect of sea water"
'Y môr yn achosi newidiadau mawr'
"The sea causes extraordinary changes"
"Byddwch yn ofalus, pyped, dydw i ddim yn yr hwyliau!"
"Beware, puppet, I am not in the mood!"
"Peidiwch â dychmygu y gallwch chi ddiddanu'ch hun ar fy nhruliau"
"Don't imagine that you can amuse yourself at my expense"
"Gwae chi os byddaf yn colli amynedd!"
"Woe to you if I lose patience!"
"Wel, syr, wyt ti eisiau gwybod y stori wir?"
"Well, master, do you wish to know the true story?"
"Os wyt ti'n rhyddhau fy nghoes, fe ddywedaf wrthyt."
"If you set my leg free I will tell it you"

Roedd y dyn da yn chwilfrydig i glywed y stori wir
The good man was curious to hear the true story
ac ef yn syth yn datgysylltu'r cwlwm
and he immediately untied the knot
Roedd Pinocchio unwaith eto mor rhydd ag aderyn yn yr awyr
Pinocchio was again as free as a bird in the air
Dechreuodd adrodd ei stori
and he commenced to tell his story
"Mae'n rhaid i chi wybod fy mod i unwaith yn byped"
"You must know that I was once a puppet"
"Hynny yw, nid oeddwn bob amser yn asyn"
"that is to say, I wasn't always a donkey"
"Roeddwn i ar y pwynt o fod yn fachgen"
"I was on the point of becoming a boy"
"Mi fyddwn i wedi bod fel bechgyn eraill yn y byd"
"I would have been like the other boys in the world"
"Ond fel bechgyn eraill, doeddwn i ddim yn hoff iawn o astudio"
"but like other boys, I wasn't fond of study"
"Ac fe wnes i ddilyn cyngor y cyfeillion drwg"
"and I followed the advice of bad companions"
"O'r diwedd fe wnes i ffoi oddi cartref"
"and finally I ran away from home"
"Un diwrnod braf pan ddeffrais roeddwn wedi newid fy hun"
"One fine day when I awoke I found myself changed"
"Roeddwn i wedi dod yn asyn gyda chlustiau hir"
"I had become a donkey with long ears"
"Roeddwn i wedi tyfu cynffon hir hefyd"
"and I had grown a long tail too"
"Pa mor warthus oedd hynny i mi!"
"What a disgrace it was to me!"
Fyddai hyd yn oed dy elyn gwaethaf ddim yn ei achosi arnat ti!"
"even your worst enemy would not inflict it upon you!"
"Cefais fy ngorfodi i'r farchnad i gael fy ngwerthu"

"I was taken to the market to be sold"
"ac fe'm prynwyd gan gwmni marchogaeth"
"and I was bought by an equestrian company"
"Roedden nhw eisiau gwneud dawnsiwr enwog ohonof i"
"they wanted to make a famous dancer of me"
"Ond un noson yn ystod perfformiad ges i gwymp drwg"
"But one night during a performance I had a bad fall"
"A chefais fy ngadael gyda dwy goes gloff"
"and I was left with two lame legs"
"Doeddwn i ddim yn defnyddio'r syrcas ddim mwy"
"I was of no use to the circus no more"
"Unwaith eto cefais fy arwain i'r farchnad
"and again I was taken to the market
"Ac yn y farchnad chi oedd fy mhrentwr!"
"and at the market you were my purchaser!"
'Dim ond yn rhy wir,' cofiodd y dyn
"Only too true," remembered the man
"Dw i wedi talu dwy geiniog i ti"
"And I paid two dollars for you"
"Ac yn awr, pwy a rydd fi fy arian da yn ôl?"
"And now, who will give me back my good money?"
"Pam wnaethoch chi fy nprynu i?"
"And why did you buy me?"
"Fe wnaethoch chi brynu fi i wneud fy nghroen!"
"You bought me to make a drum of my skin!"
'Dim ond yn rhy wir!' meddai'r dyn
"Only too true!" said the man
"Ac yn awr, lle y caf i groen arall?"
"And now, where shall I find another skin?"
"Peidiwch â digalonni, feistr"
"Don't despair, master"
"Mae yna lawer o asynnod bach yn y byd!"
"There are many little donkeys in the world!"
"Dywedwch wrthyf, rydych chi'n anfoesol;"
"Tell me, you impertinent rascal;"
Ydy dy stori di'n gorffen fan hyn?
"does your story end here?"

'Na,' atebodd y pypedwr
"No," answered the puppet
"Mae gen i ddau air arall i'w dweud"
"I have another two words to say"
"Ac yna bydd fy stori wedi gorffen"
"and then my story shall have finished"
"Ti ddaeth â fi i'r lle hwn i'm lladd i."
"you brought me to this place to kill me"
"Ond yna fe wnaethoch chi ildio i deimlad o dosturi"
"but then you yielded to a feeling of compassion"
"Ac roedd yn well gen ti glymu carreg rownd fy ngwddf
"and you preferred to tie a stone round my neck
'Rwyt ti wedi fy nhyrddio i mewn i'r môr'
"and you threw me into the sea"
"Mae'r teimlad caredig hwn yn eich gwneud yn anrhydedd mawr"
"This humane feeling does you great honour"
"Byddaf bob amser yn ddiolchgar i chi"
"and I shall always be grateful to you"
"Ond, er hynny, annwyl feistr, roeddech chi'n anghofio un peth"
"But, nevertheless, dear master, you forgot one thing"
"gwnaethoch eich cyfrifiadau heb ystyried y Tylwyth Teg!"
"you made your calculations without considering the Fairy!"
"Pwy yw'r Tylwyth Teg?"
"And who is the Fairy?"
"Hi yw fy mam," atebodd Pinocchio
"She is my mamma," replied Pinocchio
"Ac mae hi'n debyg i bob mamas da arall"
"and she resembles all other good mammas"
"A phob mam-gu da yn gofalu am eu plant"
"and all good mammas care for their children"
"Mammas sydd byth yn colli golwg ar eu plant""
"mammas who never lose sight of their children""
'Mammas sy'n helpu eu plant yn gariadus'
"mammas who help their children lovingly"
"Maen nhw'n eu caru nhw hyd yn oed pan maen nhw'n

haeddu cael eu gadael"
"and they love them even when they deserve to be abandoned"
"Roedd fy mama dda yn fy nghadw i yn ei golwg"
"my good mamma kept me in her sight"
"ac roedd hi'n gweld fy mod mewn perygl o foddi"
"and she saw that I was in danger of drowning"
"Felly anfonodd haidd enfawr o bysgod ar unwaith"
"so she immediately sent an immense shoal of fish"
"Yn gyntaf roedden nhw'n meddwl fy mod i ychydig yn asyn marw"
"first they really thought I was a little dead donkey"
"A dyma nhw'n dechrau bwyta fi mewn cegau mawr."
"and so they began to eat me in big mouthfuls"
"Doeddwn i byth yn gwybod bod pysgod yn fwy cynnes na bechgyn!"
"I never knew fish were greedier than boys!"
'Roedd rhai yn bwyta fy nghlustiau a'm mysg.'
"Some ate my ears and my muzzle"
"a physgod eraill fy ngwddf a'm mane"
"and other fish my neck and mane"
"Roedd rhai ohonyn nhw'n bwyta croen fy nghoesau"
"some of them ate the skin of my legs"
'Ac roedd eraill yn cymryd i fwyta fy ffwr'
"and others took to eating my fur"
"Yn eu plith roedd pysgodyn bach arbennig o gwrtais"
"Amongst them there was an especially polite little fish"
"Ac efe a ddisgynnodd i fwyta fy nghynffon"
"and he condescended to eat my tail"
Roedd y prynwr wedi dychryn gan yr hyn a glywodd
the purchaser was horrified by what he heard
"Rwy'n addo na fyddaf byth yn cyffwrdd â physgod eto!"
"I swear that I will never touch fish again!"
"Dychmygwch agor mulled a dod o hyd i gynffon asyn!"
"imagine opening a mullet and finding a donkey's tail!"
"Rwy'n cytuno â chi," meddai'r pyped, gan chwerthin
"I agree with you," said the puppet, laughing

"Ond mae'n rhaid i mi ddweud wrthoch chi beth ddigwyddodd nesaf"

"However, I must tell you what happened next"

"Roedd y pysgod wedi gorffen bwyta cuddfan yr asyn"

"the fish had finished eating the donkey's hide"

"Cuddfan yr asyn oedd wedi fy gorchuddio"

"the donkey's hide that had covered me"

"Yna fe wnaethon nhw gyrraedd yr asgwrn yn naturiol"

"then they naturally reached the bone"

"Ond nid asgwrn, ond yn hytrach pren"

"but it was not bone, but rather wood"

"Fel y gwelwch, yr wyf wedi fy ngwneud o'r pren anoddaf"

"for, as you see, I am made of the hardest wood"

"Roedden nhw'n ceisio cymryd ychydig mwy o gamgymeriadau"

"they tried to take a few more bites"

"Ond yn fuan fe wnaethon nhw ddarganfod nad oeddwn i am fwyta"

"But they soon discovered I was not for eating"

"Yn ffieiddio gyda bwyd mor anhraethadwy, fe wnaethon nhw nofio i ffwrdd"

"disgusted with such indigestible food, they swam off"

"Ac fe wnaethon nhw adael heb ddweud diolch hyd yn oed"

"and they left without even saying thank you"

"O'r diwedd, rydych chi wedi clywed fy stori i."

"And now, at last, you have heard my story"

"Dyna pam na ddaethoch o hyd i asyn marw"

"and that is why you didn't find a dead donkey"

"Ac yn lle hynny fe wnaethoch chi ddod o hyd i byped byw"

"and instead you found a living puppet"

"Rwy'n chwerthin am eich stori," gwaeddodd y dyn mewn cynddaredd

"I laugh at your story," cried the man in a rage

"Dim ond rwy'n gwybod fy mod i wedi gwario dwy doler i'ch prynu"

"I only know that I spent two dollars to buy you"

"Byddaf yn cael fy arian yn ôl"

"and I will have my money back"
"A gaf i ddweud wrthych chi beth rydw i'n mynd i'w wneud?"
"Shall I tell you what I will do?"
"Byddaf yn mynd â chi yn ôl i'r farchnad"
"I will take you back to the market"
"A byddaf yn gwerthu chi yn ôl pwysau fel pren profiadol"
"and I will sell you by weight as seasoned wood"
a gall y prynwr gynnau tanau gyda chi."
and the purchaser can light fires with you"
Nid oedd Pinocchio yn poeni'n ormodol am hyn
Pinocchio was not too worried about this
"Gwerthwch fi os liciwch chi; Rwy'n fodlon"
"Sell me if you like; I am content"
Ac efe a drodd yn ôl i'r dŵr
and he plunged back into the water
Nofiodd yn gaily i ffwrdd o'r lan
he swam gaily away from the shore
a galwodd ar ei berchennog tlawd
and he called to his poor owner
"Hwyl fawr, feistr, peidiwch ag anghofio fi"
"Good-bye, master, don't forget me"
"Y pyped pren roeddech chi ei eisiau ar gyfer ei groen"
"the wooden puppet you wanted for its skin"
"Rwy'n gobeithio y byddwch chi'n cael eich dryll un diwrnod"
"and I hope you get your drum one day"
Ac fe chwarddodd ac aeth ar nofio
And he laughed and went on swimming
Ac ymhen ychydig fe drodd o gwmpas eto
and after a while he turned around again
"Hwyl fawr, feistr," gwaeddodd yn uwch
"Good-bye, master," he shouted louder
"Cofiwch fi pan fydd angen pren wedi'i hamseru'n dda"
"and remember me when you need well seasoned wood"
"Meddyliwch amdanaf pan fyddwch chi'n cynnau tân"
"and think of me when you're lighting a fire"

cyn bo hir roedd Pinocchio wedi nofio tuag at y gorwel
soon Pinocchio had swam towards the horizon
ac erbyn hyn prin yr oedd i'w weld o'r lan
and now he was scarcely visible from the shore
Roedd yn sbecc du bach ar wyneb y môr
he was a little black speck on the surface of the sea
o bryd i'w gilydd fe gododd o'r dŵr
from time to time he lifted out of the water
Ac efe a neidiodd ac a frawychodd fel dolffin hapus
and he leaped and capered like a happy dolphin
Roedd Pinocchio yn nofio ac nid oedd yn gwybod whither
Pinocchio was swimming and he knew not whither
gwelodd graig yng nghanol y môr
he saw in the midst of the sea a rock
Mae'n ymddangos bod y graig wedi'i gwneud o farmor gwyn
the rock seemed to be made of white marble
ac ar y copa roedd gafr fach hardd yn sefyll
and on the summit there stood a beautiful little goat
gwaeddodd y geifr yn gariadus i Pinocchio
the goat bleated lovingly to Pinocchio
A'r bwch a wnaeth arwyddion iddo nesáu at
and the goat made signs to him to approach
Ond y peth mwyaf unigryw oedd hyn:
But the most singular thing was this:
Nid oedd gwallt y geifr bach yn wyn nac yn ddu
The little goat's hair was not white nor black
Nid oedd ychwaith yn gymysgedd o ddau liw
nor was it a mixture of two colours
Mae hyn yn arferol gyda geifr eraill
this is usual with other goats
ond roedd gwallt y geifr yn las byw iawn
but the goat's hair was a very vivid blue
glas llachar fel gwallt y plentyn hardd
a vivid blue like the hair of the beautiful Child
Dychmygwch pa mor gyflym y dechreuodd calon Pinocchio guro

imagine how rapidly Pinocchio's heart began to beat
Nofiodd gyda chryfder ac egni wedi'i ail-ddyblu
He swam with redoubled strength and energy
ac mewn dim o amser roedd hanner ffordd yno
and in no time at all he was halfway there
Yna gwelodd rywbeth yn dod allan o'r dŵr
but then he saw something came out the water
Pen ofnadwy anghenfil môr!
the horrible head of a sea-monster!
Roedd ei geg yn llydan agored a chwyrn
His mouth was wide open and cavernous
Roedd tair rhes o ddannedd enfawr
there were three rows of enormous teeth
hyd yn oed llun o pe bai'n eich dychryn
even a picture of if would terrify you
Ydych chi'n gwybod beth oedd y ddraig môr hon?
And do you know what this sea-monster was?
nid oedd neb llai na'r Dog-Fish enfawr hwnnw
it was none other than that gigantic Dog-Fish
y Cŵn-Pysgod a grybwyllir sawl gwaith yn y stori hon
the Dog-Fish mentioned many times in this story
Dylwn i ddweud wrthych enw'r pysgodyn ofnadwy hwn
I should tell you the name of this terrible fish
Attila o bysgod a physgotwyr
Attila of Fish and Fishermen
oherwydd ei laddiad a'i ysgyfaredd anniwall
on account of his slaughter and insatiable voracity
Meddyliwch am arswyd Pinocchio gwael ar yr olwg
think of poor Pinocchio's terror at the sight
Roedd gwir anghenfil môr yn nofio arno
a true sea monster was swimming at him
Ceisiodd osgoi'r pysgodyn cŵn-
He tried to avoid the Dog-Fish
Ceisiodd nofio i gyfeiriadau eraill
he tried to swim in other directions
Gwnaeth bopeth o fewn ei allu i ddianc
he did everything he could to escape

ond roedd y geg eang agored honno yn rhy fawr
but that immense wide-open mouth was too big
ac yr oedd yn dod gyda chyflymder saeth
and it was coming with the velocity of an arrow
Mae'r gafr bach hardd ceisio chwythu
the beautiful little goat tried to bleat
"Byddwch yn gyflym, Pinocchio, er mwyn trugaredd!"
"Be quick, Pinocchio, for pity's sake!"
A Pinocchio swam daer gyda phopeth y gallai
And Pinocchio swam desperately with all he could
ei freichiau, ei frest, ei goesau, a'i draed
his arms, his chest, his legs, and his feet
"Cyflym, Pinocchio, mae'r anghenfil yn agos atoch chi!"
"Quick, Pinocchio, the monster is close upon you!"
A Pinocchio hwylio'n gyflymach nag erioed
And Pinocchio swam quicker than ever
hedfanodd ymlaen gyda chyflymder pêl o wn
he flew on with the rapidity of a ball from a gun
Bron iddo gyrraedd y graig
He had nearly reached the rock
a bu bron iddo gyrraedd y gafr fach
and he had almost reached the little goat
a'r bwch geifr yn pwyso tua'r môr
and the little goat leaned over towards the sea
estynnodd ei choesau i'w helpu
she stretched out her fore-legs to help him
Efallai y bydd hi'n ei gael allan o'r dŵr
perhaps she could get him out of the water
Ond roedd eu hymdrechion i gyd yn rhy hwyr!
But all their efforts were too late!
Roedd yr anghenfil wedi goddiweddyd Pinocchio
The monster had overtaken Pinocchio
Tynnodd mewn chwa mawr o aer a dŵr
he drew in a big breath of air and water
ac fe sugnodd yn y pyped tlawd
and he sucked in the poor puppet
fel y byddai wedi sugno wy iâr

like he would have sucked a hen's egg
a'r Pysgodyn Cŵn yn ei lyncu'n gyfan
and the Dog-Fish swallowed him whole

Pinocchio yn torri drwy ei ddannedd
Pinocchio tumbled through his teeth
ac fe gwympodd i lawr gwddw y Cŵn-Bysgodyn
and he tumbled down the Dog-Fish's throat
ac o'r diwedd glaniodd yn drwm yn ei stumog
and finally he landed heavily in his stomach
arhosodd yn anymwybodol am chwarter awr
he remained unconscious for a quarter of an hour
Ond yn y diwedd daeth ato'i hun eto
but eventually he came to himself again
Ni allai yn y lleiaf ddychmygu ym mha fyd yr oedd
he could not in the least imagine in what world he was
Nid oedd dim o'i gwmpas ond tywyllwch
All around him there was nothing but darkness

roedd fel petai wedi syrthio i mewn i pot o inc
it was as if he had fallen into a pot of ink
Gwrandawodd, ond ni chlywodd ddim sŵn
He listened, but he could hear no noise
weithiau chwythodd hyrddiau mawr o wynt yn ei wyneb
occasionally great gusts of wind blew in his face
yn gyntaf ni allai ddeall o ble y daeth
first he could not understand from where it came from
ond o'r diwedd darganfu'r ffynhonnell
but at last he discovered the source
Daeth allan o ysgyfaint y bwystfil
it came out of the monster's lungs
mae un peth y mae'n rhaid i chi ei wybod am y Cŵn-pysgod
there is one thing you must know about the Dog-Fish
Mae'r Pysgod Cŵn yn dioddef yn fawr iawn o asthma
the Dog-Fish suffered very much from asthma
Pan anadlodd, roedd yn union fel gwynt y gogledd
when he breathed it was exactly like the north wind
Ar y dechrau ceisiodd Pinocchio gadw i fyny ei ddewrder
Pinocchio at first tried to keep up his courage
ond fe wawriodd realiti'r sefyllfa'n araf arno
but the reality of the situation slowly dawned on him
Cafodd ei gau mewn gwirionedd yng nghorff y môr-anghenfil hwn
he was really shut up in the body of this sea-monster
a dechreuodd grio a sgrechian a sob
and he began to cry and scream and sob
Help! helpu! O, pa mor anffodus ydw i!"
"Help! help! Oh, how unfortunate I am!"
'Fydd neb yn dod i achub fi?'
"Will nobody come to save me?"
O'r tywyllwch daeth llais
from the dark there came a voice
roedd y llais yn swnio fel gitâr allan o diwn
the voice sounded like a guitar out of tune
"Pwy ydych chi'n meddwl allai eich achub chi, trugarog?"
"Who do you think could save you, unhappy wretch?"

Pinocchio rhewi gyda braw wrth y llais
Pinocchio froze with terror at the voice
"Pwy sy'n siarad?" gofynnodd Pinocchio, o'r diwedd.
"Who is speaking?" asked Pinocchio, finally
"Mae'n fi! Rwy'n Pysgodyn Twnny tlawd"
"It is I! I am a poor Tunny Fish"
"Cefais fy llyncu gan y pysgodyn cŵn gyda chi"
"I was swallowed by the Dog-Fish along with you"
"Pa bysgod ydych chi?"
"And what fish are you?"
'Does gen i ddim byd yn gyffredin â physgod'
"I have nothing in common with fish"
"Rwy'n byped," ychwanegodd Pinocchio
"I am a puppet," added Pinocchio
"Felly pam wnaethoch chi adael i'ch hun gael ei lyncu?"
"Then why did you let yourself be swallowed?"
"Wnes i ddim gadael i mi fy hun gael fy ngwrthod"
"I didn't let myself be swallowed"
"Y bwystfil a'm llyncodd i!"
"it was the monster that swallowed me!"
"A beth ddylen ni ei wneud yn y tywyllwch?"
"And now, what are we to do here in the dark?"
"Nid oes llawer y gallwn ei wneud ond ymddiswyddo ein hunain"
"there's not much we can do but to resign ourselves"
"a nawr ry'n ni'n aros nes bod y Cŵn-Bysgod wedi ein treulio."
"and now we wait until the Dog-Fish has digested us"
"Ond dydw i ddim eisiau cael fy ngeni!" gwaeddodd Pinocchio
"But I do not want to be digested!" howled Pinocchio
Dechreuodd grio eto
and he began to cry again
"Nid wyf ychwaith eisiau cael fy treulio," ychwanegodd y Pysgodyn Gwningen
"Neither do I want to be digested," added the Tunny Fish
"Ond yr wyf yn ddigon o athronydd i gysuro fy hun"

"but I am enough of a philosopher to console myself"
"pan fydd rhywun yn cael ei eni, gellir gwneud synnwyr o fywyd Pysgod Tunning"
"when one is born a Tunny Fish life can be made sense of"
"Mae'n fwy urddasol marw yn y dŵr nag mewn olew"
"it is more dignified to die in the water than in oil"
"Mae hyn i gyd yn nonsens!" gwaeddodd Pinocchio
"That is all nonsense!" cried Pinocchio
"Mae'n fy marn i," atebodd y Pysgodyn Tunny
"It is my opinion," replied the Tunny Fish
"Rhaid parchu safbwyntiau"
"and opinions ought to be respected"
"Dyna beth mae'r Tunny Fish gwleidyddol yn ei ddweud"
"that is what the political Tunny Fish say"
"I grynhoi'r cyfan, rydw i eisiau dianc oddi yma"
"To sum it all up, I want to get away from here"
"Dw i eisiau dianc."
"I do want to escape."
"Dihangwch, os ydych yn gallu!"
"Escape, if you are able!"
"Ai pysgodyn cŵn yw'r pysgodyn hwn sydd wedi ein llyncu'n fawr iawn?"
"Is this Dog-Fish who has swallowed us very big?"
"Mawr? Fy mab, gallwch chi ddim ond dychmygu"
"Big? My boy, you can only imagine"
"Mae ei gorff yn ddwy filltir o hyd heb gyfrif ei gynffon"
"his body is two miles long without counting his tail"
Buont yn cynnal y sgwrs hon yn y tywyllwch am beth amser
they held this conversation in the dark for some time
Yn y pen draw, addasodd llygaid Pinocchio i'r tywyllwch
eventually Pinocchio's eyes adjusted to the darkness
Roedd Pinocchio yn meddwl ei fod yn gweld golau ymhell i ffwrdd
Pinocchio thought that he saw a light a long way off
"Beth yw'r golau bach yna a welaf yn y pellter?"
"What is that little light I see in the distance?"
"Mae'n fwyaf tebygol rhyw gydymaith mewn anffawd"

"It is most likely some companion in misfortune"
"Mae e, fel ni, yn aros i gael ei dreulio"
"he, like us, is waiting to be digested"
"Byddaf yn mynd i ddod o hyd iddo"
"I will go and find him"
"Efallai mai hen bysgodyn sy'n gwybod ei ffordd o gwmpas"
"perhaps it is an old fish that knows his way around"
"Rwy'n gobeithio y gallai fod felly, gyda'm holl galon, pyped annwyl"
"I hope it may be so, with all my heart, dear puppet"
"Good-bye, Tunny Fish" - "Hwyl fawr, pyped"
"Good-bye, Tunny Fish" - "Good-bye, puppet"
"Rwy'n dymuno pob lwc i chi"
"and I wish a good fortune to you"
"Ble fyddwn ni'n cwrdd eto?"
"Where shall we meet again?"
Pwy all weld y fath bethau yn y dyfodol?
"Who can see such things in the future?"
"Mae'n well peidio meddwl am y peth hyd yn oed!"
"It is better not even to think of it!"

Syndod Hapus i Pinocchio
A Happy Surprise for Pinocchio

Dywedodd Pinocchio ffarwelio â'i ffrind y Tunny Fish
Pinocchio said farewell to his friend the Tunny Fish
a dechreuodd gropio ei ffordd trwy'r Pysgodyn Cŵn-
and he began to grope his way through the Dog-Fish
Cymerodd gamau bach i gyfeiriad y golau
he took small steps in the direction of the light
Mae'r golau bach yn tywynnu'n fach ar bellter mawr
the small light shining dimly at a great distance
y pfarmwr iddo ddyrchafu'r disgleiriach daeth y golau
the farther he advanced the brighter became the light
a cherddodd a cherdded tan o'r diwedd cyrhaeddodd
and he walked and walked until at last he reached it

A phan ddaeth efe i'r goleuni, beth a ddaeth efe?
and when he reached the light, what did he find?
Byddaf yn gadael i chi gael mil ac un dyfalu
I will let you have a thousand and one guesses
Yr hyn a ganfu oedd bwrdd bach i gyd wedi ei baratoi
what he found was a little table all prepared
Ar y bwrdd roedd cannwyll wedi'i goleuo mewn potel werdd
on the table was a lighted candle in a green bottle
Ac yn eistedd wrth y bwrdd roedd dyn bach yn hen
and seated at the table was a little old man
Roedd yr hen ddyn yn bwyta pysgod byw
the little old man was eating some live fish
Ac roedd y pysgod bach byw yn fyw iawn
and the little live fish were very much alive
Mae rhai o'r pysgod bach hyd yn oed neidio allan o'i geg
some of the little fish even jumped out of his mouth
ar yr olwg hon, roedd Pinocchio yn llawn hapusrwydd
at this sight Pinocchio was filled with happiness
Daeth bron yn delirious gyda llawenydd annisgwyl
he became almost delirious with unexpected joy
Roedd o eisiau chwerthin a chrio ar yr un pryd
He wanted to laugh and cry at the same time
Roedd eisiau dweud mil o bethau ar unwaith
he wanted to say a thousand things at once
ond y cyfan a reolodd oedd ambell air dryslyd
but all he managed were a few confused words
O'r diwedd llwyddodd i ddweud cri o lawenydd
At last he succeeded in uttering a cry of joy
Ac efe a daflodd ei fraich o amgylch yr hen ŵr bychan
and he threw his arm around the little old man
'O, fy annwyl dad!' gwaeddodd yn llawen
"Oh, my dear papa!" he shouted with joy
"Rwyf wedi dod o hyd i chi o'r diwedd!" gwaeddodd Pinocchio
"I have found you at last!" cried Pinocchio
"Ni fyddaf byth yn eich gadael byth eto"

"I will never never never never leave you again"
Ni allai'r hen ddyn ei gredu, chwaith.
the little old man couldn't believe it either
"Ydy fy llygaid yn dweud y gwir?" meddai.
"are my eyes telling the truth?" he said
a rhwbio ei lygaid i sicrhau
and he rubbed his eyes to make sure
"A ydych yn fy annwyl Pinocchio?"
"then you are really my dear Pinocchio?"
"Ydw, ydw, dw i'n Pinocchio, dwi wir isho!"
"Yes, yes, I am Pinocchio, I really am!"
"Rydych chi wedi maddau i mi, onid ydych chi?"
"And you have forgiven me, have you not?"
"O, fy annwyl dad, pa mor dda ydych chi!"
"Oh, my dear papa, how good you are!"
'Meddwl pa mor ddrwg rydw i wedi bod i ti'
"And to think how bad I've been to you"
"Os mai dim ond yr hyn yr wyf wedi mynd drwyddo"
"but if you only knew what I've gone through"
"Yr holl anffawd yr oeddwn wedi ei dywallt arnaf"
"all the misfortunes I've had poured on me"
a'r holl bethau eraill sydd wedi digwydd i mi!"
"and all the other things that have befallen me!"
"Meddyliwch yn ôl i'r diwrnod y gwnaethoch werthu eich siaced"
"oh think back to the day you sold your jacket"
"Mae'n rhaid eich bod wedi bod yn oer ofnadwy"
"oh you must have been terribly cold"
"Ond fe wnaethoch chi hynny i brynu llyfr sillafu i mi"
"but you did it to buy me a spelling book"
"Fel y gallwn i astudio fel y bechgyn eraill"
"so that I could study like the other boys"
"Ond yn hytrach dihangais i weld y sioe bypedau"
"but instead I escaped to see the puppet show"
"Ac roedd y showman eisiau fy rhoi ar dân"
"and the showman wanted to put me on the fire"
"er mwyn i mi allu rhostio ei fwtyn ar ei gyfer"

"so that I could roast his mutton for him"
"Ond wedyn rhoddodd yr un showman bum darn aur i mi"
"but then the same showman gave me five gold pieces"
"Roedd e eisiau i mi roi'r aur i chi"
"he wanted me to give you the gold"
"Ond yna cwrddais â'r Llwynog a'r Cath"
"but then I met the Fox and the Cat"
"A hwy a'm dygasant i inn y pysgodyn coch"
"and they took me to the inn of The Red Craw-Fish"
"Ac yn y dafarn roedden nhw'n bwyta fel bleiddiaid llwglyd"
"and at the inn they ate like hungry wolves"
"A mi a adewais ar fy mhen fy hun ganol nos"
"and I left by myself in the middle of the night"
"Ac yr wyf yn dod ar draws llofruddion a oedd yn rhedeg ar fy ôl"
"and I encountered assassins who ran after me"
"A mi a ffoais oddi wrth y lladdwyr"
"and I ran away from the assassins"
"Ond roedd y llofruddwyr yn fy nilyn yr un mor gyflym"
"but the assassins followed me just as fast"
"Fe wnes i redeg i ffwrdd oddi wrthyn nhw cyn gynted ag y gallwn"
"and I ran away from them as fast as I could"
"Ond roedden nhw bob amser yn fy nilyn i pa mor gyflym yr oeddwn i'n rhedeg"
"but they always followed me however fast I ran"
"Ac yr wyf yn rhedeg i ffwrdd oddi wrthynt"
"and I kept running to get away from them"
"Ond o'r diwedd fe wnaethon nhw fy nal i wedi'r cyfan"
"but eventually they caught me after all"
"ac roedden nhw'n fy nghrogi i gangen o dderw fawr"
"and they hung me to a branch of a Big Oak"
"ond yna roedd y plentyn hardd gyda gwallt glas"
"but then there was the beautiful Child with blue hair"
"Mae hi wedi anfon cerbyd bach i nôl fi"
"she sent a little carriage to fetch me"

"Ac mae'r meddygon i gyd wedi edrych yn dda arna i"
"and the doctors all had a good look at me"
"Fe wnaethon nhw'r un diagnosis ar unwaith"
"and they immediately made the same diagnosis"
"Os nad yw wedi marw, y mae'n brawf ei fod yn dal yn fyw."
"If he is not dead, it is a proof that he is still alive"
"Ac yna ar hap fe ddywedais gelwydd"
"and then by chance I told a lie"
"A dechreuodd fy nhrwyn dyfu a thyfu a thyfu"
"and my nose began to grow and grow and grow"
"Ac yn fuan doeddwn i ddim yn gallu mynd trwy'r drws mwyach"
"and soon I could no longer get through the door"
"Es i eto gyda'r Llwynog a'r Gath"
"so I went again with the Fox and the Cat"
"Gyda'n gilydd fe wnaethon ni gladdu'r pedwar darn aur."
"and together we buried the four gold pieces"
"Oherwydd un darn o aur oeddwn i wedi'i wario yn y dafarn"
"because one piece of gold I had spent at the inn"
"A dechreuodd y parot chwerthin arnaf"
"and the Parrot began to laugh at me"
'Ac nid oedd dwy fil o ddarnau aur'
"and there were not two thousand pieces of gold"
"Doedd dim darnau o aur o gwbl bellach"
"there were no pieces of gold at all anymore"
"Felly dyma fi'n mynd at farnwr y dref i ddweud wrtho."
"so I went to the judge of the town to tell him"
Dywedodd fy mod wedi cael fy lladrata a'm rhoi yn y carchar.
"he said I had been robbed, and put me in prison"
"Wrth ddianc gwelais griw hardd o rawnwin"
"while escaping I saw a beautiful bunch of grapes"
"Ond yn y cae cefais fy nal mewn trap"
"but in the field I was caught in a trap"
"Ac roedd gan y werin bob hawl i'm dal"
"and the peasant had every right to catch me"

"Fe roddodd gi o amgylch fy ngwddf"
"he put a dog-collar round my neck"
"ac fe wnaeth i mi warchod y buarth dofednod"
"and he made me the guard dog of the poultry-yard"
"Ond roedd yn cydnabod fy niniweidrwydd ac yn gadael i mi fynd"
"but he acknowledged my innocence and let me go"
"A dechreuodd y sarff gyda'r gynffon ysmygu chwerthin"
"and the Serpent with the smoking tail began to laugh"
"Ond chwerthin wnaeth y sarff nes iddo dorri llestr gwaed"
"but the Serpent laughed until he broke a blood-vessel"
"Ac felly dychwelais i dŷ'r plentyn hardd"
"and so I returned to the house of the beautiful Child"
"Ond yna roedd y plentyn hardd wedi marw"
"but then the beautiful Child was dead"
"Ac roedd y Pigeon yn gallu gweld fy mod i'n crio"
"and the Pigeon could see that I was crying"
A dywedodd y Pigeon, "Rwyf wedi gweld dy dad."
"and the Pigeon said, 'I have seen your father'"
'Roedd e'n adeiladu cwch bach i chwilio amdanat ti'
'he was building a little boat to search of you'
A dywedais wrtho, "O! os oedd gen i adenydd hefyd,"
"and I said to him, 'Oh! if I also had wings,'"
Ac meddai wrthyf, "Ydych chi eisiau gweld eich tad?"
"and he said to me, 'Do you want to see your father?'"
"A dywedais, 'Heb os, hoffwn ei weld!'
"and I said, 'Without doubt I would like to see him!'"
'Ond pwy fydd yn mynd â fi ato?' Gofynnais "
"'but who will take me to him?' I asked"
Ac meddai wrthyf, 'Fe'ch cymeraf.'
"and he said to me, 'I will take you,'"
A dywedais wrtho, "Sut y byddwch yn fy nghymryd?"
"and I said to him, 'How will you take me?'"
Ac efe a ddywedodd wrthyf, Dos ar fy nghefn.
"and he said to me, 'Get on my back,'"
"Ac felly fe wnaethon ni hedfan drwy'r noson honno"
"and so we flew through all that night"

"Ac yna yn y bore roedd y pysgotwyr i gyd"
"and then in the morning there were all the fishermen"
"Roedd y pysgotwyr yn edrych allan i'r môr"
"and the fishermen were looking out to sea"
A dywedodd un wrthyf, "Y mae dyn tlawd mewn cwch."
"and one said to me, 'There is a poor man in a boat'"
"Mae e ar y pwynt o gael ei foddi"
"he is on the point of being drowned"
Ac yr wyf yn cydnabod i chi ar unwaith, hyd yn oed ar y pellter hwnnw
"and I recognized you at once, even at that distance
"Am fod fy nghalon wedi dweud wrthyf mai ti oedd."
"because my heart told me that it was you"
"A mi a wneuthum arwyddion fel y dychwelech i'r tir"
"and I made signs so that you would return to land"
"Rwyf hefyd yn eich adnabod," meddai Geppetto
"I also recognized you," said Geppetto
"Byddwn i wedi dychwelyd i'r lan yn barod"
"and I would willingly have returned to the shore"
"Beth oeddwn i i'w wneud mor bell ar lan y môr?"
"but what was I to do so far out at sea?"
"Roedd y môr yn ofnadwy o ddig y diwrnod hwnnw"
"The sea was tremendously angry that day"
A daeth ton fawr drosodd a gofidio fy nghwch. "
"and a great wave came over and upset my boat"
"Yna gwelais y pysgodyn cŵn erchyll"
"Then I saw the horrible Dog-Fish"
"a'r Pysgodyn Cŵn ofnadwy wedi fy ngweld i hefyd"
"and the horrible Dog-Fish saw me too"
"ac felly daeth y Cŵn Pysgod erchyll ataf"
"and so the horrible Dog-Fish came to me"
Ac efe a estynnodd ei dafod, ac a'm llyncudd.
"and he put out his tongue and swallowed me"
"Fel pe bawn i wedi bod ychydig yn tart afal"
"as if I had been a little apple tart"
Pa mor hir ydych chi wedi bod yn sownd yma?"
"And how long have you been shut up here?"

"Mae'n rhaid bod y diwrnod hwnnw wedi bod bron i ddwy flynedd yn ôl"
"that day must have been nearly two years ago"
"Ddwy flynedd, fy annwyl Pinocchio," meddai
"two years, my dear Pinocchio," he said
"Roedd y ddwy flynedd yn edrych fel dwy flynedd!"
"those two years seemed like two centuries!"
"Sut ydych chi wedi llwyddo i fyw?"
"And how have you managed to live?"
"Ble gest ti'r gannwyll?"
"And where did you get the candle?"
"Ac o ble mae'r gemau ar gyfer y gannwyll?"
"And from where are the matches for the candle?
"Stopiwch, a byddaf yn dweud popeth wrthych"
"Stop, and I will tell you everything"
"Nid fi oedd yr unig un ar y môr y diwrnod hwnnw."
"I was not the only one at sea that day"
"Roedd y storm hefyd wedi cynhyrfu llong fasnachwr"
"the storm had also upset a merchant vessel"
"Roedd morwyr y llong i gyd yn cael eu hachub"
"the sailors of the vessel were all saved"
"Ond suddodd cargo y llong i'r gwaelod"
"but the cargo of the vessel sunk to the bottom"
"Roedd gan y Pysgodyn Cŵn archwaeth ardderchog y diwrnod hwnnw"
"the Dog-Fish had an excellent appetite that day"
"Ar ôl fy llyncu fe llyncudd y llestr"
"after swallowing me he swallowed the vessel"
"Sut wnaeth e lyncu'r llong i gyd?"
"How did he swallow the entire vessel?"
"Roedd e'n llyncu'r cwch cyfan mewn un ceg"
"He swallowed the whole boat in one mouthful"
"Yr unig beth oedd e'n sbwylio allan oedd y mast"
"the only thing that he spat out was the mast"
"Roedd wedi glynu rhwng ei ddannedd fel asgwrn pysgod"
"it had stuck between his teeth like a fish-bone"
"Yn ffodus i mi, roedd y llong wedi'i llwytho'n llawn"

"Fortunately for me, the vessel was fully laden"
"Roedd cig wedi ei gadw mewn tuniau, bisgedi"
"there were preserved meats in tins, biscuit"
"Ac roedd poteli o win a rhesins sych"
"and there were bottles of wine and dried raisins"
"Ac roedd gen i gaws a choffi a siwgr"
"and I had cheese and coffee and sugar"
"A gyda'r canhwyllau roedd bocsys o gemau"
"and with the candles were boxes of matches"
"Gyda hyn rydw i wedi gallu byw am ddwy flynedd."
"With this I have been able to live for two years"
"Ond rwyf wedi cyrraedd diwedd fy adnoddau"
"But I have arrived at the end of my resources"
'Does dim byd ar ôl yn y larder'
"there is nothing left in the larder"
"a'r gannwyll hon yw'r olaf sydd ar ôl"
"and this candle is the last that remains"
"Ar ôl hynny, beth wnawn ni?"
"And after that what will we do?"
'O fy mab annwyl, Pinocchio,' gwaeddodd
"oh my dear boy, Pinocchio," he cried
"Ar ôl hynny, bydd y ddau ohonom yn aros yn y tywyllwch."
"After that we shall both remain in the dark"
"Yna, annwyl Annwyl Fach, nid oes amser i'w golli"
"Then, dear little papa there is no time to lose"
"Rhaid i ni feddwl am ffordd o ddianc"
"We must think of a way of escaping"
"Pa ffordd y gallwn ni feddwl amdano?"
"what way of escaping can we think of?"
"Rhaid i ni ddianc trwy geg y pysgodyn cŵn"
"We must escape through the mouth of the Dog-Fish"
"Rhaid i ni daflu ein hunain i'r môr a nofio i ffwrdd"
"we must throw ourselves into the sea and swim away"
"Rydych chi'n siarad yn dda, fy annwyl Pinocchio"
"You talk well, my dear Pinocchio"
"Dydw i ddim yn gwybod sut i nofio"
"but I don't know how to swim"

Atebodd Pinocchio, "Beth sy'n bwysig i hynny?"
"What does that matter?" replied Pinocchio
"Rwy'n nofiwr da," awgrymodd
"I am a good swimmer," he suggested
'Gallwch chi fynd ar fy ysgwyddau'
"you can get on my shoulders"
'Fe'ch cludaf yn ddiogel i'r lan'
"and I will carry you safely to shore"
'Pob camusions, fy mab!' atebodd Geppetto
"All illusions, my boy!" replied Geppetto
ac ysgydwodd ei ben â gwên melancholy
and he shook his head with a melancholy smile
"Fy annwyl Pinocchio, prin ydych yn iard uchel"
"my dear Pinocchio, you are scarcely a yard high"
"Sut allwch chi nofio gyda mi ar eich ysgwyddau?"
"how could you swim with me on your shoulders?"
"Rhowch gynnig arni a byddwch yn gweld!" atebodd Pinocchio
"Try it and you will see!" replied Pinocchio
Heb air arall cymerodd Pinocchio y gannwyll
Without another word Pinocchio took the candle
"Dilynwch fi, a pheidiwch ag ofni"
"Follow me, and don't be afraid"
a cherddasant am beth amser drwy'r Cŵn-Bysgod
and they walked for some time through the Dog-Fish
Maent yn cerdded yr holl ffordd drwy'r stumog
they walked all the way through the stomach
a hwy lle y dechreuodd gwddf y Dog-Fish
and they were where the Dog-Fish's throat began
ac yma roedden nhw'n meddwl y dylen nhw roi'r gorau iddi yn well
and here they thought they should better stop
ac roedden nhw'n meddwl am y foment orau i ddianc
and they thought about the best moment for escaping
Nawr, rhaid i mi ddweud wrthych fod y Pysgodyn Cŵn yn hen iawn
Now, I must tell you that the Dog-Fish was very old

a dioddefodd o asthma a phroblemau'r galon
and he suffered from asthma and heart palpitations
felly roedd yn rhaid iddo gysgu gyda'i geg ar agor
so he was obliged to sleep with his mouth open
a thrwy ei geg roedden nhw'n gallu gweld yr awyr serennog
and through his mouth they could see the starry sky
a goleuwyd y môr gan olau lleuad hardd
and the sea was lit up by beautiful moonlight
Trodd Pinocchio yn ofalus ac yn dawel at ei dad
Pinocchio carefully and quietly turned to his father
"Dyma'r foment i ddianc," sibrydodd wrtho
"This is the moment to escape," he whispered to him
"Mae'r pysgodyn cŵn yn cysgu fel pathew"
"the Dog-Fish is sleeping like a dormouse"
"Mae'r môr yn dawel, ac mae mor olau â dydd"
"the sea is calm, and it is as light as day"
'Dilynwch fi, Annwyl Dad,' meddai wrtho.
"follow me, dear papa," he told him
"Ac mewn byr amser byddwn yn ddiogel"
"and in a short time we shall be in safety"
Maent yn dringo i fyny gwddf y môr-anghenfil
they climbed up the throat of the sea-monster
ac yn fuan fe gyrhaeddon nhw ei geg enfawr
and soon they reached his immense mouth
Felly dyma nhw'n dechrau cerdded ar domen i lawr ei dafod
so they began to walk on tiptoe down his tongue
Roedden nhw ar fin gwneud y naid olaf
they were about to make the final leap
Trodd y pyped at ei dad
the puppet turned around to his father
"Ewch ar fy ysgwyddau, annwyl Papa," sibrydodd
"Get on my shoulders, dear Papa," he whispered
"a rhoi eich breichiau'n dynn o amgylch fy ngwddf"
"and put your arms tightly around my neck"
"Byddaf yn gofalu am y gweddill," meddai
"I will take care of the rest," he promised
cyn bo hir roedd Geppetto wedi setlo'n gadarn ar

ysgwyddau ei fab
soon Geppetto was firmly settled on his son's shoulders
Cymerodd Pinocchio eiliad i adeiladu dewrder
Pinocchio took a moment to build up courage
Ac yna efe a syrthiodd i mewn i'r dŵr
and then he threw himself into the water
a dechrau nofio i ffwrdd oddi wrth y Cŵn-Pysgod
and began to swim away from the Dog-Fish
Roedd y môr mor llyfn ag olew
The sea was as smooth as oil
Mae'r lleuad yn disgleirio'n wych yn yr awyr
the moon shone brilliantly in the sky
ac roedd y Cŵn-Bysgod mewn cwsg dwfn
and the Dog-Fish was in deep sleep
Ni fyddai hyd yn oed canonau wedi ei ddeffro
even cannons wouldn't have awoken him

Pinocchio o'r diwedd yn peidio â bod yn byped ac yn dod yn fachgen
Pinocchio at last Ceases to be a Puppet and Becomes a Boy

Roedd Pinocchio yn nofio'n gyflym tua'r lan
Pinocchio was swimming quickly towards the shore
Roedd gan Geppetto ei goesau ar ysgwyddau ei fab
Geppetto had his legs on his son's shoulders
ond canfu Pinocchio fod ei dad yn crynu
but Pinocchio discovered his father was trembling
Roedd yn crynu o oerfel petai mewn twymyn
he was shivering from cold as if in a fever
ond nid oer oedd unig achos ei ddychryn
but cold was not the only cause of his trembling
Roedd Pinocchio yn meddwl mai achos y crynu oedd ofn
Pinocchio thought the cause of the trembling was fear
a cheisiodd y Pyped gysuro ei dad
and the Puppet tried to comfort his father
"Dewrder, Dad! Gweld pa mor dda y gallaf nofio?"

"Courage, papa! See how well I can swim?"
"Mewn ychydig funudau byddwn yn ddiogel ar y lan"
"In a few minutes we shall be safely on shore"
Ond roedd gan ei dad fan gwan uwch
but his father had a higher vantage point
"Ble mae'r traeth bendigedig hwn?"
"But where is this blessed shore?"
a daeth yn fwy ofnus fyth
and he became even more frightened
ac efe a ddyrchafodd ei lygaid fel teiliwr
and he screwed up his eyes like a tailor
pan fyddant yn llinyn llinyn trwy nodwydd
when they thread string through a needle
"Dw i wedi edrych i bob cyfeiriad"
"I have been looking in every direction"
"Dw i ddim yn gweld dim byd ond y nefoedd a'r môr."
"and I see nothing but the sky and the sea"
"Ond dwi'n gweld y lan hefyd," meddai'r pyped
"But I see the shore as well," said the puppet
"Mae'n rhaid i chi wybod fy mod i fel cath"
"You must know that I am like a cat"
"Rwy'n gweld yn well yn ystod y dydd nag yn y nos"
"I see better by night than by day"
Roedd Pinocchio druan yn gwneud pretence
Poor Pinocchio was making a pretence
Roedd yn ceisio dangos optimistiaeth
he was trying to show optimism
Ond mewn gwirionedd roedd yn dechrau digalonni
but in reality he was beginning to feel discouraged
Roedd ei nerth yn ei fethu yn gyflym
his strength was failing him rapidly
ac roedd yn gasio a phanio am anadl
and he was gasping and panting for breath
Ni allai nofio ymhellach fyth
He could not swim much further anymore
a'r traeth yn dal yn bell i ffwrdd
and the shore was still far off

Nofiodd nes nad oedd ganddo unrhyw anadl ar ôl
He swam until he had no breath left
ac yna trodd ei ben at Geppetto
and then he turned his head to Geppetto
"Dad, helpa fi, dw i'n marw!" meddai
"Papa, help me, I am dying!" he said
Roedd y tad a'r mab ar fin boddi
The father and son were on the point of drowning
ond clywsant lais fel gitâr allan o diwn
but they heard a voice like an out of tune guitar
"Pwy sy'n marw?" meddai'r llais
"Who is it that is dying?" said the voice
"Myfi a'm tad tlawd ydyw!"
"It is I, and my poor father!"
"Dw i'n gwybod y llais yna! Rydych chi'n Pinocchio!
"I know that voice! You are Pinocchio!"
"Yn union; a chi?" gofynnodd Pinocchio
"Precisely; and you?" asked Pinocchio
"Fi yw'r pysgodyn tunning," meddai ei gydymaith carchar
"I am the Tunny Fish," said his prison companion
"Fe wnaethon ni gyfarfod yng nghorff y pysgodyn cŵn"
"we met in the body of the Dog-Fish"
"Sut wnaethoch chi lwyddo i ddianc?"
"And how did you manage to escape?"
'Dilynais dy esiampl'
"I followed your example"
'Ti wedi dangos i mi'r ffordd'
"You showed me the road"
"Dw i wedi dianc ar dy ôl di"
"and I escaped after you"
"Tunny Fish, rydych chi wedi cyrraedd yr eiliad iawn!"
"Tunny Fish, you have arrived at the right moment!"
"Yr wyf yn erfyn arnoch i'n helpu neu rydym wedi marw"
"I implore you to help us or we are dead"
"Byddaf yn eich helpu â'm holl galon"
"I will help you willingly with all my heart"
"Rhaid i chi'ch dau, gydio yn fy nghynffon"

"You must, both of you, take hold of my tail"
"Gadewch hyn i mi eich arwain
"leave it to me to guide you
"Bydda i'n mynd â'r ddau ohonoch chi ar y lan mewn pedwar munud."
"I will take you both on shore in four minutes"
Nid oes angen i mi ddweud wrthych pa mor hapus yr oeddent
I don't need to tell you how happy they were
Derbyniodd Geppetto a Pinocchio y cynnig ar unwaith
Geppetto and Pinocchio accepted the offer at once
ond nid cydio yn y gynffon oedd y mwyaf cyfforddus
but grabbing the tail was not the most comfortable
felly dyma nhw'n mynd ar gefn y Tunny Fish
so they got on the Tunny Fish's back

Yn wir, dim ond pedwar munud y cymerodd pysgodyn y dwnneli
The Tunny Fish did indeed take only four minutes
Pinocchio oedd y cyntaf i neidio i'r tir
Pinocchio was the first to jump onto the land
Fel hyn, gallai helpu ei dad oddi ar y pysgod
that way he could help his father off the fish
Yna trodd at ei ffrind y Tunny Fish
He then turned to his friend the Tunny Fish
"Fy nghyfaill, ti a achubaist fywyd fy nhad."
"My friend, you have saved my papa's life"
Roedd llais Pinocchio yn llawn emosiynau dwfn
Pinocchio's voice was full of deep emotions
"Alla i ddim dod o hyd i unrhyw eiriau i ddiolch i chi."
"I can find no words with which to thank you properly"
"Gadewch imi o leiaf roi cusan i chi"
"Permit me at least to give you a kiss"
"Mae'n arwydd o fy niolchgarwch tragwyddol!"
"it is a sign of my eternal gratitude!"
Y Dwndy yn rhoi ei ben allan o'r dŵr
The Tunny put his head out of the water
a phenlinio Pinocchio ar ymyl y lan
and Pinocchio knelt on the edge of the shore
Ac efe a'i cusanodd ef yn dyner ar y genau
and he kissed him tenderly on the mouth
Ni ddefnyddiwyd y Pysgodyn Twnni i anwyldeb mor gynnes
The Tunny Fish was not used to such warm affection
Roedd yn teimlo'r ddau yn gyffyrddus iawn, ond roedd ganddo gywilydd hefyd.
he felt both very touched, but also ashamed
am ei fod wedi dechrau crio fel plentyn bach
because he had started crying like a small child
Syrthiodd yn ôl i'r dŵr a diflannu
and he plunged back into the water and disappeared
Erbyn hyn roedd y diwrnod wedi gwawrio
By this time the day had dawned

Prin fod gan Geppetto anadl i sefyll
Geppetto had scarcely breath to stand
"Lean ar fy mraich, Annwyl Papa, a gadewch i ni fynd"
"Lean on my arm, dear papa, and let us go"
"Byddwn yn cerdded yn araf iawn, fel y morgrug"
"We will walk very slowly, like the ants"
"Pan fyddwn wedi blino, gallwn orffwys ar ochr y ffordd"
"and when we are tired we can rest by the wayside"
"Ble awn ni?" gofynnodd Geppetto
"And where shall we go?" asked Geppetto
"Gadewch i ni chwilio am dŷ neu fwth"
"let us search for some house or cottage"
"yno fe fyddan nhw'n rhoi rhyw elusen i ni"
"there they will give us some charity"
"Efallai y byddwn ni'n derbyn llond ceg o fara"
"perhaps we will receive a mouthful of bread"
"ac ychydig o wellt i wasanaethu fel gwely"
"and a little straw to serve as a bed"
Nid oedd Pinocchio a'i dad wedi cerdded yn bell iawn
Pinocchio and his father hadn't walked very far
Roeddent wedi gweld dau unigolyn di-nod
they had seen two villainous-looking individuals
Roedd y gath a'r Llwynog ar y ffordd yn cardota
the Cat and the Fox were at the road begging

ond prin y gwyddir amdanynt
but they were scarcely recognizable
Roedd y gath wedi hudo dallineb ar hyd ei hoes.
the Cat had feigned blindness all her life
Ac yn awr daeth yn ddall mewn gwirionedd
and now she became blind in reality
ac mae'n rhaid bod tynged debyg wedi cwrdd â'r Llwynog
and a similar fate must have met the Fox
Roedd ei ffwr wedi mynd yn hen ac yn daclus
his fur had gotten old and mangy
Cafodd un o'i ochrau ei barlysu
one of his sides was paralyzed
ac nid oedd ganddo hyd yn oed ei gynffon ar ôl
and he had not even his tail left
yr oedd wedi syrthio yn y mwya' o ddioddefaint
he had fallen in the most squalid of misery
ac un diwrnod braf roedd yn rhaid iddo werthu ei gynffon
and one fine day he was obliged to sell his tail
Prynodd peddler teithiol ei gynffon hardd
a travelling peddler bought his beautiful tail
ac erbyn hyn defnyddiwyd ei gynffon ar gyfer hel pryfed i ffwrdd
and now his tail was used for chasing away flies
'O, Pinocchio!' gwaeddodd y Llwynog
"Oh, Pinocchio!" cried the Fox
"Rhoi ychydig mewn elusen i ddau berson tlawd, methedig"
"give a little in charity to two poor, infirm people"
"Pobl eiddiadwy," ailadroddodd y gath
"Infirm people," repeated the Cat
"Byddwch wedi mynd, impostors!" atebodd y pyped
"Be gone, impostors!" answered the puppet
'Rwyt ti wedi fy nhwyllo unwaith gyda'th driciau.'
"You fooled me once with your tricks"
"Fyddwch chi byth yn fy nal i eto"
"but you will never catch me again"
"Y tro hwn rhaid i chi gredu ni, Pinocchio"
"this time you must believe us, Pinocchio"

"Rydyn ni nawr yn dlawd ac yn anffodus!"
"we are now poor and unfortunate indeed!"
"Os ydych chi'n dlawd, rydych chi'n ei haeddu"
"If you are poor, you deserve it"
a gofynnodd Pinocchio iddynt ail-gofio dihareb
and Pinocchio asked them to recollect a proverb
"Nid yw arian sydd wedi'i ddwyn byth yn ildio"
"Stolen money never fructifies"
"Byddwch wedi mynd, Impostors!" meddai wrthyn nhw.
"Be gone, impostors!" he told them
A Pinocchio a Geppetto yn mynd eu ffordd mewn heddwch
And Pinocchio and Geppetto went their way in peace
cyn bo hir roedden nhw wedi mynd can llath arall
soon they had gone another hundred yards
Gwelon nhw lwybr yn mynd i mewn i faes
they saw a path going into a field
ac yn y maes gwelson nhw gwt bach braf
and in the field they saw a nice little hut
Gwnaed y cwt o deils a gwellt a brics
the hut was made from tiles and straw and bricks
"Mae'n rhaid i rywun fyw yn y caban hwnnw"
"That hut must be inhabited by someone"
"Gadewch i ni fynd a churo wrth y drws"
"Let us go and knock at the door"
Felly dyma nhw'n mynd a chnocio wrth y drws
so they went and knocked at the door
o'dd yn y cwt daeth llais bach
from in the hut came a little voice
'Pwy sydd yno?' gofynnodd y llais bach
"who is there?" asked the little voice
Pinocchio yn ateb i'r llais bach
Pinocchio answered to the little voice
"Rydym yn dad ac yn fab"
"We are a poor father and son"
"Rydyn ni heb fara a heb do"
"we are without bread and without a roof"
Mae'r un llais bach yn siarad eto:

the same little voice spoke again:
"Trowch yr allwedd a bydd y drws yn agor"
"Turn the key and the door will open"
Trodd Pinocchio yr allwedd ac agorodd y drws
Pinocchio turned the key and the door opened
Aethant i mewn ac edrych o gwmpas
They went in and looked around
Edrychasant yma, yno, ac ym mhob man
they looked here, there, and everywhere
ond doedden nhw ddim yn gallu gweld neb yn y cwt
but they could see no one in the hut
Roedd Pinocchio yn synnu'n fawr fod y cwt yn wag
Pinocchio was much surprised the hut was empty
"O! "Ble mae meistr y tŷ?"
"Oh! where is the master of the house?"
"Dyma fi, i fyny yma!" meddai'r llais bach
"Here I am, up here!" said the little voice
Y tad a'r mab yn edrych i fyny i'r nenfwd
The father and son looked up to the ceiling
ac ar drawst gwelson nhw'r criced bach yn siarad
and on a beam they saw the talking little Cricket
"Oh my annwyl Little Cricket!" meddai Pinocchio
"Oh, my dear little Cricket!" said Pinocchio
a Pinocchio ymgrymu'n gwrtais i'r Criced bach
and Pinocchio bowed politely to the little Cricket
"O! Nawr rydych chi'n fy ngalw i'ch criced bach annwyl."
"Ah! now you call me your dear little Cricket"
"Ydych chi'n cofio pan wnaethon ni gyfarfod gyntaf?"
"But do you remember when we first met?"
"Rydych chi eisiau i mi fynd allan o'ch cartref"
"you wanted me gone from your house"
"Ac yr ydych yn taflu handlen morthwyl ataf"
"and you threw the handle of a hammer at me"
"Ti'n iawn, bach! Erlid fi hefyd!"
"You are right, little Cricket! Chase me away also!"
"Taflwch handlen ergyd ataf"
"Throw the handle of a hammer at me"

"Ond os gwelwch yn dda, trugarha wrth fy nhad tlawd"
"but please, have pity on my poor papa"
"Byddaf yn tosturio wrth dad a mab"
"I will have pity on both father and son"
"Ond hoffwn eich atgoffa o'm triniaeth wael"
"but I wish to remind you of my ill treatment"
"Y driniaeth wael a gefais gennych chi"
"the ill treatment I received from you"
"Ond mae yna wers rydw i eisiau i chi ei dysgu"
"but there's a lesson I want you to learn"
"Nid yw bywyd yn y byd hwn bob amser yn hawdd"
"life in this world is not always easy"
"Lle bo'n bosibl, rhaid i ni fod yn garedig wrth bawb"
"when possible, we must be courteous to everyone"
"Dim ond felly y gallwn ddisgwyl derbyn cwrteisi"
"only so can we expect to receive courtesy"
'Dydyn ni byth yn gwybod pryd y byddwn ni mewn angen'
"because we never know when we might be in need"
"Rydych chi'n iawn, Criced, rydych chi'n iawn."
"You are right, little Cricket, you are right"
"A byddaf yn cofio'r wers rydych chi wedi'i dysgu i mi"
"and I will bear in mind the lesson you have taught me"
"Ond dywedwch wrthyf sut y gwnaethoch chi lwyddo i brynu'r cwt hardd hwn"
"But tell me how you managed to buy this beautiful hut"
"Mae'r cwt yma wedi cael ei roi i mi ddoe"
"This hut was given to me yesterday"
"roedd perchennog y cwt yn gafr"
"the owner of the hut was a goat"
"Ac roedd ganddi wlân o liw glas hardd"
"and she had wool of a beautiful blue colour"
Tyfodd Pinocchio yn fywiog ac yn chwilfrydig yn y newyddion hyn
Pinocchio grew lively and curious at this news
"Ble mae'r geifr wedi mynd?" gofynnodd Pinocchio
"And where has the goat gone?" asked Pinocchio
"Dw i ddim yn gwybod lle mae hi'n mynd"

"I do not know where she has gone"
"A phryd fydd y geifr yn dychwelyd?" gofynnodd Pinocchio
"And when will the goat come back?" asked Pinocchio
"O, fydd hi byth yn dod yn ôl, mae gen i ofn"
"oh she will never come back, I'm afraid"
"Aeth hi i ffwrdd ddoe mewn galar mawr"
"she went away yesterday in great grief"
"Roedd hi'n ymddangos ei bod hi eisiau dweud rhywbeth"
"her bleating seemed to want to say something"
Pinocchio druan! "Fydda i byth yn ei weld e eto."
"Poor Pinocchio! I shall never see him again"
"Erbyn hyn mae'n rhaid bod y Pysgodyn Cŵn wedi ei ddifa!"
"by now the Dog-Fish must have devoured him!"
"Ydy'r geifr yn dweud hynny mewn gwirionedd?"
"Did the goat really say that?"
"Yna hi oedd hi, yr awch glas"
"Then it was she, the blue goat"
"Roedd yn fy annwyl Tylwyth Teg bach," ebychwyd Pinocchio
"It was my dear little Fairy," exclaimed Pinocchio
Ac efe a waeddodd, ac a rwymodd dagrau chwerw
and he cried and sobbed bitter tears
Pan oedd wedi crio am beth amser sychodd ei lygaid
When he had cried for some time he dried his eyes
ac efe a baratoodd wely cyfforddus o wellt i Geppetto
and he prepared a comfortable bed of straw for Geppetto
Yna gofynnodd i'r Criced am fwy o help
Then he asked the Cricket for more help
"Dywedwch wrthyf, criced bach, os gwelwch yn dda"
"Tell me, little Cricket, please"
"Ble alla i ddod o hyd i dwmbr o laeth"
"where can I find a tumbler of milk"
"Nid yw fy nhad tlawd wedi bwyta drwy'r dydd"
"my poor papa has not eaten all day"
"Tri chae o'r fan hon mae garddwr yn byw"
"Three fields from here there lives a gardener"

"gelwir y garddwr yn Giangio"
"the gardener is called Giangio"
"Ac yn ei ardd mae ganddo hefyd fuwch"
"and in his garden he also has cows"
"Bydd yn gadael i chi gael y llaeth rydych chi ei eisiau"
"he will let you have the milk you want"
Rhedodd Pinocchio yr holl ffordd i dŷ Giangio.
Pinocchio ran all the way to Giangio's house
Gofynnodd y garddwr iddo:
and the gardener asked him:
"Faint o laeth ydych chi eisiau?"
"How much milk do you want?"
'Rydw i eisiau twymder,' atebodd Pinocchio
"I want a tumblerful," answered Pinocchio
"Mae twmbr o laeth yn costio pum sent"
"A tumbler of milk costs five cents"
"Dechreuwch trwy roi'r pum sent i mi"
"Begin by giving me the five cents"
"Nid oes gennyf hyd yn oed un cant," atebodd Pinocchio
"I have not even one cent," replied Pinocchio
a galarwyd arno o fod mor ddi-baid
and he was grieved from being so penniless
"Mae hynny'n ddrwg, pyped," atebodd y garddwr
"That is bad, puppet," answered the gardener
"Os nad oes gennych un cant, nid oes gennyf ddiferyn o laeth"
"If you have not one cent, I have not a drop of milk"
"Mae'n rhaid i mi fod yn amyneddgar!" meddai Pinocchio
"I must have patience!" said Pinocchio
Ac fe drodd i fynd eto
and he turned to go again
"Arhoswch ychydig," meddai Giangio
"Wait a little," said Giangio
"Fe allwn ni ddod i gytundeb gyda'n gilydd"
"We can come to an arrangement together"
"Fyddwch chi'n ymrwymo i droi'r peiriant pwmpio?"
"Will you undertake to turn the pumping machine?"

"Beth yw'r peiriant pwmpio?"
"What is the pumping machine?"
"Mae'n fath o sgriw pren"
"It is a kind of wooden screw"
"Mae'n gwasanaethu i godi'r dŵr o'r pydew"
"it serves to draw up the water from the cistern"
"Ac yna mae'n dyfrhau'r llysiau"
"and then it waters the vegetables"
"Gallaf geisio troi'r peiriant pwmpio"
"I can try to turn the pumping machine"
"Mae angen 100 bwced o ddŵr arnaf"
"great, I need a hundred buckets of water"
"ac ar gyfer y gwaith fe gewch chi diwmbr o laeth"
"and for the work you'll get a tumbler of milk"
"mae gennym gytundeb," meddai Pinocchio
"we have an agreement," confirmed Pinocchio
Yna arweiniodd Giangio Pinocchio i ardd y gegin
Giangio then led Pinocchio to the kitchen garden
a dysgodd ef sut i droi'r peiriant pwmpio
and he taught him how to turn the pumping machine
Dechreuodd Pinocchio weithio ar unwaith
Pinocchio immediately began to work
ond roedd cant o fwcedi o ddŵr yn lot o waith
but a hundred buckets of water was a lot of work
Roedd y dyhead yn arllwys o'i ben
the perspiration was pouring from his head
Ni fu erioed o'r blaen wedi dioddef blinder o'r fath
Never before had he undergone such fatigue
daeth y garddwr i weld cynnydd Pinocchio
the gardener came to see Pinocchio's progress
"Roedd fy asyn bach yn arfer gwneud y gwaith hwn"
"my little donkey used to do this work"
'Ond mae'r anifail tlawd yn marw'
"but the poor animal is dying"
"A wnewch chi fynd â fi i'w weld?" meddai Pinocchio
"Will you take me to see him?" said Pinocchio
"Yn sicr, dewch i weld fy asyn bach"

"sure, please come to see my little donkey"
Aeth Pinocchio i mewn i'r stabl
Pinocchio went into the stable
a gwelodd asyn bach hardd
and he saw a beautiful little donkey
ond yr asyn a estynwyd ar y gwelltyn
but the donkey was stretched out on the straw
Cafodd ei wisgo allan o newyn a gorweithio
he was worn out from hunger and overwork
Roedd Pinocchio yn gythryblus iawn gan yr hyn a welodd
Pinocchio was much troubled by what he saw
"Dw i'n siwr mod i'n nabod y hogyn bach yma!"
"I am sure I know this little donkey!"
'Nid yw ei wyneb yn newydd i mi'
"His face is not new to me"
a daeth Pinocchio yn nes at y Donkey bach
and Pinocchio came closer to the little Donkey
Ac efe a lefarodd wrtho ef yn iaith Asinine:
and he spoke to him in asinine language:
"Pwy wyt ti?" gofynnodd Pinocchio
"Who are you?" asked Pinocchio
Agorodd yr asyn bach ei lygaid sy'n marw
the little donkey opened his dying eyes
Ac atebodd mewn geiriau toredig yn yr un iaith:
and he answered in broken words in the same language:
"Dw i'n ... Canwyll-Gwic"
"I... am... Candle-wick"
Ac wedi cau ei lygaid eto, bu farw
And, having again closed his eyes, he died
"O, gannwyll druan!" meddai Pinocchio
"Oh, poor Candle-wick!" said Pinocchio
a chymerodd lond llaw o wellt
and he took a handful of straw
a sychodd deigryn yn rhodio i lawr ei wyneb
and he dried a tear rolling down his face
roedd y garddwr wedi gweld cri Pinocchio
the gardener had seen Pinocchio cry

"Ydych chi'n galaru am asyn marw?"
"Do you grieve for a dead donkey?"
"Doedd e ddim hyd yn oed yn dy asyn"
"it was not even your donkey"
'**Dychmygwch sut mae'n rhaid i mi deimlo**'
"imagine how I must feel"
Ceisiodd Pinocchio esbonio ei alar
Pinocchio tried to explain his grief
"Mae'n rhaid i mi ddweud wrthych chi, roedd e'n ffrind i mi!"
"I must tell you, he was my friend!"
'**Gyfaill?' meddyliodd y garddwr**
"Your friend?" wondered the gardener
"Ydw, un o fy nghyd-ddisgyblion!"
"yes, one of my school-fellows!"
"Sut?" gwaeddodd Giangio, chwerthin yn uchel
"How?" shouted Giangio, laughing loudly
"A oes gennych chi asynnod i'r ysgol?"
"Did you have donkeys for school-fellows?"
"Gallaf ddychmygu'r ysgol wych yr aethoch iddi!"
"I can imagine the wonderful school you went to!"
Roedd y pyped yn teimlo wedi'i farwoli wrth y geiriau hyn
The puppet felt mortified at these words
ond ni atebodd Pinocchio y garddwr
but Pinocchio did not answer the gardener
Cymerodd ei dwmbr cynnes o laeth
he took his warm tumbler of milk
Dychwelodd i'r cwt
and he returned back to the hut
Am fwy na phum mis cododd ar doriad dydd
for more than five months he got up at daybreak
Bob bore trodd y peiriant pwmpio
every morning he turned the pumping machine
a phob dydd roedd yn ennill tymbl o laeth
and each day he earned a tumbler of milk
Roedd y llaeth o fudd mawr i'w dad
the milk was of great benefit to his father

oherwydd bod ei dad mewn cyflwr gwael
because his father was in a bad state of health
ond roedd Pinocchio bellach yn fodlon ar weithio
but Pinocchio was now satisfied with working
Yn ystod y dydd roedd ganddo amser
during the daytime he still had time
Felly dysgodd wneud basgedi o brwyn
so he learned to make baskets of rushes
a gwerthodd y basgedi yn y farchnad
and he sold the baskets in the market
ac mae'r arian yn talu eu holl gostau
and the money covered all their expenses
Adeiladodd gadair olwyn fach cain hefyd
he also constructed an elegant little wheel-chair
Ac efe a ddug ei dad allan yn y gadair olwynion.
and he took his father out in the wheel-chair
a'i dad yn gorfod anadlu awyr iach
and his father got to breathe fresh air
Roedd Pinocchio yn fachgen gweithgar
Pinocchio was a hard working boy
ac roedd yn ddyfeisgar wrth ddod o hyd i waith
and he was ingenious at finding work
nid yn unig y llwyddodd i helpu ei dad
he not only succeeded in helping his father
Ond llwyddodd hefyd i arbed pum doler
but he also managed to save five dollars
Un bore dwedodd wrth ei dad:
One morning he said to his father:
"Dw i'n mynd i'r farchnad gyfagos"
"I am going to the neighbouring market"
"Byddaf yn prynu siaced newydd i mi fy hun"
"I will buy myself a new jacket"
"A byddaf yn prynu cap a phâr o esgidiau"
"and I will buy a cap and pair of shoes"
ac roedd Pinocchio mewn ysbrydion jolly
and Pinocchio was in jolly spirits
"Pan fyddaf yn dychwelyd, byddwch yn meddwl fy mod yn

ŵr bonheddig"
"when I return you'll think I'm a gentleman"
A dechreuodd redeg yn hael ac yn hapus ar hyd
And he began to run merrily and happily along
Ar unwaith clywodd ei hun yn cael ei alw wrth ei enw
All at once he heard himself called by name
Trodd o gwmpas a beth a welodd?
he turned around and what did he see?
gwelodd falwen yn cropian allan o'r gwrych
he saw a Snail crawling out from the hedge
"Dydych chi ddim yn fy adnabod?" gofynnodd y Barnwr
"Do you not know me?" asked the Snail
"Rwy'n siŵr fy mod yn eich adnabod," meddai Pinocchio
"I'm sure I know you," thought Pinocchio
"Ac eto nid wyf yn gwybod o ble rwy'n eich adnabod"
"and yet I don't know from where I know you"
"Wyt ti ddim yn cofio'r gwenyn?"
"Do you not remember the Snail?"
"Y Falwen a oedd yn forwyn fenyw"
"the Snail who was a lady's-maid"
"morwyn i'r Tylwyth Teg gyda gwallt glas"
"a maid to the Fairy with blue hair"
"Wyt ti ddim yn cofio pan guraist ti ar y drws?"
"Do you not remember when you knocked on the door?"
"Es i lawr y grisiau i'ch gadael chi i mewn"
"and I came downstairs to let you in"
"A daliaist dy droed yn y drws."
"and you had your foot caught in the door"
"Dwi'n cofio'r cyfan," gwaeddodd Pinocchio
"I remember it all," shouted Pinocchio
"Dywedwch wrthyf yn gyflym, fy malwod fach hyfryd"
"Tell me quickly, my beautiful little Snail"
"Ble wyt ti wedi gadael fy ngwisg dda?"
"where have you left my good Fairy?"
"Beth mae hi'n ei wneud?"
"What is she doing?"
"Ydy hi wedi maddau i mi?"

"Has she forgiven me?"
"Ydy hi'n dal yn fy nghofio i?"
"Does she still remember me?"
"A yw hi'n dymuno'n dda i mi?"
"Does she still wish me well?"
"Ydy hi'n bell oddi yma?"
"Is she far from here?"
"A allaf fynd i'w gweld hi?"
"Can I go and see her?"
Roedd y rhain yn llawer o gwestiynau ar gyfer malwod
these were a lot of questions for a snail
ond atebodd yn ei dull phlegmatic arferol
but she replied in her usual phlegmatic manner
"Fy annwyl Pinocchio," meddai'r falwen
"My dear Pinocchio," said the snail
"Mae'r Tylwyth Teg druan yn gorwedd yn y gwely yn yr ysbyty!"
"the poor Fairy is lying in bed at the hospital!"
"Yn yr ysbyty?" gwaeddodd Pinocchio
"At the hospital?" cried Pinocchio
"Mae'n rhy wir," meddai'r falwen
"It is only too true," confirmed the snail
"Mae hi wedi cael ei goddiweddyd gan fil o anffodion"
"she has been overtaken by a thousand misfortunes"
"Mae hi wedi mynd yn ddifrifol wael"
"she has fallen seriously ill"
"Does ganddi ddim digon i brynu bara i'w hun."
"she has not even enough to buy herself a mouthful of bread"
"Ydy e wir felly?" poeni Pinocchio
"Is it really so?" worried Pinocchio
"O, pa dristwch rydych chi wedi'i roi i mi!"
"Oh, what sorrow you have given me!"
"O, dylwyth teg dlawd! Tylwyth teg gwael! Tylwyth teg gwael!"
"Oh, poor Fairy! Poor Fairy! Poor Fairy!"
"Pe bawn i'n cael miliwn, byddwn i'n rhedeg ac yn ei gario ati"

"If I had a million I would run and carry it to her"
"Dim ond pum doler sydd gen i"
"but I have only five dollars"
"Roeddwn i'n mynd i brynu siaced newydd"
"I was going to buy a new jacket"
"Cymerwch fy darnau arian, malwod hardd"
"Take my coins, beautiful Snail"
"a chario'r darnau arian ar unwaith i'm tylwyth teg da"
"and carry the coins at once to my good Fairy"
"A dy siaced newydd?" gofynnodd y falwen
"And your new jacket?" asked the snail
"Beth sy'n bwysig i fy siaced newydd?"
"What matters my new jacket?"
"Byddwn yn gwerthu hyd yn oed y clytiau hyn i'w helpu"
"I would sell even these rags to help her"
'Ewch, malwod, a byddwch yn gyflym'
"Go, Snail, and be quick"
'Ewch yn ôl i'r lle hwn mewn dau ddiwrnod'
"return to this place, in two days"
"Rwy'n gobeithio y gallaf roi mwy o arian i chi"
"I hope I can then give you some more money"
"Hyd yn hyn roeddwn i'n gweithio i helpu fy nhad"
"Up to now I worked to help my papa"
"O heddiw ymlaen byddaf yn gweithio 5 awr yn fwy"
"from today I will work five hours more"
"er mwyn i mi allu helpu fy mama da hefyd"
"so that I can also help my good mamma"
"Hwyl fawr, Snail," meddai
"Good-bye, Snail," he said
"Byddaf yn disgwyl i chi mewn 2 ddiwrnod"
"I shall expect you in two days"
Ar y pwynt hwn, gwnaeth y falwen rywbeth anarferol
at this point the snail did something unusual
Doedd hi ddim yn symud ar ei gyflymder arferol
she didn't move at her usual pace
roedd hi'n rhedeg fel madfall ar draws cerrig poeth
she ran like a lizard across hot stones

Y noson honno eisteddodd Pinocchio hyd at hanner nos
That evening Pinocchio sat up till midnight
Ac ni wnaeth efe wyth basgedaid o brwynion
and he made not eight baskets of rushes
ond gwnewch un ar bymtheg basgedaid o brwyn y noson honno
but be made sixteen baskets of rushes that night
Yna aeth i'r gwely a syrthio i gysgu
Then he went to bed and fell asleep
Ac er ei fod yn cysgu meddyliodd am y Tylwyth Teg
And whilst he slept he thought of the Fairy
gwelodd y Tylwyth Teg, gwenu a hardd
he saw the Fairy, smiling and beautiful
Ac efe a freuddwydiodd iddi roi cusan iddo.
and he dreamt she gave him a kiss
"Da iawn, Pinocchio!" meddai'r tylwyth teg
"Well done, Pinocchio!" said the fairy
"Byddaf yn maddau i chi am bopeth sydd wedi mynd heibio."
"I will forgive you for all that is past"
'Gwobrwyo chi am eich calon dda'
"To reward you for your good heart"
"Mae yna fechgyn sy'n gweinidogaethu'n dyner i'w rhieni"
"there are boys who minister tenderly to their parents"
"Maen nhw'n eu helpu yn eu trallod a'u gwendidau"
"they assist them in their misery and infirmities"
"Mae bechgyn o'r fath yn haeddu canmoliaeth ac anwyldeb mawr"
"such boys are deserving of great praise and affection"
"Hyd yn oed os na ellir eu dyfynnu fel enghreifftiau o ufudd-dod"
"even if they cannot be cited as examples of obedience"
"Hyd yn oed os nad yw eu hymddygiad da bob amser yn amlwg"
"even if their good behaviour is not always obvious"
Ceisiwch wneud yn well yn y dyfodol a byddwch yn hapus."

"Try and do better in the future and you will be happy"
Ar hyn o bryd daeth ei freuddwyd i ben
At this moment his dream ended
ac agorodd Pinocchio ei lygaid a deffro
and Pinocchio opened his eyes and awoke
Dylech fod wedi bod yno am yr hyn a ddigwyddodd nesaf
you should have been there for what happened next
Canfu Pinocchio nad oedd bellach yn byped pren
Pinocchio discovered that he was no longer a wooden puppet
Ond roedd wedi dod yn fachgen go iawn yn lle hynny
but he had become a real boy instead
Bachgen go iawn fel pob bachgen arall
a real boy just like all other boys
Pinocchio yn glanced o gwmpas yr ystafell
Pinocchio glanced around the room
ond roedd muriau gwellt y cwt wedi diflannu
but the straw walls of the hut had disappeared
Yr oedd yn awr mewn ystafell fach
now he was in a pretty little room
Pinocchio yn neidio allan o'r gwely
Pinocchio jumped out of bed
Yn y cwpwrdd dillad daeth o hyd i siwt newydd o ddillad
in the wardrobe he found a new suit of clothes
ac roedd cap a phâr o esgidiau newydd
and there was a new cap and pair of boots
a'i ddillad newydd yn ei ffitio'n hyfryd
and his new clothes fitted him beautifully
Yn naturiol rhoddodd ei ddwylo yn ei boced
he naturally put his hands in his pocket
ac fe dynnodd ychydig o bwrs ifori allan
and he pulled out a little ivory purse
Ar y pwrs ysgrifennwyd y geiriau hyn:
on on the purse were written these words:
"O'r Tylwyth Teg gyda gwallt glas"
"From the Fairy with blue hair"
"Rwy'n dychwelyd y pum doler i'm annwyl Pinocchio"
"I return the five dollars to my dear Pinocchio"

"Diolchaf iddo am ei galon dda"
"and I thank him for his good heart"
Agorodd y pwrs i edrych y tu mewn
He opened the purse to look inside
Ond nid oedd pum doler yn y pwrs
but there were not five dollars in the purse
Yn lle hynny roedd hanner cant o ddarnau disglair o aur
instead there were fifty shining pieces of gold
Roedd y darnau arian wedi dod yn ffres o'r wasg mintio
the coins had come fresh from the minting press
Yna aeth ac edrychodd ar ei hun yn y drych
he then went and looked at himself in the mirror
Roedd yn meddwl ei fod yn rhywun arall
and he thought he was someone else
am nad oedd bellach yn gweld ei adlewyrchiad arferol
because he no longer saw his usual reflection
Ni welodd byped pren yn y drych mwyach.
he no longer saw a wooden puppet in the mirror
Cafodd ei gyfarch yn lle hynny gan ddelwedd wahanol
he was greeted instead by a different image
Delwedd bachgen llachar a deallus
the image of a bright, intelligent boy
Roedd ganddo wallt castan a llygaid glas
he had chestnut hair and blue eyes
Roedd yn edrych mor hapus ag y gall fod
and he looked as happy as can be
fel pe bai'n wyliau Pasg
as if it were the Easter holidays
Roedd Pinocchio yn teimlo'n eithaf dryslyd gan y cyfan
Pinocchio felt quite bewildered by it all
Ni allai ddweud a oedd yn wirioneddol effro
he could not tell if he was really awake
Efallai ei fod yn breuddwydio gyda'i lygaid yn agored
maybe he was dreaming with his eyes open
"Ble gall fy nhad fod?" gwaeddodd yn sydyn
"Where can my papa be?" he exclaimed suddenly
Ac aeth i'r ystafell nesaf

and he went into the next room
yno y cafodd hen Geppetto yn eithaf da
there he found old Geppetto quite well
Roedd yn fywiog, ac mewn hiwmor da
he was lively, and in good humour
Yn union fel yr oedd o'r blaen
just as he had been formerly
Roedd eisoes wedi ailddechrau ei grefft o gerfio pren
He had already resumed his trade of wood-carving
ac roedd yn dylunio ffrâm llun hardd
and he was designing a beautiful picture frame
roedd dail a phennau anifeiliaid
there were leaves flowers and the heads of animals
"Bodloni fy chwilfrydedd, annwyl papa," meddai Pinocchio
"Satisfy my curiosity, dear papa," said Pinocchio
a thaflodd ei freichiau o amgylch ei wddf
and he threw his arms around his neck
a'i orchuddio â chusanau
and he covered him with kisses
"Sut y gellir cyfrif am y newid sydyn hwn?"
"how can this sudden change be accounted for?"
"Mae'n dod o'ch holl waith da," atebodd Geppetto
"it comes from all your good doing," answered Geppetto
"Sut y gallai hyn ddod o fy ngweithredoedd da?"
"how could it come from my good doing?"
"Mae rhywbeth yn digwydd pan mae bechgyn drwg yn troi deilen newydd drosodd"
"something happens when naughty boys turn over a new leaf"
"Maen nhw'n dod â bodlonrwydd a hapusrwydd i'w teuluoedd"
"they bring contentment and happiness to their families"
"A lle mae'r hen Pinocchio pren wedi cuddio ei hun?"
"And where has the old wooden Pinocchio hidden himself?"
'Yno y mae,' atebodd Geppetto
"There he is," answered Geppetto
ac fe bwyntiodd at byped mawr yn pwyso yn erbyn cadair
and he pointed to a big puppet leaning against a chair

Roedd gan y Pyped ei ben ar un ochr
the Puppet had its head on one side
Roedd ei freichiau'n hongian ar ei ochrau
its arms were dangling at its sides
a'i choesau yn cael eu croesi a'u plygu
and its legs were crossed and bent
Roedd yn wyrth mewn gwirionedd ei fod yn parhau i sefyll
it was really a miracle that it remained standing
Pinocchio troi ac edrych arno
Pinocchio turned and looked at it
Ac efe a gyhoeddodd â llaesdra mawr:
and he proclaimed with great complacency:
"Pa mor hurt oeddwn i pan oeddwn i'n byped!"
"How ridiculous I was when I was a puppet!"
"A pha mor falch ydw i fy mod i wedi dod yn fachgen bach sy'n ymddwyn yn dda!"
"And how glad I am that I have become a well-behaved little boy!"

www.ingramcontent.com/pod-product-compliance
Lightning Source LLC
Chambersburg PA
CBHW012000090526
44590CB00026B/3810